职业教育经济管理类新形态系列教材

ZHIYE JIAOYU JINGJIGUANLI LEI XINXINGTAI XILIE JIAOCAI

管理学基础

（附微课 第3版）

Guanlixue Jichu

李海峰 张莹 ◎ 主编

人民邮电出版社

北 京

ZHIYE JIAOYU JINGJIGUANLI LEI XINXINGTAI XILIE JIAOCAI

图书在版编目（CIP）数据

管理学基础：附微课 / 李海峰，张莹主编. -- 3版
. -- 北京：人民邮电出版社，2023.11
职业教育经济管理类新形态系列教材
ISBN 978-7-115-62676-9

Ⅰ. ①管… Ⅱ. ①李… ②张… Ⅲ. ①管理学—高等
职业教育—教材 Ⅳ. ①C93

中国国家版本馆CIP数据核字(2023)第175458号

内 容 提 要

本书围绕"如何进行有效的管理"这一主题，介绍了管理者的职责与应具备的素质、管理思想的演变以及有效管理的方法（包括计划、组织、领导、激励、沟通、控制等）。所选内容既有管理学知识体系中不可缺少的重要内容，又有辅助性的拓展知识，方便读者根据专业特点和个人兴趣与能力有的放矢地学习。

与本书配套的教学（学习）资料包括课程标准、电子教案、电子课件、教学体会、实训说明、补充教学案例（文本、视频）、习题参考答案、模拟试卷等，索取方式参见附录中的"更新勘误表和配套资料索取示意图"（部分资料仅供采用本书授课的教师下载）。

本书可作为高职高专经济管理类专业教材，也可作为企事业单位管理人员的培训教材和参考用书。

◆ 主　　编　李海峰　张　莹
　　责任编辑　万国清
　　责任印制　李　东　胡　南
◆ 人民邮电出版社出版发行　　北京市丰台区成寿寺路 11 号
　　邮编　100164　　电子邮件　315@ptpress.com.cn
　　网址　https://www.ptpress.com.cn
　　天津千鹤文化传播有限公司印刷
◆ 开本：787×1092　1/16
　　印张：13.25　　　　　　　2023 年 11 月第 3 版
　　字数：370 千字　　　　　　2024 年 7 月天津第 4 次印刷

定价：54.00 元
读者服务热线：(010)81055256　印装质量热线：(010)81055316
反盗版热线：(010)81055315
广告经营许可证：京东市监广登字 20170147 号

第 3 版前言

编者在深入学习党的二十大报告后，参考近年来收集到的意见建议，开展了本次修订完善工作。本次修订，基本沿用了上一版的框架，修订工作主要有以下几方面。

（1）更新、调整了部分案例，增强了案例与素质教育的联系。

（2）调整了部分内容，如增加了多维立体组织结构、网络型组织结构等内容。

（3）对正文内栏目做了梳理，减少了阅读性内容，增加了互动性内容，将"视野拓展"栏目完全定位于课外学习材料。

（4）增补了部分案例分析题。

（5）对二维码链接的资源进行了调整，对留用内容进行了梳理、完善，改编或新增了部分案例分析型的微课视频。

（6）全面更新了配套教学（学习）资料，包括课程标准、电子教案、电子课件、教学体会、实训说明、补充教学案例（文本、视频）、习题参考答案、模拟试卷等，索取方式参见附录中的"更新勘误表和配套资料索取示意图"（部分资料仅供采用本书授课的教师下载）。

本书每节所需教学课时安排在 1～2 课时，教学较为方便。

本次修订由李海峰完成，前两版其他编者的工作成果在本版中仍有体现，特表示感谢！

本次修订过程中，编者参考了很多读者的意见和建议，同时还参考了同人的大量研究成果，在此一并表示感谢！

由于编者水平有限，书中难免存在疏漏之处，希望广大读者批评指正，编者会随时记录本书更新勘误信息和相关意见建议。扫描附录中的"更新勘误及意见建议记录表"二维码即可看到编者所做的更新记录。

李海峰

目　　录

第一章

学习重点

1. 管理的定义
2. 管理的职能和管理者的角色
3. 管理者必备的技能

第一节 牢记管理的内涵与职能

案例导入

A 是某制造公司的总经理,公司面临一项指控:工厂排泄的废水污染了附近的河流,他必须到当地的生态环境管理部门去为公司申辩。B 是技术部经理,除负责本部门工作外还需和销售部门协调销售计划。C 负责生产管理,他刚接到通知,包装原料供货商发生了火灾,一个月内无法供货,包装车间的员工无所事事,不知道该做什么,C 要尽快解决这件事情。D 是厂办主任,办公室的两个员工刚才为了争一张办公桌发生了争吵,因为它离打印机最远、最安静,D 要尽快解决这件事情。

请问:在这家公司里,每个人的角色是什么?

知识点一:管理的内涵

1. 组织活动分析

要回答什么是管理,首先要分析一下组织的活动。

不难发现,当人们组成一个组织之后,组织中的活动基本上可以分为两类,即作业活动与管理活动。

作业活动是直接服务于组织目标的业务活动,如工厂车间里的生产活动、学校的教学活动、医院的诊治活动等。组织是通过作业活动来完成组织目标的。

因此,为了保证作业活动有序地朝向组织目标进行,还需要进行专门的保证组织目标实现的活动,这就是管理活动。

2. 管理的定义及其分析

那么,什么是管理呢?关于这个问题,目前,尚未有统一的定义,长期以来,许多中外学者从不同的角度出发,对管理给出了不同的解释。

我们综合了国内外学者的观点,对管理给出了一个比较通俗的定义:管理就是管理者在特定的环境下,为了有效地实现一定的目标,对其所能支配的各种资源进行计划、组织、领导和控制一系列活动的过程。简单地讲,管理就是计划、组织、领导、控制一系列活动的过程。

视野拓展

中外学者对管理的定义

对于这个过程，我们可以这样来理解。

（1）对什么进行计划、组织、领导、控制？也就是管理的对象（或客体）是什么？管理的对象是完成活动所必需的各种资源，如人、财、物、信息、时间等。其中，人是最重要的资源，是管理的主要对象，所有的资源与活动都是以人为中心的。管理，最重要的是人的管理。

（2）为什么要对这些资源进行计划、组织、领导、控制？也就是管理的目的是什么？管理的目的是为了有效地实现组织的目标。所有的管理行为，都是为实现目标服务的。世界上不存在无目标的管理，也不可能实现无目标的管理。有效指的是一切活动既要有效率，还要有效果。效率是指输入与输出的关系，涉及的是如何"正确地做事"。管理就是要使资源成本最小化。然而，仅仅有效率是不够的，管理还必须使这些活动实现组织预定的目标，即追求活动的效果。效果意味着"做正确的事"。在管理活动中，效率与效果都很重要。

（3）由谁来对这些资源进行计划、组织、领导、控制？也就是管理的主体是什么？管理的主体是组织的管理者。配置资源、组织活动、推动整个系统运行、促进目标实现等所有管理行为都要靠管理者去实施。组织的管理者是整个组织的驾驭者，是发挥管理系统功能、实现组织目标的核心因素。

（4）在不同的环境下，能不能采用同样的管理方法？不同的环境下显然不能采用同样的管理方法，即管理是在特定的环境下进行的。管理环境是指组织在实施管理过程中的各种内外部条件和因素的总和。管理行为依一定的环境而存在，并受到管理环境的影响。管理环境变了，就意味着管理的对象变了，因此，管理的方法也应该随之改变。

> 管理者作为管理的主体，既可以表现为单个管理者，又可以表现为管理者集体及其所组成的管理机构。

在本书对管理的定义中，计划、组织、领导、控制是核心，因为实现组织目标的手段是计划、组织、领导和控制。也就是说，要实现管理目标，就必须完成计划、组织、领导、控制等管理行为与过程。因此，计划、组织、领导和控制是所有管理者在管理实践中都要履行的管理职能。

3. 处处有管理

自从有了人类就有了管理。因为人是社会性动物，人们所从事的生产和社会活动都是集体进行的，要组织和协调集体活动就需要管理。任何集体活动都需要管理。在没有管理活动进行协调时，集体中每个成员的行动方向并不一定一致，甚至有可能相互抵触。即使行动目标一致，没有整体的配合，也达不到总体目标。大到一个国家的治理、国民经济的发展、国家大政方针的制定，中到一个城市的规划建设，小到一家企业的兴办运营、一个项目的施工，甚至一个家庭的生活安排，都离不开管理活动。

提示与说明

亨利·福特（1863—1947），福特公司创始人，第一位使用流水线大批量生产汽车的企业家。20世纪20年代初，福特公司占有2/3的美国汽车市场，然而30年代中后期，市场占有率一度滑落到20%。为什么会这样？我们来看看福特公司当时的信条——企业无须管理人员和管理，只需要企业家和他的"助手"；不信任会计师，据说通过对账单和发票称重来猜测每月的收入和支出……

福特公司的故事极具典型性，德鲁克在《管理的实践》一书中有较详细的介绍，建议读者自行查找后学习。作为后来人，我们比较容易从中得到启示：管理一家企业同管理一个人的财产是完全不同的两回事，任何一个人都不可能单独完成一家企业的管理，"企业家+助手"的模式应付不了日益复杂的内外部环境，管理人员和管理工作是企业的"必需品"。

当有许多工作需要互相协调和配合的时候，人们需要进行沟通，这就需要有管理人员和管理机构。否则这些活动就会失去控制，计划就不能转变成行动。

知识点二：管理的职能

　　管理的职能就是管理者为了有效地管理所必须具备的功能，或者说管理者需要怎样进行管理。它包括管理者的基本职责和实施这些职责的程序或过程。

　　管理职能有多少种？国内外学者有很多的说法，目前，管理学界普遍接受的观点是管理职能包括计划、组织、领导与控制。也就是说，任何管理者，为了实现目标、实施有效的管理，都要履行计划、组织、领导、控制的职能[①]。

1. 计划

　　通常认为，计划是管理的首要职能，是"组织制定目标并确保达成这些目标所必需的活动"，即组织的管理者为实现组织目标对工作所进行的筹划活动。计划是组织为未来的活动制定目标，并为实现这一目标预先策划为什么做、做什么以及如何去做的一个工作过程。

　　计划职能一般包括三个方面的内容，即预测、制定目标和决策。

　　任何管理者都有计划职能，而且，要想将工作做好，无论大事小事都不应缺少事先的计划。

2. 组织

　　制订出切实可行的计划后，就需要组织必要的人力和其他资源去执行既定的计划，也就是要进行组织。组织职能是"确定所要完成的任务、由谁来完成任务以及如何协调这些任务"，是为了有效地实现计划所确定的目标而在组织中进行部门划分、权力分配和工作协调，也就是明确为了实现目标和计划需要完成哪些任务，为了完成这些任务需要设置哪些部门、哪些岗位，每个部门和岗位的职责、职权分别是什么，不同的部门、不同的岗位之间有什么关系。

　　组织职能一般包括设计与建立组织结构、合理分配职权与职责、选拔与配置人员、推进组织的协调与变革等。

　　合理、高效的组织结构是实施管理、实现目标的组织保证。因此，不同层次、不同类型的管理者总是或多或少地承担着不同的组织职能。

3. 领导

　　人是组织活动中唯一具有能动性的因素。管理的领导职能就是"激励和引导组织成员，以使他们为实现组织目标做出贡献"，也就是组织的管理者利用职权和威信指挥、激励组织成员，调动他们的积极性和能动性，指导他们的活动，推动他们的工作，协调他们的行为，解决他们之间的矛盾，选择有效的沟通渠道以及营造良好的组织氛围等。

　　领导职能一般包括选择正确的领导方式，运用权威进行指挥，激励组织成员并调动其积极性，进行有效沟通，协调组织成员的行为。

　　凡是有下级的管理者都要履行领导职能，不同层次、不同类型的管理者的领导职能的内容及侧重点各不相同。只有通过有效的领导，组织的目标才有可能实现。

4. 控制

　　在实现计划和目标的过程中，总会出现意想不到的事情，使得实践活动偏离原来的计划或目标。这是因为制定目标时很难考虑得十全十美，而且环境的变化有时无法预测，或者在执行时总会出现这样那样的变化。为了保证工作按照既定的计划进行，保证既定目标的实现，就必须对实际工作进行监控、比较和纠正，使实际工作与目标保持一致，这就是控制。也就是说，控制职能就是管理者为保证实际工作与目标一致而进行的活动。

　　[①] 关于管理的基本职能，自问题提出至今仍众说纷纭，有四种说、五种说、六种说、七种说，也有两种或一种的说法。另外，在四大职能基础上增加"创新"形成五大职能的说法也得到国内一些学者的认同。鉴于本书为基础课程教材，故对此不做详细研讨，仍采用已被普遍认同的管理四大基本职能的说法。

控制的诀窍是在活动开展一切顺利的时候，不必采取行动；但在活动开展不正常时，尽早发现问题，尽快采取应对措施。

控制职能一般包括制定控制标准、衡量工作成效、采取有效的措施纠正偏差等一系列工作过程。

工作失去控制就会偏离目标，没有控制就很难保证目标的实现，因此，控制是管理的必不可少的职能。当然，不同层次、不同类型的管理者控制的重点和控制方式是不同的。

5. 各项管理职能之间的关系

管理的四项职能各有独特的表现形式。例如，计划职能通过计划的制订表现出来，组织职能通过组织结构的设计和人员的配备表现出来，领导职能通过领导者与被领导者之间的关系表现出来，控制职能通过对偏差的识别和纠正表现出来。

管理的四大职能不是各自孤立的，而是相互联系的，管理正是通过计划、组织、领导和控制这四个基本过程来开展和实施的。为了做好组织的各项工作，管理者首先要根据组织内外部环境条件，确立组织目标并制定出相应的行动方案。明确目标之后，就要组织力量去完成，进行组织工作；由于目标的完成有赖于组织成员的共同努力，为了充分调动组织成员的积极性，在目标制定、计划落实下去以后，管理者还要加强领导工作；在制定目标、形成计划、建立团队、培训和激励员工以后，各种偏差仍有可能出现，为纠正偏差，确保各项工作的顺利进行，管理者还必须对整个活动过程进行控制。管理就是这样一个不断循环的过程，如图1.1所示。

视野拓展
对管理四大职能的简要分析

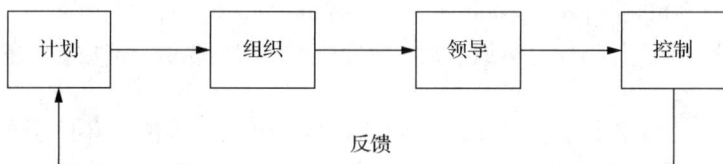

图 1.1 管理的基本过程

思考与讨论

连线题：以下活动体现了管理的什么职能？

（1）学校组织人员于开学初对食堂卫生进行了大检查，及时发现并解决了存在的卫生问题。

（2）公司领导班子共议"五年发展规划"。

（3）公司制定了从总经理到基层员工全部岗位的岗位职责。

（4）公司总经理在大会上鼓励新聘员工要爱岗敬业。

计划
组织
领导
控制

第二节　了解管理者扮演的角色

案例导入

王教授是某高校二级学院的院长，在履行院长职责的同时，还承担了一定的教学工作，日常工作较为繁忙。王教授的习惯是，根据工作情况，在头天晚上就把第二天要做的事情规划好。

某天，王教授的工作日程：

8:00—9:00 参加校长办公会，接受"双高"建设的相关任务；

9:20—10:00 召集学院副院长、教研室主任及专业带头人等开会，研究讨论如何完成学校安排的任务，并分配建设经费；

10:20—12:00 上课；

13:30—14:30 在学院与软件公司技术人员交流，了解教学软件的情况；

15:00—16:00 与某企业领导商讨学生顶岗实习事宜；

16:30—17:30 参加学院的科技周开幕式并讲话。

请问：组织中什么样的人是管理者？王教授是不是管理者？若王教授是管理者，他一天的活动是怎样体现他的管理者身份的？

知识点一：管理者及其类型

要清楚理解管理者如何履行自己的职能，首先要分析一下组织中的人员。

1. 操作者和管理者

与组织中作业活动和管理活动相对应，组织中的成员也可以分为两类，即操作者和管理者。

操作者指的是那些直接从事某项工作或任务，不具有监督其他人工作职责的人，即具体的工作人员。如学校讲台上的教师、汽车装配线上的工人、保险公司的保险推销员、医院的医生等，他们只要干好自己的工作就可以，不需要对别人的工作负责。

管理者是协调和管理其他人的工作，以使组织目标能够实现的人。管理者的工作与个人成就无关，而是关注如何帮助别人完成工作。从宽泛的意义上来说，管理是管理者做的事，主要是有效地协调和管理他人的工作活动，从而使他人的工作既有效率又有效果。

管理者，如车间主任、部门经理、公司副总经理等，这些人在组织中有下级，他们的工作有一个共同的特征：通过别人的工作来实现组织的目标，并使组织的活动得以更有效地完成。

相比较而言，操作者只对自己的工作负责，而管理者还要对下属人员的工作成果负责。

提示与说明

有些人在组织中的地位很高，但是他们不指挥别人，没有自己的下级，这些人就不能称为管理者（如企业的法律顾问、管理咨询专家等）。有些人地位并不高，如车间的工长、直播团队负责人，但他们却是地地道道的管理者，他们有下级，并且要对其下级的工作成果负责。

2. 管理者的类型

在一个组织中，管理者一般划分为基层管理者、中层管理者和高层管理者，如图1.2所示。

基层管理者直接接触操作者，在工厂里常被称为班组长、车间主任；在学校里，他们的职务有教研室主任、学生科科长等；在餐饮服务行业，他们也被称为领班。中层管理者通常在组织中担任项目经理、地区经理、系主任、部门经理、科室主任等职务。高层管理者的职务通常是总裁、副总裁、首席执行官（CEO）、经理、总监等。

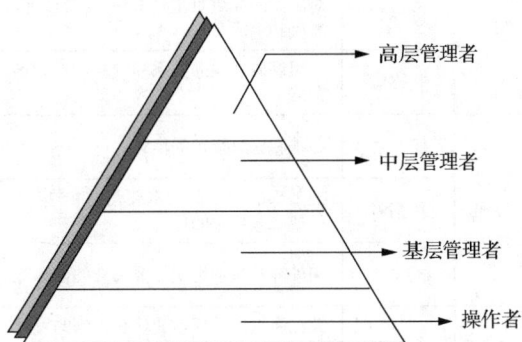

图1.2 组织人员分类

有两点必须注意。

（1）管理者有时也从事具体的作业活动。例如，医院一个部门的管理者可能也是一名主治医师；学校里的系主任，既要领导其他老师的工作，也要承担一部分教学工作；工厂里的车间主任，既要领导工人工作，也要参与车间的作业活动；企业里的业务经理，既要领导其他业务员的工作，也要承担一部分具体工作。

思考与讨论

蒋华是某网店快递业务负责人。在一般情况下，核实订单、按单备货、将货物交给快递公司等都是由业务员完成的。但在前一段时间里，接连发生了多起发错货的事情，引起了顾客极大的不满。今天，蒋华从系统中看到有一个少见的大额订单和 300 余个小额订单待处理，蒋华不想让发错货的事情再次发生。

请思考：蒋华应该亲自处理订单还是应该让业务员完成？

（2）任何组织中无论管理者层次高低，都要履行计划、组织、领导、控制这四大职能，但是，不同组织、不同管理层次、不同管理类型的管理者，在履行具体管理职能时，存在着很大的不同。例如，高层管理者由于侧重于宏观管理，因此较为关注计划和组织职能；而基层管理者则可能因具体业务的需要，更重视领导和控制职能。即使对同一管理职能，不同层次的管理者关注的重点也不同。例如，对计划职能，高层管理者更重视长远、指导性的战略计划；而基层管理者通常关注短期、具体的作业计划。

知识点二：管理者的角色

管理者合格与否很大程度上取决于前节所述四大职能的履行情况。为了有效履行这些职能，管理者必须明确自己要扮演哪些角色。也就是说，管理者通过扮演不同的角色来履行管理职能。那管理者的角色有哪些呢？

加拿大管理学家亨利·明茨伯格（Henry Mintzberg）在其被广泛引用的一项研究中提出，管理者分别在人际关系、信息传递、决策制定三个方面扮演着十种角色，见表 1.1。

表 1.1　明茨伯格的管理角色理论

类别	具体角色	描　述	特征活动
人际关系角色	挂名首脑	单位最高领导，必须行使一些具有礼仪性质的职责，履行法律性、社会性的义务	代表出席社区的聚会或参加各种社会活动、迎接来访者、宴请公司的重要客户、签署文件、主持公司庆典等
	领导者	对组织的成败负重要责任，负责雇佣、培训、激励和惩戒员工	参加集体活动，发布命令、做出人事决定等
	联络者	在组织内外建立关系和网络，并进行维护和发展	协调不同部门管理者的工作、与其他组织建立同盟
信息传递角色	监听者	寻求和获取特定的信息	阅读报刊、与他人谈话、通过考察获取信息等，了解组织和环境的变化，识别组织的潜在机会和威胁
	传播者	把外部的和内部的重要信息传递给组织成员或隐藏特定的信息	举行碰头会、用各种方式传递信息，确保员工获取必要的信息，以便切实有效地完成工作
	发言人	向外界发布本组织需要公开的信息	通过工作报告会、新闻发布会、演讲等方式发布信息，让政府、社会和消费者了解组织，并对组织的工作满意
决策制定角色	企业家	关注组织内外环境变化和组织的发展，发现机会，不断提出新思路、新方法来提高组织绩效	制定战略，检查决议执行情况，开发新项目、提供新服务或发明新工艺等
	危机处理者	组织遇到危机、冲突或问题时，处理危机、冲突并解决出现的各种问题	平息客户的怒气、对员工之间的矛盾进行调解、处理突发事件等
	资源分配者	决定把组织的资源用于哪些项目	调度、授权，合理安排有限的资源，确保项目顺利完成
	谈判者	代表组织与员工、供应商、客户等进行必要的谈判，确保组织目标的实现	与上级讨价还价、与下级谈工作条件和目标、与供应商谈价格、与合作伙伴谈合作条件和收益分配等

1. 人际关系角色

明茨伯格所确定的第一类角色是人际关系角色，其职责主要包括处理人与人之间的关系和其他礼仪性或象征性职责等。在处理与组织成员和其他利益相关者的关系时，管理者往往扮演人际关系角色。管理者所扮演的三种人际关系角色分别是挂名首脑（代表者）、领导者和联络者。

（1）挂名首脑。作为所在单位的最高领导，管理者必须行使一些具有礼仪性质的职责，履行法律性、社会性的义务。如作为公司的代表出席社区的聚会或参加各种社会活动、迎接来访者、宴请公司的重要客户、签署文件、主持公司庆典等。

（2）领导者。由于管理者对组织的成败负重要责任，因此，他们必须在工作小组内扮演领导者角色。这类角色的职责主要是雇佣、培训、激励和惩戒员工等。如带头参加集体活动为员工树立榜样、对下属发布命令、做出人事决定等。

（3）联络者。管理者无论是在与组织内的成员一起工作时，还是在与外部利益相关者建立良好关系时，都扮演着联络者的角色。其职责包括协调不同部门管理者的工作、与其他组织建立同盟等。管理者必须对重要的组织问题有敏锐的洞察力，从而能够在组织内外建立起关系和网络。

2. 信息传递角色

明茨伯格所确定的第二类管理者角色是信息传递角色，其职责包括信息收集、接收和传递等。扮演信息传递角色的管理者既是组织的信息传递中心，也是组织内其他部门的信息传递渠道，管理者要确保和其一起工作的人员得到足够的信息，从而能够顺利完成工作。组织的管理者所扮演的信息传递角色包括三种，即监听者、传播者、发言人。

（1）监听者。管理者必须扮演的一种信息传递角色是监听者，主要职责包括寻求和获取特定的信息，了解组织和环境的变化，如阅读报刊、与他人谈话、通过考察获取信息等。根据这些信息，管理者可以识别组织的潜在机会和威胁，从而做出正确的决策。

（2）传播者。管理者把自己作为信息监听者所获取的各种信息传递出去，把外部的信息传递给组织，在组织成员之间传递组织内部的信息，如举行碰头会、用各种方式传递信息。作为传播者，管理者把重要信息传递给组织成员，有时也会隐藏特定的信息，更重要的是管理者必须确保员工获取必要的信息，以便切实有效地完成工作。

（3）发言人。管理者所扮演的最后一种信息传递角色是发言人。管理者必须把信息传递给组织以外的人，也就是向外界发布本组织需要公开的信息。如通过工作报告向董事和股东说明组织的财务状况和战略方向，通过新闻发布会、演讲向消费者说明组织履行了哪些社会义务、做了哪些具体工作，以使得政府和消费者对组织遵守法律、履行社会义务的做法感到满意等。

3. 决策制定角色

管理者还扮演着组织内决策制定者的角色，对组织内的各种事项做出决策。这一类角色与其所从事的战略规划、资源分配等工作密切相关。在决策制定角色中，管理者处理信息并得出结论。如果信息不用于组织的决策，这种信息就失去了其应有的价值。管理者负责做出组织决策，使组织成员按照既定的计划进行活动，并分配资源以保证组织计划的实施。管理者扮演着四种决策制定角色，即企业家、危机处理者、资源分配者、谈判者。

（1）企业家。管理者所扮演的第一种决策制定角色是企业家。扮演监听者角色时，管理者需要密切关注组织内外环境的变化和组织的发展，以便发现机会。作为企业家，管理者应充分利用发现的机会，如开发新产品、提供新服务或发明新工艺等。作为企业家，管理者还须不断提出新思路、新方法来提高组织绩效，如制定战略、检查决议执行情况等。

（2）危机处理者。管理者所扮演的第二种决策制定角色是危机处理者。一个组织不管被管理得多好，它在运行的过程中也会遇到危机、冲突或问题。管理者必须善于处理危机、冲突并解决出现的各种问题，如平息客户的怒气、对员工之间的矛盾进行调解、处理突发事件等。

（3）资源分配者。作为资源分配者，管理者决定把组织的资源用于哪些项目。尽管一提到资源通常会想到财力资源或设备，但其他类型的资源（如人、信息、时间、权力等）也需要分配给项目。例如，当管理者选择把时间花在这个项目而不是那个项目上时，他实际上是在分配时间资源。除时间以外，信息也是一种重要的资源，管理者是否在信息获取上为他人提供便利，对项目的成败有重要的影响。

（4）谈判者。管理者所扮演的最后一种决策制定角色是谈判者。对所有层次管理工作的研究表明，管理者大量的时间都花费在谈判上了。管理者的谈判对象包括员工、供应商、客户和其他工作小组。无论是哪一个谈判对象，管理者都需要与其进行必要的谈判，以确保组织目标的实现。如与上级讨价还价、与下级谈工作条件和目标、与供应商谈价格、与合作伙伴谈合作条件和收益分配等。

> **思考与讨论**
>
> 重新分析本节导入案例，在相应活动旁边的空白处填入王教授所扮演的角色。

第三节　了解管理者必备的素质与技能

案例导入

工商企业管理专业的小郭大学毕业后到某机电公司参加工作，担任液压装配车间主任助理，负责车间的质检和监督工作。由于小郭对液压装配所知甚少，在管理上也没有实际经验，所以他每天都手忙脚乱。可是他非常认真好学，一方面，他仔细参阅部门的工作手册，并努力通过技术图书、网络和向工人师傅们学习，掌握了有关的技术知识；另一方面，车间主任也主动指导他，使他逐渐摆脱了困境，胜任了工作。经过半年多的努力，小郭已有能力独自承担液压装配车间主任的工作。可是，当时公司并没有提升他为车间主任，而是在他工作刚满八个月的时候直接提拔他担任了装配部经理，负责包括液压装配在内的四个装配车间的领导工作。

小郭在担任车间主任助理时，主要关心的是每天的作业管理，技术性很强；而担任装配部经理后，他发现自己不能只关心当天的装配工作状况，还需要制作此后数周乃至数月的计划，还要完成许多报告、参加许多会议，还必须协调处理四个装配车间之间的关系。他没有多少时间去从事喜欢的技术工作。当上装配部经理后不久，他就发现原有的装配工作手册已过时了，因为公司又安装了许多新设备，引入了一些新技术，于是，他又花了大量时间去修订装配工作手册，使之符合实际。在往后的工作中他发现，仅仅靠个人的力量还不够，因为车间的工艺设备经常更新，于是，他开始把一些工作交给助手去做，指导他们如何去完成和帮助他们把工作做得更好，这样就可以省出更多的时间用于工作规划、参加会议、批准报告、向上级汇报工作情况。

两年后，公司决定任命小郭担任总裁助理这一高级职务。小郭知道，职位的提升意味着对自己的能力提出了更高的要求，他不禁担忧起来：自己能胜任总裁助理这个职务吗？

请问：小郭职务的变化导致对其管理技能的要求发生了怎样的变化？总裁助理这一职务对小郭哪些方面的能力提出了更高要求？

这个案例告诉我们，不是所有的管理者都能成为合格的管理者，管理者在履行管理职能、扮演管理角色的过程中，必须具备相应的素质与技能。案例中的小郭就是在不同的管理岗位上获得了相应的技能并胜任了工作后才得到提升的。

管理者必须具备的素质和技能有哪些呢？

知识点一：管理者必备的素质

研究表明，管理者至少应具备以下十个方面的素质[①]。

---

① 关于管理者应具备的素质说法众多，本书第七章涉及领导者素质的相关理论。

1. 责任感

联合国教科文组织曾经指出，现代人才必备的基本素质是责任心与爱国心。一个普通的人如果缺失了责任感将遭到舆论的谴责，一个既要对自己的工作负责又要对他人工作结果负责的管理者，其责任感的有无与强弱更是其在该单位能否供职的首要条件。

责任感就是要讲信用、守规则、勇于承担责任和风险、关心他人。有无责任感的判别可从一些小事入手，例如，管理者是否关心其家人，是否守时，是否在用人上主观性、随意性太强，是否自觉约束自己的言行以及避免对他人的不利影响等。管理者一旦发现自己在这些方面存在问题，就应及时加以解决。

2. 紧迫感

紧迫感反映的是一个人是否具有适应时代变化的素质。这主要是考察管理者在竞争日趋激烈的时代是否能当机立断，表现出个人魅力。

当今社会，知识和信息的变化日新月异，一个管理者，只有紧跟并适应这些变化，做到与时俱进，才能不被时代淘汰。

3. 成熟的独立人格

有些人在心理上有不成熟的表现，常在背后议论他人。还有的人没有自己的主见，其决断主要取决于谁在其身旁，而当别人对其决断产生怀疑时，又不加思考对后者的建议予以采纳。

对管理者而言，需要充分调动下属的积极性，发挥下属的聪明才智，因此成熟的独立人格表现为幽默乐观、积极进取、宽宏大度，能接受不同的意见和建议，勇于开展批评和自我批评，不在背后议论他人。

管理学家德鲁克说过："有效的管理者能使人发挥其长处。他知道只抓住缺点和短处是干不成任何事的，为实现目标，必须用人所长。""在用人所长的同时，必须容人之所短。"这也是管理者具有成熟的独立人格的表现。

提示与说明

在现代社会中，不存在主人和奴仆。管理者不是主人，虽然是上级，但也只是同事。也就是说，管理者和一般员工只是存在职责和分工的不同，是同事关系，在人格和法律上是平等的。管理者应该认为很多员工在工作中是想取得成就的。但是，不能因为认为人们想取得成就而断定他们一定能取得成就，管理者应该把使员工在工作中取得成就作为自己的任务。因此，管理者应该对自己、对自己的工作态度和工作能力提出更高的要求。

4. 价值观

价值观是一个人看待奉献与索取关系的基本观点与态度的总和。一个管理者如何衡量个人得失、如何看待个人在集体中的作用、是否有对集体的关爱、是否重视在组织中建立理性而科学的价值观，决定着企业是否具有凝聚力和向心力。

一个合格的管理者，能将自己的价值观融入组织的价值观，并引导组织成员为了实现组织的目标而团结一致。

5. 放权

能否按现代企业管理制度的要求合理放权，也是衡量是否具备领导能力的标准。

事必躬亲是不信任下属的表现，也不是管理者应有的行为。一个合格的管理者，应该根据任务将部分权力下放，充分调动下属的积极性。

6. 远见与自信

只见眼前，不计长远，可谓浮躁与短视。人无远虑，必有近忧。在当今市场竞争中，管理者必须具有制定长期规划和发展战略的能力，也就是要关注环境变化、把握大局、高瞻远瞩，做出准确预测和决策。只有这样，才有利于组织的长远发展。

有远见也是一种自信的表现。管理者要充满自信，一个自信心不足的管理者，是很难赢得下属的追随的。当然，自信不是自负，自负就会目中无人。

7. 自控

管理者的工作必须卓有成效。身为管理者，首先必须要按时做完该做的事。一个人的才能，只有通过有条理、有系统的工作，才会产生效益。忙碌不等于有干劲，按时做完该做的事才叫有效。

面对各种诱惑，管理者能否有效地自我控制，意味着能否使企业或团队正常生存和发展。管理者在工作场合放任自己的情绪，会造成对周围员工的不良影响，是不恰当的。这就需要管理者能够控制自己的心情、情绪、欲望，能够换位思考、体谅别人，只有这样，才能营造和谐的氛围，才能使组织成员团结一致，共谋发展。要知道，"万事如意"从来都是祝福语，如果每个人都按照自己的意愿去处理事情，那社会秩序就无从谈起了。

8. 自我超越

如果抱残守缺、不思进取，那么组织只能孕育出惰性十足的组织成员，因为谁也不愿意在一个一成不变的环境中工作。因此，管理者一定要追求上进、推陈出新。

9. 自我认识与管理

许多管理者把自己的成功扩大化，认为自己是楷模，这是自我认识上的不当。管理者应认识到成功的局限性，并对自我加以适当的管理，这是组织成功的必要条件。也就是说，管理者不仅要认识自己的优点，还要认识自己的缺点与不足，这样才能与组织成员之间互相取长补短。

10. 正直

管理者应学会对组织成员进行管理的技巧，如主持会议或进行谈话的技巧，还需要制定一套有助于培养人才的制度。但是即使这些都已经有了也还不够。为了培养人才，管理者还需要具备基本品质——正直。一个人如果缺少这种品质，无论他多么善于与人处好关系，多么和蔼可亲，多么能干和有才华，他都不适合做一个管理者。管理者无法从别处获得，但必须具备的，是正直的品格。

只有正直的管理者才能培养出正直的下属，正直是管理者乃至人人都应具备的基本品质。身为他人下属，尤其是年轻、聪明和有志向的人，通常会以一位有魄力的上司为楷模来塑造自己。所以，一个组织如果有一位具有魄力但不正直的管理者，恐怕这是最糟的事了。

诚然，拥有正直品格的人并不一定能成就什么，但是缺乏正直和诚实品格的人，则足以败事，能力越大危害越大，正所谓"周公恐惧流言日，王莽谦恭未篡时"（白居易《放言五首·其三》）。没有正直的品格，就没有资格做管理者。

思考与讨论

选择一个耳熟能详的历史或现代管理者，集体分析讨论他们的素质与成就，将自己认可的说法填入表1.2。注意："素质"需以"事实"为支撑，不可无依据。

表 1.2 素质与成就分析

项 目	素质（高/低）与依据	素质与成就
责任感		
紧迫感		
成熟的独立人格		

续表

项　目	素质（高/低）与依据	素质与成就
价值观		
放权		
远见与自信		
自控		
自我超越		
自我认识与管理		
正直		

知识点二：管理者必备的技能

每一种职业都有它对从业者所要求的基本技能，作为管理者也不例外。管理者的基本技能是指管理者把各种管理知识和业务知识用于实践中所表现出来的能力。美国学者罗伯特·卡茨（Robert Katz）指出，无论是哪个层次的管理者，都必须具备三项基本技能，即技术技能、人际技能和概念技能。

1. 技术技能

技术技能又称业务技能，是指人们运用所管理的专业领域中具体的知识、工具或技巧的能力。如厨师做菜的手艺，会计人员做账、查账的本领，中医号脉的能力，记者采访与撰稿的能力，营销人员进行市场研究和销售的技能，文秘人员处理文档资料的能力，等等。

作为一名管理者，虽然不用事必躬亲地从事每一项作业活动，但是这不等于管理者不需要了解下属在做什么。也就是说，作为管理者，不一定要成为某个专业领域中的专家，但必须懂行。很难想象一个不懂财务会计的财务主管能有效地管理、指导下属进行工作——下属做假账欺骗他，他都不会知道。因此，管理者必须掌握专业领域内最主要、最基本的知识。我们的专业课学习，实际上就是帮助我们掌握技术技能——既有助于找到合适的工作，又有助于成为管理者。

提示与说明

有一个木匠，他有一把锋利的斧头与惊人的体力，一天可以砍伐 20 棵以上的树，但慢慢地，他工作时间越来越长，所砍的树却越来越少。他的朋友不忍心看他日夜不停地砍树，说："把斧头磨锋利一些再继续砍树吧！"他说："我哪有时间磨斧头？我正忙着砍树呢！"

启示：没有结果的努力总是白费工夫和力气，休息是为了走更远的路。花点时间把斧头磨锋利，正如花点时间来学习新的技能一样，是绝对值得的。

2. 人际技能

人际技能又称人际关系技能，是指人们与别人进行沟通与合作的能力。人际技能具体表现为能很好地处理和协调组织内外的人际关系，与别人进行有效的沟通并能激发别人的工作积极性与创造性。

人际技能对管理者而言是最重要的技能。我们在前面讲过，管理者要通过领导组织成员的活动来有效地完成组织的目标，如果什么事情都由管理者来完成的话，那就不需要人际技能了。组织中的每一个人都有自己的想法、需要、动机、个性、态度、价值观，如何确保他们都能够服从你的召唤和指挥，这的确是一门艺术。中国有句老话——"朋友多了路好走"，虽然管理者不需要和组织中的每一个人都交朋友，但起码要能赢得别人对自己的尊重和理解。

美国学者弗雷德·卢桑斯（Fred Luthans）曾经考察研究了 450 多位管理者，总结了他们的日常活动，研究发现，成功的管理者用在人际沟通、人力资源管理和人际交往上的时间占其工作时间的 81%。这项研究结果给我们的启示就是人际技能很重要。你想成功吗？如果你没有处理人际关系的能力那就太难了。一名管理者，其工作的性质决定了他要和他的上级、下级、本部门的同事、其他部门的同事，甚至是组织外部的各种人员打交道，没有足够的人际技能是不行的。

3. 概念技能

概念技能是指人们观察、理解和处理各种全局性的复杂关系时的抽象思维能力，也就是对抽象、复杂的事物进行思考、分析、判断、洞察、概括的能力。

熟练掌握概念技能的管理者能够快速地从纷繁复杂的动态局势中抓住问题的关键和实质，并能果断地采取措施解决问题。具备概念技能的管理者还会将组织视为一个整体，了解组织内部各部门如何相互协调，了解组织与环境如何互动，了解自己所管理的部门在整个组织的分工协作体系中处于什么样的地位，而不是单纯地从本部门的角度去考虑问题。

提示与说明

如果管理者在思考这样的问题——如何管理行业经验比自己更多的员工，这说明他把注意力集中在技术层面了。他应该把关注点从技术层面转移到人际层面和概念层面，如思考张良、韩信、萧何为何拜服刘邦。如何把部门的工作做得更好，为整个组织做出更大的贡献，这是管理者必须承担的责任，这需要管理者比普通员工拥有更强的概念技能，而不是更强的技术技能。

4. 管理层次与管理技能的关系

无论哪个层次的管理者，都必须具备技术技能、人际技能和概念技能。这是因为，作为管理者，他必须熟悉他所管理的业务，否则无法指导、监督别人。也就是说，他必须具备一定的业务能力——技术技能；同时，任何一个管理者，他都需要与人打交道，调动别人的积极性来实现组织目标，因此，必须具备与人打交道的能力——人际技能；当然，作为一个管理者，他还需要站在比较高的高度看待问题，从而指导下属工作，所以还必须具备把握全局的能力——概念技能。

不同层次的管理者，虽然在本质上讲他们从事的工作都是管理工作，但是由于他们所处的具体层次、职位不同，其工作的重点也不同，因此，对这些管理者技能的要求也就有所不同，如图 1.3 所示。

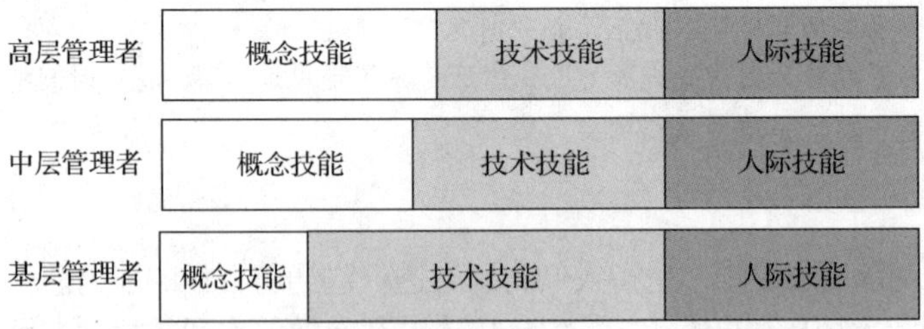

高层管理者	概念技能	技术技能	人际技能
中层管理者	概念技能	技术技能	人际技能
基层管理者	概念技能	技术技能	人际技能

图 1.3　各层次的管理者所需要的管理技能的比例

（1）基层管理者——技术技能最重要。基层管理者直接面对操作者，这就要求他们对业务本身有足够的了解；否则，他们无法对作业人员的工作予以有效的指导和监督。另外，由于他们的工作对象以及信息主要来自组织内部，其面临的工作具有例常性，大部分工作中的问题可以按照事先制定好的程序、规则来解决，这就决定了概念技能对他们来讲相对不是那么重要。

（2）高层管理者——概念技能尤为重要。高层管理者作为整个组织的"舵手"，其职能主要是制定组织的发展战略，他们处理的信息多来源于组织外部，他们要更多地考虑组织与外部环境之间的关系，并从宏观上把握整个组织的协调运行，这些都要求高层管理者必须具备很强的概念技能。

（3）中层管理者——三种技能的重要程度大致相同。中层管理者处在承上启下的位置，他们既要面对高层管理者，又要面对基层管理者；他们所处理的信息既有组织内部的，又有组织外部的；他们既是高层管理者的下属，又是基层管理者的上级。这就决定了他们既要具备概念技能，又要具备技术技能，还要具备人际技能。

（4）所有管理者——人际技能都很重要。从图 1.3 中可以看出，不论管理者处在哪个层次，人际技能都是一样重要的。这是因为，管理者都要通过别人的努力来完成组织的任务，他们都要获得别人的支持。这一点对不同层次的管理者来讲是共通的。

提示与说明

一个人走向管理岗位后或者说随着管理岗位层次的提升，就不能再局限于自己所学的专业和所接受的培训，也不能只满足于自己所掌握的技能、工具和技术。比如，一位优秀的专业技术人员晋升到管理岗位之后，就不能再局限于之前的专业技术了。作为管理者，他必须学习管理知识，掌握管理技术、工具和方法。就像一位业绩突出的营销人员被提拔为营销部负责人之后，他就不能只管自己的业务，还必须通过管理来提高其他营销人员的业绩，以提高整个部门的业绩。否则，他就可能既失去了原先业务上的优秀业绩，又成为一位糟糕的管理者。

第四节 为什么要学习管理学

之所以要学习管理学，有如下三点非常重要的原因。

一是管理的普遍性，即所有的组织都需要管理。通过学习管理学，我们能在自己接触的组织或自己工作的组织中识别差的管理并矫正管理失误，识别和支持好的管理。

二是工作的现实。作为一名大学生，毕业后踏上工作岗位，要么成为管理者，要么成为被管理者，不是从事管理工作就是接受管理，这一现象表明学习管理学是必要的。虽然所有学过管理学的人未必将来都能成为管理者，但是不论怎样，学习管理学对今后的工作和生活肯定会有所帮助；没有对管理原理和方法的深刻领会，很难在管理上获得成功，即使不是管理者，在一个组织中，管理知识也能帮助我们对上级的行为和工作方式有更好的领悟，并对组织的内部工作有更深的了解，从而更加适应组织环境。

三是给管理者的挑战和奖励。首先，管理者会面临很多挑战：管理可能是困难且吃力不讨好的工作。同时，管理者（尤其是组织较低层次的基层管理者）可能常常需要处理很多具体事务而非管理任务，如编写和整理文件、完成例行程序和做文书工作。管理者需要花很多时间开会、处理问题或协调关系，这可能非常消耗时间而且没有收益。其次，管理者需要和各种性格的人打交道，应对有限的资源。最后，作为管理者，他们无法完全掌控自己的工作效果。管理者的成功与否取决于下属的工作绩效。

与这些挑战相对应的是管理者会获得奖励，比如创造工作环境来帮助组织实现目标、帮助别人找到工作的意义和成就感。作为管理者，我们常常有机会创造性地思考并发挥自己的想象力。我们会遇到很多人并与他们共事——包括组织内外部的人员。其他奖励可能包括获得在组织和社会中的更高地位和认可，对组织绩效产生更大的影响，薪酬、奖金等形式的可观的收入。学习管理学，能为我们成长为称职的管理者打下坚实的基础。

正因为如此，许多高校都把管理学作为通识教育必修课程，面向全体学生开设。当然，如果是经济管理类专业的学生，管理学还是一门专业基础课，是学习专业课程的前提和基础。

结束语

　　学习管理一定不能局限于课本和课堂，因为管理必须通过实践才能取得成效。因此，我们必须将学到的管理原理应用于实际（在学习生活中进行实践，分析相关案例），带着应用中的疑问来学习管理学，才能有所得。

　　要特别注意基础内容的学习。如沟通，貌似很简单，实则落在实处并不容易，只有将所学的知识应用于实际，提高沟通技能，才能体会到其中的乐趣，此即学而时习之，不亦说（悦）乎。再如组织结构，能进"大厂"并成为高层管理者的同学毕竟是少数，多数同学未来所接触到的组织结构是前四种，所以主要的学习精力应放在前四种上，当然后几种也要了解一下。

小　结

　　1. 管理就是管理者在特定的环境下，为了有效地实现一定的目标，对其所能支配的各种资源进行计划、组织、领导和控制等一系列活动的过程。管理的基本职能有四项，即计划、组织、领导、控制。

　　2. 管理者是协调和管理其他人的工作，以使组织目标能够实现的人。管理者在人际关系、信息传递、决策制定三个方面扮演着十种角色。其中，人际关系角色包括挂名首脑、领导者、联络者；信息传递角色包括监听者、传播者、发言人；决策制定角色包括企业家、危机处理者、资源分配者、谈判者。

　　3. 管理者要履行好管理职能，在具备一定的素质的同时，还应具备三种基本技能，即技术技能、人际技能、概念技能。对基层管理者来说，技术技能最重要；对高层管理者来说，概念技能最重要；对中层管理者来说，三种技能的重要程度大致相同；人际技能对所有层次的管理者同等重要。

练 习 题

一、单项选择题

　　1. 通常认为，管理的首要职能是（　　　）。
　　　　A. 计划　　　　　　　B. 组织　　　　　　　C. 领导　　　　　　　D. 控制
　　2. 管理者应具备的基本技能中，对各层次的管理者都同等重要的是（　　　）。
　　　　A. 技术技能　　　　　B. 人际技能　　　　　C. 概念技能　　　　　D. 业务技能
　　3. 管理者应具备的基本技能中，对基层管理者显得尤为重要的是（　　　）。
　　　　A. 技术技能　　　　　B. 人际技能　　　　　C. 概念技能　　　　　D. 领导技能
　　4. 财务部经理审查财务报表的能力属于（　　　）。
　　　　A. 技术技能　　　　　B. 人际技能　　　　　C. 概念技能　　　　　D. 分析技能
　　5. 营销经理的营销策划能力属于（　　　）。
　　　　A. 技术技能　　　　　B. 人际技能　　　　　C. 概念技能　　　　　D. 分析技能
　　6. 对管理者来讲，在工作中运用具体的专业知识、工具或技巧的能力是（　　　）。
　　　　A. 技术技能　　　　　B. 人际技能　　　　　C. 概念技能　　　　　D. 分析技能
　　7. 对管理者来讲，成功地与别人进行沟通与合作的能力是（　　　）。
　　　　A. 技术技能　　　　　B. 人际技能　　　　　C. 概念技能　　　　　D. 分析技能

8. 对管理者来讲，对事物进行全局分析、判断、洞察、概括的能力是（　　）。

    A. 技术技能　　　　B. 人际技能　　　　C. 概念技能　　　　D. 决策技能

9. 员工因公出差，必须先由直接主管签字，再由财务主管签字后方能到财务室报账。这属于管理的（　　）职能。

    A. 计划　　　　　　B. 组织　　　　　　C. 控制　　　　　　D. 领导

10. "凡事预则立，不预则废"反映了管理的（　　）职能。

    A. 计划　　　　　　B. 领导　　　　　　C. 组织　　　　　　D. 控制

二、多项选择题

1. 以下属于管理对象的有（　　）。

    A. 人　　　　　　　B. 财　　　　　　　C. 信息　　　　　　D. 时间

2. 管理者应具备的三种基本技能是（　　）。

    A. 技术技能　　　　B. 人际技能　　　　C. 概念技能　　　　D. 领导技能

3. 以下对管理描述正确的有（　　）。

    A. 管理的目的是管好人　　　　　　　　B. 管理的目的是实现组织的目标

    C. 管理的对象主要是人　　　　　　　　D. 管理的对象不仅仅是人

4. 相对于高层管理者，四大职能中，基层管理者较为关注的有（　　）。

    A. 计划　　　　　　B. 组织　　　　　　C. 领导　　　　　　D. 控制

5. 李总上午的时间安排如下：早上 7:30 进入办公室，开始浏览当天新闻；8:00 参加公司的早操；8:30 召开高层领导碰头会；9:30 前往高新区管委会商谈合作项目；12:00 谈判结束。李总在这半天时间里主要扮演了（　　）的角色。

    A. 监听者　　　　　B. 领导者　　　　　C. 传播者　　　　　D. 谈判者

三、问答题

1. 什么是管理？如何理解管理的内涵和职能？

2. 结合自身情况，作为一名大学生，说一说你具备了管理者的哪些素质和技能，还存在哪些欠缺，应如何提高。

四、案例分析题

国际商用机器公司（IBM）的创始人托马斯·沃森曾经给其部下讲过一个故事。有个男孩得到一条长裤，穿上一试太长了，他请奶奶帮他剪短一点，但奶奶说家务事太多了。于是他去找妈妈，妈妈却说要工作没时间。他又去求姐姐帮忙，但姐姐有约会，也不能帮他的忙。这个男孩十分沮丧，又担心明天不能穿这条裤子去上学，就怀着忐忑不安的心情去睡觉了。奶奶干完了家务事，想起孙子的裤子，就把裤子剪短了一些。妈妈忙完了工作，把儿子的裤子再剪短了一些。姐姐赴约回来，心疼弟弟，又把他的裤子给剪短了一些。第二天早晨，全家人发现长裤变成了短裤。

请问：

1. 为什么会造成这种结果？现实中你遇到过如此荒唐的事例吗？

2. 管理仅限于企业吗？

第二章

管理思想的演进

学习重点

1. 泰勒的科学管理理论
2. 梅奥的人际关系学说
3. 麦格雷戈的"X-Y"理论
4. "经济人"假设与"社会人"假设
5. 系统管理理论与权变管理理论
6. 危机管理、知识管理与人本管理的基本内涵
7. 企业社会责任及其表现形式

第一节　熟练掌握科学管理理论

案例导入

当今，飞速的快递已经司空见惯，智能仓储、自动分拣、系统为快递员规划最佳配送路径等是快递越来越快的基础。下面看看早期快递的"标准化"操作，它有助于我们理解快递越来越快的背后逻辑。

美国联合包裹运送服务公司（UPS）为了实现其宗旨——"在邮运业中办理最快捷的运送"，管理当局系统地培训其员工，使他们以尽可能高的效率从事工作。下面让我们以送货司机的工作为例，介绍一下其管理风格。

UPS工业工程师们对每一位司机的行驶路线都进行了时间测算，并对每次送货、暂停和取货时间都设立了标准。这些工程师们记录了红灯、通行、按门铃、穿过院子、上楼梯、中间休息的时间，甚至记录了上厕所的时间，他们将这些数据输入计算机中，从而给出每一位司机每一天的详细时间标准。

为了完成每天取送130件包裹的目标，司机们必须严格遵循工程师设定的程序。当他们接近发送站时，他们松开安全带、按喇叭、关发动机、拉起紧急制动、把变速器推到一挡上，为送货完毕后的启动做好准备，这一系列动作严丝合缝。然后，司机从驾驶室出来，右臂夹着文件夹，左手拿着包裹，右手拿着车钥匙。他们看一眼包裹上的地址，把它记在脑子里，然后以每秒约1米的速度快步走到顾客的门前，先敲一下门，以免浪费时间找门铃。送货完毕后，他们在回到卡车上的路途中完成登记工作。

实际上，UPS为获得最佳效率所采用的程序并不是该公司的管理人员发明的，他们运用的是科学管理的成果。科学管理的兴起距今已有百余年，但是，正如UPS所证实的，这些程序今天仍然有效，在世界各国，包括我国的各行各业，都有应用。

请问：什么是科学管理理论？UPS是如何运用科学管理成果的？

知识点一：泰勒的科学管理理论

科学管理理论主要是指从企业生产现场的管理工作入手，研究如何用科学的方法来提高生产效率，它的倡导者是美国人泰勒。泰勒从 1881 年开始，就进行了车间、工厂的生产管理研究。1911年，他出版了《科学管理原理》一书，奠定了科学管理理论的基础，标志着科学管理理论的正式形成。泰勒也因此被西方管理学界称为"科学管理之父"。

名人谱

弗雷德里克·温斯洛·泰勒

弗雷德里克·温斯洛·泰勒，美国著名管理学家、经济学家，被后世称为"科学管理之父"，其代表作为《科学管理原理》。

为了对科学管理理论产生的背景、贡献和历史局限有更清楚的认识，建议读者在课前扫描二维码，了解一下泰勒的生平。

（一）科学管理理论的主要内容

泰勒的科学管理理论的主要内容包括以下六个方面。

1. 工作定额

要提高效率，首先要解决"磨洋工"的问题，而"磨洋工"的意思就是偷懒，能够一天完成的工作拖上好几天才完成。这种状态下的工人完全按经验办事，随意性很强。为此，泰勒认为，应该用科学的工作方法取代经验工作方法。

所谓经验工作方法，就是每个人采用什么操作方法、使用什么工具等，都是根据个人经验来决定的。所以，个人工作效率的高低取决于他们的操作方法和使用的工具是否合理，以及个人的熟练程度和努力程度。所谓科学工作方法，是指每个人采用什么操作方法、使用什么工具等，都根据试验和研究来决定。泰勒认为，科学的工作方法有利于提高劳动生产率。

泰勒提出要用科学的观测、分析方法对工人劳动过程中的操作方法、使用的工具、劳动和休息的时间，以及机器设备的安排和作业环境的布置等进行分析，消除各种不合理的因素，将最好的因素结合起来，从中归纳出完成每项工作的标准时间，从而得出每个工人每天必须完成的最低工作量，即"合理的日工作量"，这就是所谓的工作定额原理。

泰勒说："这些任务定额是经过精心计算的，需要工人高质量、细致地完成。同时必须明确，绝不要求以伤害工人身体健康的速度来完成这些任务。每项任务都是这样拟定的：胜任这一工作的工人能够常年以这种速度操作，并感到身心愉快，变得富有而不感到劳累。在很大程度上，科学管理就是要预先制订任务计划并实施这些计划。"

2. 标准化

"合理的日工作量"是建立在标准化的前提之下的，因为工人的合理的日工作量是按照在标准化的作业环境之中，使用标准的工具、机器和材料，掌握标准的操作方法制定出来的，如果不符合这些标准，工人就无法完成日工作量。因此，必须对这些标准做出明确的规定，使一切制度化、标准化和科学化，这就是所谓的标准化原理。

视野拓展
搬运生铁块试验和铁锹试验

在这一过程中，泰勒非常强调管理者要承担更多的责任。管理者几乎整天和工人工作在一起，帮助工人，鼓励工人，为他们提供方便并真诚合作——两者共同按已经形成的科学规律、标准开展工作，而不是像过去那样，管理者只是站在一旁，很少给工人什么帮助，把责任全部推给工人。管理者首先要教会工人正确的方法，让其有效地进行工作。其次，管理者要合理地为工人分配每天的任务，一旦工人每天圆满地完成了任务，他们就能得到更多的奖金。如果工人未完成任务，就要派一个称职的老师详细指导他，准确地告诉他如何才能把工作做到最好，引导、帮助并鼓励他。同时分析他到底能不能成为一个称职的工人。在个性化管理工人的方式下，管理者不会由于工人一次的失误就武断地开除他，或降低其工资，而是给予其改进时间，并提供帮助，使其精通现有的工作。或者，如有更符合其体力和智力的工作，也可以把他调换到那些工作岗位上去。

3. 合理用人

为确保工作定额是"合理"的且能完成的，泰勒认为，第一步是科学地挑选工人。管理者的目的在于尽可能把每个人的劳动生产率提高到最大限度，并为其带来最大的财富。所以，开始工作之前需选择合适的工人。比如在搬运生铁块的试验中，泰勒在对 75 名工人进行了三四天的观察之后，选择了其中的 4 名工人，从体力上，这 4 个人每天足以搬运 47 长吨（1 长吨≈1.016 05 吨）生铁。他对这 4 名工人进行了详细的分析了解，询问了他们每个人的性格、习惯和志向，最后选择了一个最合适的人选——"第一流的工人"。所谓第一流的工人，不是指各方面条件最好的工人，而是指那些自身能力适配这项工作而且他愿意从事这项工作的工人。

思考与讨论

美国管理学家波特夫人，曾请一位社会学家和一位心理学家对其部下的心理特点进行分析。社会学家的结论是：你的部下可分为两类，一类是线性思考的人——直来直去，领导叫干什么就干什么；另一类是系统思考的人——能够全面看问题，能很快抓住问题的要害，决定自己的行动。心理学家的结论是：你手下有两种人，一种是热情的人，另一种是吹毛求疵的人。波特夫人据此综合分析，做出如下人事安排。

（1）线性思考又有热情的人——去做技术培训教师，他一定乐意教书。

（2）线性思考又注重细节的人——去当警察，他一定能发现很多细节。

（3）系统思考又有热情的人——去当领导、当顾问，他一定高瞻远瞩又肯埋头苦干。

（4）系统思考又注重细节的人——去当工头，谁干得怎样，他一目了然。

问题： 分析自己的心理特点。自我认知：_____。同桌观点：_____。

泰勒坚信，工人和管理者的利益应该是一致的，而不是对立的。这种一致首先体现在管理者要对工人进行指导和培训上——对每个工人进行研究、教育和培训，使其胜任工作，而不是把责任都推给工人。泰勒说："管理者最重要的目标是培训和发掘企业中每个人的技能，以便每个人都能尽其天赋，以最快的速度、最高的劳动生产率从事适合他的等级最高的工作。"

泰勒认为，工人尽其努力完成一天最大的工作任务，原因不是他的积极性与创新意识被激发，而是通过培训掌握了别人提出的科学的、标准的方法。泰勒说，如果工人得不到有效的指导，那么他为了挣更多的工资，可能到中午 11 点或 12 点就彻底累倒了。但是，如果有一个懂得科学方法的人站在他旁边指导他的工作，直到他养成了一种习惯，他就能够在全天按照平均的速度搬运，而不感到过度疲劳。

另外，泰勒还认为，挑选工人并不是要去寻找一些特殊的人，而是从普通人中挑选出少数特别适宜从事这类工作的人。对于那些不适合做这项工作的人，公司会给他们安排其他工作并对他们进行培训和指导。这样，这些人在新的岗位经过适当的培训后就可以得到更高的报酬。

4. 差别计件工资制

泰勒认为，工人"磨洋工"的一个重要原因是报酬制度不合理。计时工资制不能体现劳动的数量。计件工资制虽然能体现劳动的数量，但工人担心劳动效率提高后老板会降低工资率，从而等同于劳动强度的加大。为了鼓励工人努力工作，完成定额，泰勒提出要在科学制定劳动定额的前提下，采用"差别计件工资制"这一新的刺激性薪酬制度——达不到标准的工人只能获得很低的工资率（指单位产品的工资），达标的工人则能得到很高的报酬——对那些在管理者的关注和帮助下，按照标准化的要求工作且进度快的工人给予较高的奖金。泰勒说："无论何时，只要工人在规定的时间内圆满地完成了任务，那么就能得到正常工资30%～100%的额外报酬。"

提示与说明

工资制的两种基本形式是计时工资制和计件工资制。

（1）计时工资是按照员工的劳动时间支付的工资。如月工资、周工资、日工资、小时工资等。

（2）计件工资是依据员工完成的工作量（如产品数量）以及质量而支付的工资。

泰勒当时就意识到了，采用计件工资制需要防范的风险之一是，当根据所完成的工作量支付工人的工资时，追求数量可能会导致质量下降——这种情况往往发生在为增加数量而做出改进的时候。因此，泰勒强调，在任何情况下都必须采取确切的措施防止质量下降，一方面采取重复检验的措施（对检验工的工作再进行检验，同时提高那些完成任务又好又多的检验工的工资，减少完成任务不好的检验工的工资，开除那些既慢又粗心大意而且不思悔改的检验工）；另一方面对数量增加、工作质量又好的工人，工资的增加幅度更大。直白地说，就是在相同时间内干得多且好的人，工资率（也就是每一件产品的工资）比别人高。"高"工资率规定，达到标准的一般雇员可获得基本标准工资的125%，"低"工资率规定，未达到标准的工人获得基本标准工资的80%，这就叫差别计件工资制。

差别计件工资制带来了产量的巨大增加，同时带来了质量的显著改进。

泰勒认为："奖励可以起到激励工人的目的。而要想有效地激励工人竭尽全力地工作，这种奖励就应该在任务完成后立即兑现。试想，工人经过长达一周甚至一个月的努力工作，而只在最后才获得奖励，那么几乎没有哪个工人能够继续保持进步。"

5. 计划职能和执行职能相分离

为了提高劳动生产率，泰勒主张将计划职能与执行职能分开，即实行专业分工。泰勒所说的计划职能实质上就是管理职能，由管理机构（或管理者）建立专门的计划部门来履行计划职能，专门进行时间和动作研究；制定科学的定额和标准化的操作方法，使用标准的工具；拟订计划并发布指令。执行职能则是工人的劳动职能，由工人和部分工长承担，按计划进行生产。

在这之前，有效完成工作的知识都是以师傅传给徒弟的形式存在的，没有人对如何更有效地完成工作进行分析，也就是说，没有人真正对工人的生产效率负责，没有真正意义上的管理者。工人几乎承担全部的职责，包括拟订总体计划、掌控工作进度，直到完成工作任务。此外，工人还必须从事实际的生产劳动。在劳资对立的关系中，工人自己制订计划、自己执行，肯定生产效率不会高。所以泰勒认为，这部分计划工作应该由管理者按照科学规律去完成。他说："非常清楚，多数情况下，由一种人预先制订计划，而由别的人去实施这些计划是必要的。在计划室工作的人的专业职能就是在科学管理下预先制订计划。这些人总能找到多快好省的工作方法，实现途径包括工作细分、在每个技工开始作业之前由另外一些工人完成各种准备工作。"

泰勒又说："在现代科学管理下，最突出的、独一无二的是任务观念。每个工人的工作，至少要在一天前由管理者通过计划形式确定下来。在多数情况下，每个工人会收到书面的作业指南，其中，详细说明了要完成的工作及工作方法。按照这种方式，预先安排好的工作就成了一项任务。如上所述，这项任务不是由工人单独完成的，多数情况下是通过工人和管理者共同努力完成的。每项任务详细说明了要做什么、如何做以及何时完成。"正是由于科学管理把工作分析与工作执行相分离，才实现了以科学的知识代替过去的经验，以工人和管理者之间的利益协调代替分歧，以最大的产出代替有限的产出，才产生了现代意义上的管理。

泰勒同时认为，管理人员也要进行专业分工，每个管理者只承担一两种管理职能。他提出了"职能工长制"，即将管理工作予以细分，一个工长只承担一项管理职能，每个工长在其业务范围内有权监督和指导工人的工作。这能有效提高工作效率和质量。泰勒在《车间管理》（又译为《工厂管理》）一书中，具体说明了一位"全面"的工长所应具备的九种品质：有智慧；受过良好教育，有专门技术知识；手脚灵巧和有力气；机智老练；有干劲；刚毅不屈；忠诚老实；有判断力和一般常识；身体健康。泰勒认为要找到一个具备上述三种品质的人并不困难，而要找到一个具备上述五种或六种品质的人就比较困难，如果要找到一个具备上述七种或八种品质的人，那几乎是不可能的。

6. 例外原则

泰勒还认为，在规模较大的企业，高层管理者还应该使用"例外原则"，即高层管理者应把例行的一般日常事务授权给下级管理者去处理，自己只保留对例外事项或重要事项的决策权和监督权。例外原则可以帮助高层管理人员摆脱日常的具体事务，集中精力对组织内的重大问题进行决策监督，这对组织是必要而有利的。

（二）对科学管理理论的简要评价

1. 科学管理理论的贡献

泰勒说："科学管理并不一定是什么大发明，也不是发现了什么新鲜或惊人的事。科学管理是对过去就存在的各种要素进行'集成'，即把原来的知识收集起来，加以分析、组合并归类，找出规律，制定规则，从而形成一门科学。""正确的方法只能是科学管理。我坚信，实行这一方法，首先会带来管理者和工人效率的提高；其次，可以合理分配经过双方共同努力实现的利润。而且这一管理方法的唯一目标在于保证全体第三方的利益。工人可能会抵触对其基于经验的方法做任何改进；管理者可能会对要承担新的职责而不满。不过，开明的已经形成共识的启迪，会促进管理者和工人接受新的管理方法。"

（1）泰勒的科学管理理论打破了使用一百多年的传统的经验管理方法，在历史上第一次使管理从经验上升为科学。做同样一种工作，通常情况下可以有很多种方法，可用的工具也有很多种。泰勒认为，在各行各业通用的众多方法和工具中，总有一种方法和工具是较好的和适用的。而这种较好的方法和适用的工具，只有通过对所有正在采用的方法和工具进行系统的科学研究和分析，同时结合准确、精密的动作和时间研究才能发现。各行各业，即使在那些微不足道的细节上，如果能用科学的方法来代替单凭经验行事的方法，也可以节约大量作业时间，进而提高产量，带来巨大的收益。

科学管理理论的精髓是用精确的调查研究和科学知识代替个人的判断、意见和经验。泰勒在管理理论方面做了许多重要的开拓性工作，为现代管理理论奠定了基础，由于他的杰出贡献，他被后人尊称为"科学管理之父"。

（2）泰勒的科学管理理论的核心是寻求较佳的工作方法，追求高效率。泰勒和他的同事们创造和发展了一系列有助于提高生产效率的技术和方法，如时间与动作研究技术、差别计件工资制等。这些技术和方法使当时的生产效率提高了两三倍，极大地推动了生产的发展，不仅是过去而且也是近代合理组织生产的基础。

（3）泰勒认为，要精心选人、用人并加以培训，让他们能够做适宜和有效率的工作；强调管理人员提前精心制订计划的重要性以及管理人员有责任通过制定科学的工作制度来帮助工人提高效率；强调专业分工、适当授权等。这些观点在现在看来不但没有过时，而且对现代企业管理具有非常直接的指导意义。

泰勒提出的工作定额和标准化已成为现代企业管理的两项基础工作，是实施企业管理的前提；另外，他提出的能力与工作相适应原理，已成了现代人力资源管理的核心。

提示与说明

企业管理的六项基础工作

（1）标准化工作——产品标准、方法标准、安全与环保标准、管理标准。

（2）定额工作——劳动定额（工时定额和产品定额）、物资消耗定额、资金占用定额、费用控制定额、成本定额。

（3）计量工作——计量技术、计量管理。

（4）信息化工作——内部信息、外部信息。

（5）规章制度——采购、生产、技术、销售、财务、人事等规章制度。

（6）职工教育——业务培训、思想政治教育。

2. 科学管理理论的局限性

（1）泰勒的科学管理理论对工人的看法是错误的。泰勒把工人看成会说话的工具，只能按照管理人员的决定、指示、命令进行劳动。他曾说过："现在我们需要最佳的搬运铁块工人，最好他蠢得像冷漠的公牛一样。这样他才会受到有智慧的人的训练。"

（2）泰勒的科学管理理论只重视技术因素，而忽视了社会因素。泰勒的科学管理理论认为人的活动仅仅出于个人的经济动机，工人最关心的是提高自己的经济收入。标准作业方法、标准作业时间、合理日工作量，实际上都是以身强体壮、技术最熟练的工人进行最紧张的劳动时所测定的时间为基础的，是大多数工人无法忍受和坚持的。

管理实践

丰田汽车的生产线上，有一根特别的拉绳，被称为"安东绳"。任何一名员工只要发现异常，就可以拉动绳索，停止生产，以防止次品进入下一道工序。拉动安东绳的责任和权力让工人不再只是生产线上的一颗螺丝钉，不再是可以任意替换的一个标准化零件，他们是有独立思考能力、有情感、被重视的人。这一做法，既继承了科学管理理论，又克服了其人性论上的不足，提高了生产效率，保证了产品质量。

（3）由于泰勒的自身条件、背景以及所处的社会条件，不可避免地会影响到其进行科学管理研究的方法、效率、思路等，使其对管理的研究仅解决了个别具体工作的作业效率问题，而没有解决企业作为一个整体如何经营和管理的问题，即对较高层次管理的研究相对较少，理论深度也显得不足。要解决这一问题，就需要进入下一个理论的学习。

知识点二：法约尔的一般管理理论

名人谱

亨利·法约尔

亨利·法约尔，古典管理理论的主要代表人之一，也是管理过程学派的创始人。

了解法约尔及其与泰勒的不同，或许有助于我们理解科学管理理论与一般管理理论的不同。

（一）一般管理理论的主要内容

1916年，法约尔《工业管理与一般管理》的发表，标志着一般管理理论的诞生。一般管理理论是经过普遍经验检验并得到论证的一套有关管理学的原则、标准、方法、程序等内容的完整体系。所谓"一般"，就是普遍的意思。也就是说，法约尔的管理理论是概括性的，所涉及的是带普遍性的管理理论问题，不仅适用于工业企业，还适用于各种社会组织，包括国家机构和家庭，是能普遍适用于各种社会组织的共同原理，故被称为一般管理理论。

与科学管理理论不同，法约尔的一般管理理论以组织的整体利益为研究对象，其主要内容体现在以下四个方面。

1. 企业的经营活动

通过对企业经营活动的长期观察和总结，法约尔提出，所有的工业企业的经营都包括技术、商业、财务、安全、会计及管理六大类基本活动（即经营的六大职能），具体内容如下。

（1）技术活动是指生产、制造和加工等活动。

（2）商业活动是指购买、销售和交换等活动。法约尔认为，一家工业企业的成功既依托技术活动，同时也依赖商业活动。如果产品销售不出去，企业就会破产。知道如何采购和销售，与知道如何生产同样重要。

（3）财务活动是指资本（资金）的筹集、运用和控制等活动。法约尔认为，无投资即无回报。许多本来应该成功的企业都败于资金匮乏。没有充足的流动资金和商业信贷，改革和改善就寸步难行。企业必须有一定的资本（资金），用于支付员工工资、分红、修缮，以及用作购买不动产、设备、原材料，储备金等；而且应该建立一种灵活的金融管理体系，以便获取资本和抽取适当的流动资金，避免盲目投资。

（4）安全活动是指财产（设备、商品）和人员的保护等活动。安全活动以保护财产和员工安全为目的，消除可能危害企业发展甚至生存的障碍。广义地来说，它是指保护企业安全、给员工提供所需安全感的所有措施。

（5）会计活动是指盘存、编制资产负债表、计算成本和统计等活动。会计活动是企业的视觉器官，让企业随时了解现状和发展方向。它能精确、清晰、详尽地反映企业的经济状况。有效的会计活动简单、清晰，且能对企业状况进行精确的分析，是管理企业的强大工具。

（6）管理活动是指计划、组织、指挥、协调和控制。通过前五种活动，管理人员无法掌控企业行动的整体规划、建立组织结构、调配各种力量及协调各种职能行为，这些活动构成了另一种职能，即我们通常所称的管理职能。

法约尔认为，企业无论大小，无论简单还是复杂，都存在这六种主要的、不可或缺的活动。这六种职能活动，既彼此独立又相互依托。比如技术活动无法在没有原材料、产品销路、资金、安全性和预见性的情况下而独立存在。而且，这六种职能活动是企业中各级管理人员都要进行的，只不过由于职位高低和企业规模大小的不同而各有所侧重。

2. 管理要素

法约尔认为，经营和管理是两个不同的概念，管理只是经营的一部分，在六大经营活动中，管理活动居于核心地位。在对管理活动进行详细分析的基础上，法约尔提出："所谓管理，就是计划、组织、指挥、协调和控制。"在这五大管理要素中，法约尔把计划和组织作为重点。

（1）计划是管理的首要职能，即预见未来和拟定行动方案，可简述为"目标和经营规划的制定"。行动方案指出要达到的结果，同时给出要遵循的行动路线、要跨越的阶段及要使用的方法和资源。

（2）组织，是物力和人力的组织问题，可简述为"为完成已确定的目标而进行的各种资源的有效配置和组合"。组织和经营一家企业就是要为它的运行配备一切所需，包括原料、设备、资本和人员。

（3）指挥是为了使组织行动起来所必要的，可简述为"通过有艺术的领导使组织全体成员都充分地发挥作用"的活动。

（4）协调，即沟通、联合并使行动和力量达到和谐统一，使力量和行动达到合适的比例，以便于目标的达成。

（5）控制，即遵照已有规则和既定程序监督工作的进行，核定工作的进行是不是与既定的计划、发出的指示以及确定的原则相符合，以便加以纠正和避免失误，保证企业经营中的各种活动符合所制订的计划和所下达的命令。控制的目的在于发现工作中的问题和失误，以便人们能及时纠正，避免再次发生。

法约尔指出，管理职能并非一种专有特权，也不是某个负责人或企业领导的个人责任；管理职能同其他基本职能一样，是一种由组织领导和组织所有其他成员共同行使的职能。也就是说，并不只是部门负责人或者企业领导人才是管理者，管理职能是企业领导和其他所有成员共同承担的职责。管理职能的强弱取决于全体员工的管理素养和努力。"一家企业内所有员工都或多或少地参与了管理工作，所以他们每个人都有可能发挥管理才能并得到关注。"

3. 14条管理原则

法约尔根据对企业管理实践的总结，在其《工业管理与一般管理》一书中首次提出了企业管理的14条原则。

（1）劳动分工。劳动分工就是劳动的专门化，目的是为了在同样的付出下能够得到更多更好的产出。工人一直做同样的零件，领导一直处理同样的事务，他们就会熟能生巧，自信而又精确，这样就提高了生产率。

劳动分工不仅应用在技术工作上，也适用于其他一切工作，只要这些工作或多或少由多个人完成，或需要多种类型的能力。劳动分工的结果是职能专业化和权力分离。

（2）权力和责任。权力是指挥权，是"下达命令的权利和让别人服从的职权"。法约尔指出，责任是权力的伴生物，是自然的结果，是权力的必要补充。权力所到之处，责任随之而生。权力和责任是相对应的，两者有必然的联系。要行使权力就必须承担责任，要某人对其工作结果负责就应该给予他确保完成工作应有的权力。不能出现有权无责（易导致腐败、为所欲为）和有责无权（易导致缺乏积极性）的情况。

法约尔说，勇于承担责任能够赢得尊重，任何时候它都是一种值得钦佩的勇气。但是，人们在追求权力的同时，往往不愿承担责任。不愿承担责任会削弱人们的主动性，同时使其丧失许多其他的好品质。所以法约尔提出，优秀的领导者应该自觉地承担责任，且能够感染他周围的人。

（3）纪律严明。纪律就是组织的规则、规矩，本质上就是企业和员工之间达成的协议，它要求人们服从、勤勉、做出行动并表现出相应的尊重。为了企业的良好发展，纪律是不可或缺的；没有纪律，任何企业也不能繁荣发展，这已是深入人心、众所公认的。纪律对企业的所有员工应一视同仁，既约束领导，也约束员工。

（4）统一命令（统一指挥）。从下级面对上级的角度来讲，一个员工不管采取什么行动，都应该只接受一个上级的命令，并向这个上级汇报自己的工作，就像任何人都不能同时对两个上级负责一样，双重的命令对权力、纪律和稳定性是一种威胁。如果命令被违反，权力就会被损害，纪律就会被破坏，秩序也会混乱，稳定性会被动摇……

（5）统一领导。这一原则可以这样表述：为达到一个共同的目标，由一位领导人按照统一规划，领导并协调全体行动。这是统一行动、调配力量、集中优势的必要条件。也就是说，从上级对下级的角度来讲，凡是从事同种工作或具有相同目标的活动，都只能由一个管理者按一个统一的计划来加以领导。一个组织或一个部门不管有多少个"副职"，都只能有一个"正职"。

提示与说明

双重指挥甚至多重指挥在组织中极为常见，危害不小。上至国家，下至家庭，再加上大大小小的公司都领教过它的危害。比如，父母分别给小孩提出不同的要求，小孩不知道听谁的；再比如，两位领导对同一个下属行使权力，这种双重指挥会让下属不知所措。在人类社会中，无论在工业、商业、军队、家庭，还是在国家中，双重（多重）指挥都是冲突的源头，有时会带来十分严重的后果，这应该引起每位领导的重视。

法约尔强调统一领导，现实中双领导或集体领导模式并不罕见。需要注意，集体领导并不意味着多重指挥，一般认为集体领导有一定优越性，多数情况下统一指挥是很必要的，某些情况下多重指挥也有其价值。

（6）个人利益服从整体利益。这项原则是指：在公司中，员工的个人利益或员工的团体利益，不能凌驾于公司利益之上；家庭利益要排在任何一位家庭成员的利益之前；国家利益高于公民个体或团体的利益。我们面对在不同范围内的两个同样需要重视的利益时，应该寻找妥善解决的办法。解决的办法如下：领导者的坚定性和典范作用；协议尽可能公平；认真监督。

（7）报酬。报酬是员工付出劳动的所有回报。它应该尽可能公正，让员工和企业、雇员和雇主都满意。报酬制度应当公平合理，对工作成绩和工作效率优秀者给予奖励，但奖励应该有一个限度。通常选用报酬模式的标准：确保公平；激发热忱；奖励有效的努力；不会产生过多的超出合理范围的报酬。

法约尔指出，企业领导不仅应全心全意地关心企业利益，也应关心员工的健康、教育、道德观和稳定性。这些因素不只是在企业里形成的，它也形成于企业之外，在家庭中、学校里、世俗生活中得以完善。因此企业领导也要关心员工在企业之外的生活。比如，企业设置的福利设施可以是多种多样的。在企业内，它体现为保健和起居设施等，如通风、照明、清洁、用餐；在企业外，它体现在住房、食品、知识和教育上。再比如，慈善事业也属于福利的范畴。总之，所有能改善组织成员的价值和命运，激发组织成员工作热情的报酬模式，都是组织的管理者应该持续关注的问题。当然，这里有一个"度"的问题。

提示与说明

法约尔认为，再好的报酬制度也无法取代科学的管理。在现实生活中，我们经常能发现这样的情形：工资再高，但如果内部管理不善，即使吸引了人才进来，也无法真正留住人才，反而会被一些人利用——先进来，在拿着高工资的同时，继续寻找另一份工作，一旦找到合适的工作，就会离开这个组织。

（8）集权。集权本身并无好坏之分，可以根据管理者的主观意愿或客观情况来决定采纳或者不采纳，集权总是不同程度地存在着。集权和分权的问题，不只是一个简单的比例问题，而是一个如何找到最适宜的集权程度的问题。

选择集权还是分权，其尺度就是能否使总收益最大化。不仅最高领导者要面对这个问题，各个层级的领导者亦是如此。在某种程度上它能抑制或激发下属的主观能动性。所有能提升下属重要性的做法都是分权，所有能降低下属重要性的做法都是集权。

（9）等级制度。从最高权力机构到底层管理人员，中间有不同的等级，即权力等级。下级接受直接上级的领导，上级对直接下级进行指挥。这种等级链表明了等级的顺序和信息传递的途径。要想满足传递信息的需要，保证统一指挥的效果，这条路径是必要的。脱离等级路径是错误的。但它并不总是快速有效的，有时，在一些大企业里，这条路径相当长。如果一家企业完全按等级路径行事，很容易引起重大损失。在某些情况下，后者的错误更加严重。怎么解决这个问题呢？法约尔设计了一种"跳板"——允许横跨权力的界限进行信息传递——便于同级之间的横向沟通。但在横向沟通前要征求各自上级的意见，并且事后要向各自的上级汇报，从而维护统一指挥的原则。也就是说，这种信息传递"只有当所有各方都同意而且上级人员随时都了解情况的时候才能进行"。

（10）秩序。秩序包括物质秩序和社会秩序。物质秩序的规则是：每件东西都有一个位置，每件东西都在其位置上。为了建立物质秩序，应该保证每个物体都有一个位置，所有物体都在特定的位置上。建立物质秩序应该避免材料丢失和浪费时间。为了达到这个目的，不但要让物体有它的位置，还要精心安排，预先选定，尽可能使所有工作程序便利。如果无法满足，秩序就只是表面的。整洁是秩序的必然结果。在这样的环境中，混乱找不到着陆点。

社会秩序的规则是：每个人都有一个位置，每个人都在自己的位置上。为此，完美的社会秩序要求位置要适合员工，员工也要适合其位置，也就是说"合适的人在合适的位置上"。

一句话，秩序就是人员、物料等应在合适的时间在合适的职位或合适的位置，保证一切工作都能按部就班地进行。

提示与说明

有些材料，虽然整齐、干净地排列，看起来赏心悦目，但要取用时却很不方便，要么是功能不一样的材料放在一起，要么是想取最里面或最下面的材料时，必须先把最外面或最上面的材料挪开，费时费力，这些都不是有序；有些材料，看似无序摆放，但功能分类明显、取用方便，这就是有序。

（11）公平。公平就是公道与善意的结合。公平不是没有活力，也不是不严格。为达到公平，管理人员需要有理智、丰富的经验和善良的心地。在对待员工时，应该重视他们希望得到公平和平等的愿望，这些都是在对待员工时应该重视的问题。为了尽可能地满足员工的需要，不要忽略任何原则，不要丢弃整体利益，企业领导应该尽己所能，努力使各级人员感受到公平。

（12）人员稳定。法约尔主张人员稳定，尤其是管理人员不要频繁更换。他认为，应允许员工花时间学习、适应，掌握新工作应具备的能力，继而胜任一项新工作。如果员工尚在学习和适应中，在不能胜任工作时就被调离，那他就没有时间把工作真正做好。而且，如果这样的情形反复地出现，工作就无法圆满完成。人员不稳定会造成让人遗憾的结局。我们也发现，如果一位能力中等的领导在自己的岗位上兢兢业业地长期工作，跟那些能力高，但得过且过，在位时间不长的领导比起来，他更能得到认可。

一般来说，成功企业的管理层一般都是稳定的，不景气企业的管理层通常不稳定。

（13）创新精神。构思计划并保证其成功执行能给人以极大的满足感，这也是人类活动中最让人兴奋的行为之一。这种构思和执行的可能性，就叫创新精神。建议和执行的自主性也属于创新精神。

不仅领导应具备创新精神，全体员工也应具备创新精神。优秀的领导能激发下属的创新精神，最大限度提升企业的活力。

（14）团结精神。一家企业的成员和谐而又团结是它持续发展的力量源泉，所以应该努力做到团结。法约尔说："分裂敌人以削弱其力量是聪明的，但是分裂自己的队伍则是破坏公司的一大罪状。"在下属中挑拨离间，丝毫不值得炫耀，任何人都能做到这一点。领导要真才实干才能协调力量，激发热忱，发挥所有人的能力，使用每个人的长处而不引起相互嫉妒，以维持企业内的和谐关系。

提示与说明

法约尔的14条管理原则是他研究管理要素的基础，这些原则是用来指导理论和实际工作的，在内容上不那么具体详细。同时，在运用这些管理原则时也不能把它们理解为死板的教条。正如法约尔自己所总结的："没有原则，我们就要陷入黑暗和混沌；没有经验和尺度，即便有最好的原则，我们也会举步维艰。原则是为我们指明道路的灯塔——它只为知道大门开在哪里的人们服务。"

4. 管理者的素质

法约尔认为，每项组织职能，或叫作基本功能，都有其相对应的专门能力。每种专门能力都建立在一系列素质或知识之上。

（1）身体素质：健康、精力充沛、敏捷。

（2）智力素质：具备理解和学习能力、判断能力，脑力充沛，头脑灵活。

（3）道德素质：有毅力，坚强，有承担责任的勇气、创新精神、献身精神，机智，自尊。

（4）综合文化素质：具备各种非专业领域的知识。

（5）专业知识：它与专门职能相关，即涉及技术、商业、金融、安全、财务、管理等职能的专业知识。

（6）经验：它是对实践总结的认识，是人们在实践中取得的经验教训。

（二）对法约尔一般管理理论的评价

1. 法约尔一般管理理论的贡献

虽然法约尔的管理思想和泰勒的管理思想都是古典管理思想的代表，但法约尔是以企业高层管理者的身份自上而下地研究管理的，关注的是企业作为一个整体如何经营和管理的问题。因此，法约尔管理思想的系统性和理论性更强，提出的管理理论更加全面。

虽然法约尔的管理理论是以企业为研究对象而建立起来的，但他首次指出管理理论具有普遍性，可以用于各个组织之中。他把管理视为一门科学。他关于管理职能的划分和分析为管理学提供了一套科学的理论框架。后人根据这种框架，建立了管理学并把它引入了课堂。

2. 法约尔一般管理理论的局限性

法约尔一般管理理论的主要不足之处是其管理原则缺乏弹性，以至于有时管理者无法完全遵守。以"统一指挥"原则为例，法约尔认为，不论什么工作，一个下属只能接受唯一一个上级的命令，并把这一原则当成一条定律。这和劳动分工原则可能发生矛盾。当某一层次的管理人员制定决策时，他就要考虑来自各个专业部门的意见或指示，但这却是统一指挥原则所不允许的。

同时，法约尔只是提出了管理的原则和要素，并没有告诉管理者如何使任何一个大型组织都可以更为系统地发挥管理的作用。要解决这个问题，就需进入下一个理论的学习。

知识点三：韦伯的古典组织理论

 **名人谱**

马克斯·韦伯

马克斯·韦伯（Max Weber，1864—1920）出生于德国一个有广泛社会和政治关系的富裕家庭，从小受到良好的教育，对经济学、社会学、政治学等有广泛的兴趣。他先后在弗莱堡大学、海德堡大学、维也纳大学、慕尼黑大学担任过教授。韦伯在管理思想上的主要贡献是提出了所谓的理想的行政组织机构模式，这集中体现在他的《社会组织和经济组织理论》及有关经济史的著作中，正是由于他对古典组织理论有杰出的贡献，所以有人称他为"组织理论之父"。

德国著名社会学家韦伯认识到了为大型组织和大规模企业建立合理基础的需要，他在找寻这个答案的过程中提出了理想的行政组织体系理论——官僚集权理论，这一理论主要集中在其代表作《社会组织和经济组织理论》一书中。其管理思想主要体现在两方面。

1. 权力的种类

韦伯认为组织中的权力有三种纯粹的形式。

（1）合理-合法的权力，以组织内部各级领导职位所拥有的正式权力为依据。这是正式任命的职务所具有的权力，如正式任命的人事部经理就具有其工作说明书中所规定的所有权力。

（2）传统的权力，以传统的不可侵犯的信念，以及执行这种权力的人的地位的正统性为依据。这是由于先例和惯例所形成的，如年长者可以责问年轻人、教授理所当然就是专家等。

（3）超凡的权力，以对个人的特殊的、神圣英雄主义或模范品德的崇拜为依据。例如，大家都佩服一个人，这个人说的话就很管用，在大家眼里，这个人就具有超凡的权力；对英雄的敬意等也在说明英雄具有某些超凡的权力。

韦伯强调，组织必须以合理-合法的权力作为行政组织体系的基础。

2. 理想的行政组织体系的要素

韦伯认为理想的行政组织体系有如下特点。

（1）明确的分工。把组织内所有工作分解，有明确的分工，明确规定每一个职位的权力和责任。

（2）权力体系。各种职位按权力等级组织起来，下级人员要服从上一级人员的指挥和领导。

> 行政性组织是指一种强调组织观念，超越人事因素，严格按行政程序活动的组织体制和形式。说它"理想"，并不意味着它是最有利、最合乎需要的形式，而只是把它作为理论分析的一种标准模式。

（3）人员考评和教育。组织中人员要根据职务的要求，通过正式的教育培训，考核合格后被任用。

（4）职业管理人员。管理人员有固定的薪金和明文规定的晋升制度，是一种职业管理人员，而不是组织的所有者。

（5）遵守规则和纪律。组织中包括管理人员在内的所有成员必须严格遵守组织的规则和纪律，不得感情用事、滥用职权，减少摩擦和冲突，确保职权的正确使用。

（6）组织成员之间的关系。这种关系以理性准则为指导，不受个人情感的影响。组织内部是这样，组织与外界的关系也是这样，不能随意解雇组织中的人员，应鼓励大家忠于组织。

3. 对韦伯行政组织体系理论的评价

韦伯的这一理论，强调了组织的运转要以合理的方式（一套有连续性的规章制度）进行，减少人的随机、主观、偏见对整个组织运转的影响，适合于工业革命以来的大型企业的管理需要，对泰勒、法约尔的理论是一种补充，对后来的管理学家们，尤其是组织理论学家们有很大的影响。

但是韦伯的管理思想过分强调组织原则和恪守规章制度，从而抑制了创造力、创新精神和冒险精神；同时他忽视了组织成员情感方面的需求，忽视了在正式组织中存在着非正式组织，他强调了人际关系的非人格化，决策时只考虑规章和程序，不利于调动组织成员的积极性。

👓 视野拓展

管理学上通常把在 19 世纪末至 20 世纪三四十年代产生与发展的管理理论称为古典管理理论，这一时期的管理理论以泰勒的科学管理理论、法约尔的一般管理理论和韦伯的古典组织理论为代表。这些关于管理的不同理论是研究人员根据自身的背景和兴趣，从各自不同的角度对管理所做出的解释，这些观点可以帮助我们更好地认识管理，但这些观点也都有一定的局限性。比如，科学管理理论虽为提高企业的生产效率而提出，但并没有解决企业作为一个整体应如何有效管理的问题；一般管理理论以组织的整体利益为对象，但又没有明确一个组织运行的基础是什么；韦伯的古典组织理论则提出必须以合理-合法的权力作为行政组织体系的基础，但忽视了组织成员情感方面的需求。这三大古典管理理论虽然各有成就，但都忽视了组织中人的因素，也没有考虑组织与外界环境之间的联系。

第二节　理解行为科学理论

案例导入

在一个管理经验交流会上，有两个厂的厂长分别讲述了他们对如何进行有效管理的看法。

A 厂长认为，企业首要的资产是员工，只有员工们把企业当成自己的家，把个人的命运与企业的命运紧密联系在一起，才能充分发挥他们的智慧和力量为企业服务。因此，管理者有什么问题，都应该与员工商量解决；平时要十分注意对员工需求的分析，有针对性地给员工提供学习、娱乐的机会和条件；每月的黑板报上应公布当月过生日的员工的姓名，并祝他们生日快乐；如果哪位员工生孩子了，厂里应派车接送，厂长应亲自送上贺礼。在 A 厂长的厂里，员工都普遍把企业当作自己的家，全心全意地为企业服务，工厂日益兴旺发达。

B 厂长认为，只有实行严格的管理才能保证实现企业目标所必须开展的各项活动的顺利进行。因此，企业要制定严格的规章制度和岗位责任制、建立严格的控制体系、注重上岗培训、实行计件工资制等。在 B 厂长的厂里，员工们都非常注意遵守规章制度，努力工作以完成任务，工厂迅速发展。

请问：两位厂长对待员工的态度有什么不同？

泰勒、法约尔、韦伯等人开创的古典管理理论，使管理实现了从经验上升为科学的转变。但是，从某种程度上讲，古典管理理论的研究是以机械的观点来看待组织和工作的，虽然这些理论也承认个人的作用，但强调的也只是对个人行为的控制和规范（认为人与机器没有多大差别），而且没有考虑组织与外部的联系，那个时代是"封闭系统"的管理时代。与此同时，另一些学者从心理学、社会学等角度对人的行为以及产生这些行为的原因进行了分析研究，由此形成了行为科学理论。行为科学理论始于 20 世纪 20 年代，早期也被称作人际关系学说，以后发展为行为科学，又称为组织行为理论。

知识点一：梅奥的人际关系学说

（一）人际关系学说的主要内容

美国管理学家乔治·埃尔顿·梅奥（George Eiton Mayo，1880—1949）是行为科学的早期代表人物，曾在哈佛大学任教，从事过哲学、医学和心理学方面的研究。1927 年，梅奥应邀参加并指导了在芝加哥西方电气公司霍桑工厂进行的有关科学管理的实验，即被认为是对行为科学理论做出重要贡献的"霍桑实验"（Hawthorne Experiment），它研究了工作环境、物质条件与劳动生产率的关系。

名人谱

乔治·埃尔顿·梅奥

乔治·埃尔顿·梅奥，原籍澳大利亚的美国行为科学家，人际关系学说的创始人，美国艺术与科学院院士。在美国西方电气公司霍桑工厂进行的长达九年的实验研究——霍桑实验中，梅奥主持了后面三个阶段的实验，该实验揭开了对组织中的人的行为研究的序幕。

为了能更好地理解人际关系学说，建议读者课前扫描二维码了解霍桑实验。

经过霍桑实验，梅奥取得了一系列重要成果，经过总结，他发表了代表作《工业文明的人类问题》和《工业文明的社会问题》，提出了人际关系学说的一系列思想。

1. 人是"社会人"

梅奥认为，企业中的人首先是"社会人"，而不是单纯追求金钱收入的"经济人"。人们从事工作并不仅仅追求金钱收入，还有社会心理等方面的需求，即他们还追求人与人之间的友情、安全感、归属感和受人尊重等，因此，管理者不能只着眼于技术和物质条件，也需要从社会、心理方面来激励员工，提高生产效率。

提示与说明

"经济人"和"社会人"是两种不同的人性假设。

亚当·斯密（Adam Smith）提出的"经济人"假设认为，人的本性是懒惰的、自私的，人们在经济行为中追求的完全是私人利益。因此，他主张在管理中用金钱来刺激人的积极性，同时对消极怠工者采取严厉的惩罚措施。

梅奥提出的"社会人"假设认为，人并非单纯追求金钱，他们还有一系列的社会心理需要。因此，有效的管理必须着重于对人的内在特性的研究，而不是着重于或仅仅从人的外在特性出发去看待和研究管理中的人的问题。

梅奥指出，影响生产率的根本因素不是工作条件，而是工人自身。众所周知，不同的人对同一行业的工作会有不同的主观感受，一些人可能认为工作极为单调，有时甚至是不可忍受的，而一些人则觉得相对愉快，宁愿做这项工作，而不愿换其他的工作。对于同一个职位，某人觉得很单调，只能引发痛恨和厌恶；而另一个人则可能觉得舒服自在和得心应手。还有一些人，今天认为是单调的，明天就不是那样了。单调不单调，因人而异，甚至同一个人也会因时而异。在霍桑实验中，参加实验的工人意识到自己"被注意"，自己是重要的存在，因而产生了归属感。这种意识增强了工人的整体观念、有所作为的观念和完成任务的观念，而这些现象在其他以往的工作中不曾出现，正是这种人的因素提高了劳动生产率。

2. 生产效率主要取决于员工的工作态度和人们的相互关系

梅奥认为，在影响劳动生产率的诸因素中，工人为团体所接受的融洽性和安全感较奖励性工资有更为重要的作用。也就是说，首要因素是工人社会心理的满意度，生产条件、工资报酬是次要的。"一个人是否全心全意地为一个团体服务，在很大程度上取决于他对自己的工作、自己的同事和上级的感觉如何。"

工人社会心理的满意度直接决定了工人的士气和干劲。换句话说，生产效率主要取决于员工的工作态度和人们的相互关系。工人的满意度越高，其士气就越高，从而生产效率就越高。高的满意度来源于工人个人需求的有效满足。个人需求不仅包括物质需求，还包括精神需求。因此，出色的领导在于提高工人的满意度。管理者不仅要具备解决技术、经济问题的能力，还要具备与被管理者建立良好的人际关系的能力。

梅奥提出，以人际关系为导向的"新型"领导是这样的：管理者像一个社会感情的调整者那样来行事，以便促进协作努力而达到组织目标。新型的领导能区分感情和事实，能在经济的逻辑和非逻辑的感情之间进行平衡。

培养新的人际关系型管理者的办法是，对其进行有关人际关系技能的训练，使其理解逻辑的和非逻辑的行为，掌握善于倾听意见和信息交流的技能，以及在正式组织的经济需要和非正式组织的社会需要之间维持平衡的能力。平衡是组织效率的关键。工人通过社会结构（也就是社会中的某个工作、职位）而得到承认，获得安全和满足，从而愿意为实现组织目标而协作和贡献力量。技术变革过于迅速以及（或者）管理者未能了解工人的感情，就会破坏这种平衡。

3. 重视"非正式组织"的存在和作用

梅奥认为，企业中不仅存在"正式组织"，而且还存在人们在共同劳动中由于共同的社会感情、爱好、业余活动而形成的"非正式组织"（关于非正式组织，本书将在第六章第三节进行详细介绍）。

梅奥指出，非正式组织与正式组织有很大差别。在正式组织中，以效率逻辑为其行为规范，有规则、命令、工资报酬制度的存在；而在非正式组织中，则以感情逻辑为其行为规范，有作为其基础的情绪和人际间相互影响的存在。如果管理人员只是根据效率逻辑来管理，而忽略工人的感情逻辑，必然会引起冲突，影响企业生产率的提高和目标的实现。这就给企业的管理提出了问题。

梅奥认为，不应该把非正式组织看成"坏"的，而应该把它看成与正式组织相互依存的一个内容。非正式组织的存在对正式组织既有利又有弊，两者相互依存，对生产率的提高有很大影响。例如，班级里爱好踢球的同学组成了一个小"球迷协会"，大家规定，要看球一起去，要上课也一起去。因此，管理者要想实施有效的管理，就应该重视非正式组织的存在和作用。

（二）对人际关系学说的评价

梅奥的人际关系学说为管理思想的发展开辟了新的领域，标志着人们从早期的科学管理思想单纯重视对组织形式及方法的研究，开始转向为对人的因素在组织中的作用的研究。其主要贡献在于：注重人的因素，研究人的行为，关注人的社会、心理需求，改变了"人与机器没有差别"的观点。但人际关系学说也存在一定的局限性，主要体现在：过分强调非正式组织的作用；过多强调情感的作用；过分否定经济报酬、物质条件的影响。

知识点二：麦格雷戈的"X-Y"理论

"X-Y"理论的提出者是美国著名的行为科学家道格拉斯·麦格雷戈（Douglas McGregor，1906—1964）。在《企业的人性面》一书中，麦格雷戈认为人的本性与人的行为是决定管理者行为模式的最重要的因素，管理者基于他们关于人的本性的假定，按照不同的方式对人进行组织、领导和控制。

1. X理论

X理论所代表的是"关于指挥与控制的传统观念"，其假定如下。

（1）人一般生来厌恶工作，只要有可能就想逃避工作。

（2）人一般愿意受人指挥，希望逃避责任，把安全感看得重于一切。

（3）大多数人工作是为了满足基本需要，没什么进取心，只有金钱和地位才能鼓励他们工作。

（4）由于厌恶工作是人的本性，因此对大多数人必须采用惩罚、强迫、威胁等强制措施，迫使他们努力工作。

麦格雷戈认为，在现代工业的实践过程中，这种X理论的假定是非常普遍的。

2. Y理论

尽管麦格雷戈确实注意到了由强性X（差不多就是科学管理法）向软性X（人际关系法）的转变，但他认为这种转变在对人性的假设方面并没有什么根本的变化。由此，他提出了作为"与人力资源管理相关的最为现代的新理论起点"的Y理论。Y理论有如下假设。

（1）一般人并非天生不喜欢工作。工作中所耗费的体力与脑力实质上与玩或休息时所耗费的体力与脑力是一样的，如果工作环境好，工作就像游戏一样自然。

（2）正常情况下，人是愿意承担责任的。逃避责任、丧失进取心、强调安全感，通常是后天经验的结果，并非人的天性。

（3）大多数人胸怀大志，有自我满足和自我实现的需求，能发挥自己的聪明才智来实现组织的目标，并以此作为个人的成就。

（4）外界控制与惩罚并不是使人努力工作的唯一手段，人们在执行任务时能够自我指导和自我控制。

麦格雷戈的"X-Y"理论在旧的人际关系学说与新的人本主义之间起到了桥梁的作用。麦格雷戈的基本信念是：组织中的和谐是可以做到的，但并不是靠硬性或软性的手段，而是靠改变对人性的假设，要相信人们是可以信任的，是能够自我激励、自我控制的，具有将自己的个人目标与组织目标结合起来的能力。

> **思考与讨论**
>
> 孟子说性本善，荀子说性本恶，其他古文明也早就有类似的讨论。请问：性本善、性本恶与"X-Y"理论有何异同？

知识点三：超 Y 理论

超 Y 理论最早是由乔伊·洛尔施（Joy Lorsch）和约翰·莫尔斯（John Morse）在 1970 年发表的《超 Y 理论》一文中提出的。在麦格雷戈提出 X 理论和 Y 理论之后，洛尔施等人对这两种理论做了实验。他们发现在实际情况中，X 理论和 Y 理论都各有优势和劣势。在此基础上，洛尔施等人有以下新认识。

（1）针对不同的情况应采用不同的管理方式。X 理论和 Y 理论各有优劣，管理方式要由组织性质、工作内容和性质、成员素质等因素来决定。一般情况下应将二者相结合，有针对性地解决管理中的问题，即按组织与成员对管理方式的不同要求，有针对性地选择适合他们要求的方式进行管理，以获得最理想的管理效果。没有适合任何组织、任何时间、任何个人的统一的管理方式。

（2）不同的人对管理方式的要求不同。由于人的需要不同、能力各异，他们对不同的管理方式会有不同的反应。有人希望有正规化的组织与规章制度来要求自己的工作，而不愿意参与问题的决策去承担责任，这种人喜欢以 X 理论为指导的管理工作；有的人需要更多的自治责任和发挥个人创造性的机会，这种人喜欢以 Y 理论为指导的管理方式。

可以说超 Y 理论具有对人性认识的权变观。

> **思考与讨论**
>
> 泰勒的科学管理理论和梅奥的人际关系学说分别基于什么样的人性假设？

第三节 了解现代管理理论

案例导入

海伦、汉克、乔、萨利四人都是美国西南金属制品有限公司的管理人员。海伦和乔负责产品销售，汉克和萨利负责生产。他们刚参加过在大学举办的为期五天的培训班学习，在培训班里主要学习了权变管理理论、系统管理理论和一些有关职工激励方面的内容。他们对所学的理论有不同的看法，并且展开了激烈的争论。

乔说："我认为对于我们所在的公司，系统管理理论是很有用的。如果生产工人偷工减料或做手脚，如果原材料价格上涨，就会影响产品销售。系统管理理论中讲的环境影响与公司的情况很相似。我的意思是，在目前的经济环境中，一家公司会受到环境的巨大影响。在油价暴涨时，我们还能控制公司。现在呢？我们要想在销售方面每进一步，都要经历艰苦奋斗。这方面的艰苦，我们大概都深有体会吧。"

萨利插话说："你的意思我明白，我们的确有过艰苦的时期，但我不认为这与系统管理理论之间有必然的联系。我们曾在这种经济系统中受过伤害，当然你可以认为这与系统管理理论是一致的，但是我并不认为我们就有采用系统管理理论的必要。如果每个东西都是一个系统，而所有的系统都能对某一个系统产生影响的话，我们又怎能预见这些影响呢？所以，我认为，权变管理理论更适合我们。如果你所说的事物都是相互依存的话，系统管理理论又能帮我们什么忙呢？"

海伦对他们这样的讨论表示了不同的看法，她说："对系统管理理论我还没有好好地考虑。但是，我认为权变管理理论对我们是很有用的。虽然我们以前经常采用权变管理，但没有意识到自己是在应用权变管理理论。例如，我们经常听到一些家庭主妇讨论关于孩子和如何度过周末等问题，从她们的谈话中我们就知道她们要采购什么东西。我认为，如果我们花一两个小时与她们交谈的话，肯定会扩大销售量。但是，我也碰到一些截然不同的顾客，他们一定要我向他们推销产品，要我替他们在购物中出出主意。这些人也经常到我这里来走走，但不是闲谈，而是做生意。因此，你们可以看到，我每天都在用权变管理理论应付不同的顾客。为了适应形势，我每天都在改变销售方式和风格，许多销售人员都是这样做的。"

汉克有些激动地说："我不懂这些理论是什么东西，但是，关于系统管理理论和权变管理理论的问题，我同意萨利的观点。教授们都把自己的理论吹得天花乱坠，他们的理论听起来很好，但是，这些理论却无助于我们的管理实际。对于培训班上讲的激励因素我也不同意。我认为，泰勒在很久以前就对激励问题有了正确的论述，要激励员工，就要根据他们的工作及时支付给他们报酬。如果工人什么也没有做，就不用给他们支付任何报酬。你们和我一样清楚，人们只是为了钱而工作的，给钱就是最好的激励。"

请问：海伦、汉克、乔、萨利的观点有什么不同？

案例中四个人的争论实际上是因为对现代管理思想的认识不同而引起的。

现代管理思想最早起源于第二次世界大战，20世纪60年代以后有了更迅速的发展。在这一时期，科学技术得到迅猛的发展，科技成果被广泛采用，导致了企业生产过程的自动化、连续化以及生产社会化程度的空前提高。企业规模的扩大、市场竞争的激烈、市场环境的各种变化都对企业管理提出了更高的要求，先前的管理理论已不能有效地指导企业在新形势下的管理了，许多

> 系统，是指由若干个相互联系、相互作用的部分组成，在一定环境中具有特定功能的有机整体。一切事物都以系统的形式存在。

研究人员就企业如何在变化的环境中经营进行了多方面的研究，在此基础上形成了一系列不同的理论观点和流派，从而推动了管理思想的新发展。其中的一些管理学派对管理科学的发展有着重大的影响。

知识点一：系统管理理论

系统管理理论（Application of System Management Theory）源于一般系统论和控制论，侧重于用系统的观念来考察组织结构和管理的基本职能，其代表人物为美国管理学者 F.E.卡斯特（F.E.Kast）、J.E.罗森茨韦克（J.E.Rosenzweig）和 R.A.约翰逊（R.A.Johnson）。系统管理理论的主要观点是：组织是一个以人为主体、由许多子系统构成的开放的大系统，并且是社会大系统的一个分系统，强调"组织要不断从外部环境获取资源以适应环境的变化"，管理必须建立在系统的基础上。

系统管理理论告诉我们，在管理实践中，管理者要从组织的整体利益出发，运用联系的观点，研究组织内部各部分以及组织与外部环境之间的关系，并不断从外部环境获取资源（人、财、物、信息、时间等），以适应环境的变化。

运用系统观点来考察管理的基本职能，可以提高组织的整体效率，使管理人员不至于只重视某些与自己有关的特殊职能而忽略了大目标，也不至于忽视自己在组织中的地位和作用，提高了管理人员对管理所涉及的各种相关因素的综合把握和分析能力。

知识点二：权变管理理论

权变管理理论（Contingency Theory of Management）是20世纪70年代开始形成发展起来的，其代表人物是美国管理学家 F.卢桑斯（F.Luthans）以及英国学者 J.伍德沃德（J.Woodward）等人。权变管理理论在提出以后的几十年内，其理论价值和应用价值日益为管理实践所证明，故而得到了越来越多的人的支持，成为具有重大影响的管理学派之一。

> "权"——权衡，"变"——变通。"权变"——随机应变，也就是具体情况具体分析、具体处理。

权变管理理论认为，世界上没有一成不变的、普遍适用的"最佳的"管理理论和方法，管理者要根据组织所处的内外环境的变化随机应变，针对不同情况寻找不同的管理方案或管理方法。

权变管理理论在实际应用中，要注意分析权变因素对管理的影响，因地制宜地设计或选择适当的管理模式；要保持管理职能的适度弹性，以保证组织活动在正常进行的同时又能适应内外部环境的变化；要保持经营管理方略的高度灵活性；要注意提高管理人员的能力和技巧，增强其改革和创新观念，与时俱进。

知识点三：决策理论

决策理论是在系统管理理论的基础上，吸收了行为科学、运筹学和计算机科学等研究成果而发展起来的。其主要代表人物是美国心理学家赫伯特·A. 西蒙（Herbert A.Simon，1916—2001），他的代表作是《管理行为》。西蒙因其在决策理论、决策应用等方面做出的开创性研究，于 1978 年获得了诺贝尔经济学奖。决策理论认为，决策制定的过程是组织和管理的核心内容，"管理的实质是决策"。在《管理行为》一书中，西蒙提出了两个方面的内容：其一，有限理性和满意解——现实生活中的决策判断取决于有限理性，在这种条件下，人们寻求的是满意解，而非最优解；其二，决策过程理论——组织内部的活动分为经常性（程序化决策）和非经常性（非程序化决策），而经常性活动具有共同的决策过程。

关于决策，我们将会在第四章第三节重点介绍。

知识点四：数理理论

数理理论又称管理科学理论，是科学管理理论的继续和发展。这一理论是在第二次世界大战中产生和发展起来的。当时，英国通过数学家建立的资源最优分配模型，有效地解决了如何以有限的空军力量来抵抗庞大的德国空军的问题。这种成效在战后引起了企业界的关注，其典型的特征就是将管理问题数量化、用数字说话，并借助电子计算机使管理过程模型化。

知识点五：管理过程理论

管理过程理论是在法约尔管理思想的基础上发展起来的，主要研究管理的过程和职能，其代表人物是美国著名管理学家哈罗德·孔茨（Harold Koontz，1908—1984）。该理论的基本研究方法是：首先把管理人员的工作划分为一些职能，然后以管理职能为框架进行研究，从丰富多彩的管理实践中探求管理的基本规律。

管理过程理论的基本观点如下：①管理是一个过程，即让别人同自己一起去实现既定目标的过程；②管理过程的职能有五个，即计划、组织、人事、领导和控制；③管理职能具有普遍性，即各级管理人员都执行管理职能，但侧重点则因管理级别的不同而异；④管理应具有灵活性，要因地制宜、灵活应用。

第四节　了解 21 世纪的管理新思想

案例导入

危机年年有，危机公关做得很好的不算多，下面来回顾一则经典案例。

2017 年 8 月 25 日，一天内，人们被两波信息"刷屏"。第一波信息是海底捞两家门店的卫生问题。第二波信息是对海底捞危机公关做得好的夸奖。海底捞危机公关概括为"这锅我背，这错我改，员工我养"，被舆论称赞"这次海底捞危机公关 100 分""上午，海底捞沦陷；下午，海底捞逆袭"。

建议课前扫描二维码了解该次危机公关的详情，并以"十大危机公关事件"为关键词通过网络查询去年的危机公关事例，回答下面的问题：去年危机公关事件中极端事例（自我感觉处理得最好和处理得最差的各一例）与海底捞的该次危机公关过程或处理方式有何异同？海底捞的该次危机公关和各极端事例中组织的危机管理处于什么水平？

知识点一：危机管理

危机是指对组织基本目标的实现构成威胁，要求组织必须在极短的时间内做出关键性决策和进行紧急回应的突发事件。危机的含义强调：第一，危机是对组织构成重大威胁的事件，妨碍组织基本目标的实现；第二，危机是一种突发性事件，往往出乎组织的预料；第三，危机给予组织决策和回应的时间很短，对组织的管理能力有很强的时效性要求。

早期的危机管理（Crisis Management，CM）主要局限于军事和外交领域。20 世纪 80 年代以来，随着企业竞争环境不确定性的增加，西方管理学界将危机管理理论扩展到研究经济及企业管理问题，探讨企业在遭遇危机以后如何实施紧急对策，此后危机管理才开始在企业中日益受到重视。美国管理学家史蒂文·芬克（Steven Fink）于 1986 年出版了《危机管理》一书，对危机管理进行了比较系统的研究，建立了较为系统的危机管理分析框架。

危机管理的概念和理念在 20 世纪 90 年代传入我国，SARS（严重急性呼吸综合征）事件后引起了政、商、学、研各界的广泛关注。之后随着互联网普及、信息传播速度加快，禽流感、甲型 H1N1 流感在全球多个国家的爆发，食品安全、雪灾、地震等各类危机事件的不断发生，危机管理理论在我国越来越受到重视。

1. 危机管理的含义

所谓危机管理，是指个人或组织为防范危机、预测危机、规避危机、化解危机、度过危机、摆脱危机、减轻危机损害，或有意识利用危机等所采取的管理行为的总称。危机管理既包括危机爆发前的管理，也包括危机爆发后的管理。危机管理的目的在于减少乃至消除危机可能带来的危害。

2. 危机管理的原则

（1）预防第一原则。危机管理并不仅仅是处理和解决企业已发生的危机。危机管理应从事前做起，从机制上尽量避免危机的发生，在危机的诱因还没有演变成危机之前就将其消灭。

（2）公众利益至上原则。在危机处理过程中，应将公众利益置于首位，以企业长远发展为危机管理的出发点。要想取得长远利益，组织在处理危机时就必须更多地关注各相关方的利益，而不能只顾及组织的短期利益。危机处理人员若能以公众利益代言人的身份出现，则能为处理和解决整个危机打下良好的基础。

（3）全局利益优先原则。在组织处理危机的过程中，局部利益要服从全局利益。有时危机可能由局部产生，但其影响则是全局的，因此，必须从全局的角度考虑问题，关键时刻要敢于拿出"壮士断腕"的决断力来。

（4）主动面对原则。当危机发生时，组织应主动提供第一消息，主动配合媒体的采访和公众的提问，掌握对外发布信息的主动权。否则，很容易造成信息传播失真，误导公众产生误解，使自己陷入被动。危机发生后，不论责任在何方，组织都应主动承担责任，这样有利于缓解矛盾，有利于问题的解决，有利于尽快消除危机的影响。

（5）快速反应原则。危机是一种突发性事件，这一特点要求危机处理必须迅速有效，以便有效地避免各种谣言的出现，防止危机的扩大化，加快重塑组织形象。

（6）统一对外原则。在危机处理过程中，组织必须指定专人负责，进行对外联络与沟通，以一个声音对外，确保宣传口径一致、不出现矛盾或差异。否则，容易引起外界不必要的怀疑。

（7）真诚坦率原则。当危机发生后，媒体和社会公众最关注和最不能容忍的事情并非危机本身，而是组织千方百计隐瞒事实真相或故意说谎。所以危机出现后，组织应尽快公布事实真相，向公众提供真实的信息，有诚意地通过大众媒介广泛宣传，承担责任，这样误解自然就会消失，有利于尽快控制危机局面。如果一味地为组织辩解，就容易使公众产生不信任感，不利于危机的解决。

3. 危机管理过程

危机管理包括事前管理、事中管理与事后管理。危机管理可分为危机预防和危机处理两个过程。危机预防包括危机爆发前组织的所有努力，包括危机意识的培养、危机管理计划的制订、危机预警系统的建立、危机预控等。危机处理包括危机的事中管理与事后管理。危机的事中管理包括建立危机处理机构、表明危机处理的诚恳态度、开展危机调查评估、制定危机处理方案、实施危机处理方案等；危机的事后管理包括对危机处理结果进行评估与总结、做好危机处理的善后工作等。

思考与讨论

根据危机管理的七项原则，点评本节案例导入及自查的危机公关事件，完成表 2.1（提示，可填"好""中""差"，也可简单点评）。

表 2.1　危机管理案例点评

危机管理原则	本节案例导入	自查的最佳案例 案例名：	自查的最差案例 案例名：
预防第一			
公众利益至上			
全局利益优先			
主动面对			
快速反应			
统一对外			
真诚坦率			

知识点二：知识管理

知识管理（Knowledge Management，KM）是知识经济时代的全新的管理，它是人类历史上自泰勒科学管理理论以来的又一次伟大而深刻的革命，是知识化和信息化的产物。

知识经济是以知识为基础的经济，是建立在知识和信息的生产、分配和使用之上的经济。在知识经济时代，管理的重点是：知识（智能）的有效研究与开发；员工（包括用户）知识的交流、共享与培训；加快隐性知识的显性化和共享，以提高企业的应变和创新能力。

1. 知识管理的含义与特征

知识管理的重要意义在于通过知识共享，运用集体智慧提高对环境的应变能力和创新能力。根本目的就是通过显性知识和隐性知识的共享创造新的知识。

提示与说明

经济合作与发展组织（OECD）的专家把人类的全部知识分为四类：一是知道"是什么"的知识，是关于事实和现象的知识；二是知道"为什么"的知识，是指自然原理和规律方面的知识；三是知道"怎么做"的知识，是指做某些事情的技能和能力；四是知道"是谁"的知识，涉及谁知道和谁知道如何做某些事的信息，是关于人力资源方面的知识。第一、二类知识称为归类知识，能够通过读书、听讲、查阅文献而获得；第三、四类知识属于沉默知识，主要靠实践获得。

显性知识:记录于一定物质载体上的知识,看得见、摸得着。

隐性知识:储存在人们大脑中的经历、经验、技巧、体会、感悟等不可公开的知识,看不见、摸不着,只可意会不可言传,难以为他人掌握。

知识管理不仅着眼于获得显性知识,更着眼于获得隐性知识,因为显性知识易于整理和用计算机存储,而隐性知识则难以掌握,它主要储存在员工的脑海里,是员工的个人经验和体会的积累。

知识管理不是一门技术,而是一种全新的管理思想,它既继承了人本管理思想的精髓,又结合了知识经济这一新的经济形态的特点予以创新,从而具有不同于以往管理的独特之处。

(1)重视对员工的精神激励。这种精神激励不同于以往的只给予赞赏、表扬或荣誉式的精神激励,而是赋予被管理者更大的权力和责任,使他们意识到自己也是管理者,进而发挥自己的自觉性、能动性和首创性,充分挖掘自己的潜能,以实现其自身的人生价值。

(2)重视知识的共享和创新。在知识经济条件下,企业间的竞争取决于企业的整体创新能力,即运用集体智慧提高应变能力和创新能力,增强企业的竞争力。因此,知识管理要求管理者重视成员间知识的共享,通过集体知识的共享和创新,发挥集体智慧。

(3)对知识和人才高度重视。知识经济时代,知识成为经济社会发展的首要资源,成为真正的资本和首要的财富。而离开了人才,知识的作用将无从发挥。因此,重视知识就必须重视人才。

(4)重视企业文化建设。知识经济时代的知识管理强调企业文化建设,每一个成功的企业都有自己的企业文化,用一个共同的价值观来教育熏陶全体员工。独特的企业文化全面地影响着各项管理职能的实现以及集体效力的发挥。

(5)重视领导方式的转型。知识管理需要有新的领导方式,让每个成员都有参与管理的机会,各级管理者要不断进行学习,提高组织全体成员的能力。未来的领导方式应该是集体领导。

名家观点

一个组织,其组织文化越符合民族的文化,它就越能扎根久存。

——彼得·德鲁克

2. 知识管理的内容

(1)组织内部知识的交流和共享。只有在交流中知识才能得到发展,也只有通过共享和交流,才可能产生新的知识。

(2)驱动以创新为目的的知识生产。在知识经济时代的市场竞争中,知识是竞争力之源。企业要想立于不败之地,就必须拥有比别人领先一步的产品、技术或管理优势,而这种优势必然来源于企业以创新为目的的知识生产。因此,创造适宜的环境条件,充分开发和有效利用企业的知识资源,进行以创新为目的的知识生产,必然是知识管理的一项重要内容。

(3)支持从外部获取知识,提高消化吸收知识的能力。企业的知识资源是创新的源泉,因此,企业要使创新不断进行,就必须积累和扩大企业的知识资源。而这种知识积累又不能仅靠企业自身知识的生产,因为企业自身生产的知识是有限的,所以企业必须注重从外部获取所需的知识,并消化吸收,使之成为企业自己的知识资源。

(4)将知识资源融入企业产品或服务以及生产过程和管理过程。知识管理的直接目的是企业创新,使企业赢得持久竞争力。而企业的创新是为了将企业的知识资源转化为新产品、新工艺、新的组织管理方式等。因此,创新离不开知识资源与企业产品或服务以及生产过程和管理过程的融合。

管理实践

华为轮值首席执行官徐直军先生曾经在2014年知识管理大会上讲话:"华为公司最大的浪费就是经验的浪费。"华为的知识管理比较完善也比较复杂,其中的一点是案例库建设。华为使用多种激励手段鼓励员工在案例平台分享案例,经过评审的优秀案例会在内部公布,华为大学定期梳理和采编优秀案例,对于典型且适合教学的案例,重新加工后会编入华为大学的教材。从事新项目的员工通过做前学(项目知识管理)、做中学（知识社区）和做后学（总结，形成案例等知识资产）完成旧有知识经验的重复利用及新经验的总结、新知识的生产。

知识点三：人本管理

1. 人本管理的内涵

随着知识经济的到来，人在管理中的作用越来越重要，这样就产生了与之相适应的以人为本的管理思想。

人本管理（Humanistic Management）就是以人为本的管理，即把人视为管理的主要对象及组织的最重要资源，通过激励、培训，调动和开发员工的积极性和创造性，引导员工去实现预定的目标。其内容包括：运用行为科学，重新塑造人际关系；增加人力资本，提高劳动力质量；改善劳动管理，充分利用人力资源；推行民主管理，提高劳动者参与意识；建设组织文化，培育组织精神等。其目的就是运用一切可以运用的手段，发挥和应用好组织中最特殊的要素——人的作用。

人本管理理论认为：企业是以人为主体组成的，企业存在的价值是为了人；企业靠人开展生产经营活动，企业竞争的活力和发展的潜力来自人；企业为满足人的需要而生产，企业管理的核心是满足人。因此，"以人为本，以人为核心"是一切管理活动的出发点和落脚点。

2. 人本管理的原则

在管理活动中，人既是管理的主体，又是管理的客体，人是组织最重要的资源，因此，一切管理都应以做好人的工作，调动人的积极性和主动性，实现人的自身价值为根本。要鼓励参与、挖掘潜能、激励进取，营造能使员工热心参与、心情愉快、关系和谐的组织文化和工作氛围，在实现组织目标的过程中，使每一个人的价值都得以实现。

在组织中进行人本管理必须坚持以下原则。

（1）人力资源开发原则。在各种投资中，对人力资源的投资是最有价值的。"员工是企业的主人"，人本管理角度的人力资源开发，集中在对组织成员的培养和激励上，充分发挥人的潜能，不断提高人的素质。只有对组织成员进行培养和激励，充分发挥员工的潜能，不断提高员工的素质，才能提高组织的绩效。因此，使人得到完美的发展成了现代管理的核心。

（2）人际关系建设原则。任何一个组织都是由多人组成的协作系统。行为科学理论认为，和谐的人际关系能促进生产效率的提高，培养组织中人与人之间和睦亲善、相互信任的关系，能避免成员之间不团结、内讧等问题的发生，使成员之间的合作更为密切，以共同完成组织的目标；同时，通过深入的沟通和交流产生团队精神，能够最大限度地发挥成员的潜能，而且在一些特定的时候（如组织遇到困难或危机之时），还能起到特殊的作用。

（3）民主管理原则。民主管理的目的在于使组织成员不同程度地参与管理，唤起每个成员的集体意识和为组织努力工作的愿望，以达到组织的目标。民主管理有利于增强组织成员对组织的自豪感、归属感以及应有的责任感，有利于营造和谐的氛围，激发组织成员的工作热情。因此，在满足员工基本物质需要的前提下，让员工有更多的机会参与管理，是提高管理效果的关键。

（4）服务第一的原则。服务于人是管理的根本目的。管理者既要为客户服务，又要为员工服务。只有努力为客户服务、满足客户的需求，企业才能占领市场，增加利润；也只有为员工服务，才能调动员工的积极性和创造性，增强企业的活力和发展动力。管理者还应该坚持为下一道工序服务和为利益相关者服务的宗旨。下一道工序就是客户，为下一道工序服务能增强合作、提高效率；为利益相关者服务能赢得社会效益。

第五节　企业伦理管理

案例导入

如果你是某公司董事长，具有重大事项决定权，遇到下列事项你会做出什么选择？（如何选择均不会违反法律规定）

本地区遭受巨大自然灾害，公益组织发起募捐活动。公司预计分红的资金有1 000多万元，全部捐出也不影响公司的正常运营，捐还是不捐？如果捐，会捐多少？

物流外包每年能给公司节省500万元，但听说物流企业为节约成本，多按最低标准给自己的员工缴纳社保，本公司全员、足额给员工缴纳社保。

某客户食用本公司某款食品后轻微中毒，紧急排查后发现是因人为失误导致某原料混入了有毒物质，被污染的食品主要发给了自营的几家专卖店，占该批次产品的1%。有人认为该批次产品应不计代价全部召回（损失大约是公司半年利润），有人认为这样做损失太大，此事并未被公众知晓，毒性也不大，定向召回发向自营专卖店的产品即可。

你已与客户谈成一笔大买卖，但本公司产能仅能完成订货量的20%，几家竞争对手的产品质量也没问题，但客户只愿意和你做交易。此时，对于产能不足的问题，你考虑到了几个方案：外包给竞争对手生产，贴牌销售，赚一大笔；直接采购，加价销售，赚得少点；和几个竞争对手谈谈，分给其部分订单且不从中赢利，潜意识希望今后他们有类似的机会也能分给自己，但拿不准未来他们会不会这样做。

请问： 对以上这些事项，你会如何抉择？为什么？

企业和人一样，除了受法律制度约束，更多的决策会受到伦理道德的影响。那究竟什么是伦理管理？企业如何进行伦理管理，需要承担哪些社会责任？目前这在理论界和企业管理实践中都是一个热点话题。

知识点一：企业伦理管理的内涵

管理受一定的社会文化影响，并受到特定社会中的价值观念、传统和习惯等因素的制约。管理越是符合社会传统、价值观念和信念，就越能够取得成功。

企业伦理是企业在处理企业内部员工之间，企业与社会、企业与顾客之间关系的各种道德准则的总和。企业伦理管理（Ethics Management），就是要求企业管理者在经营过程中，应主动考虑社会公认的伦理道德规范，使其经营理念、管理制度、发展战略、职能权限设置等符合伦理道德的要求，要求企业处理好企业与员工、股东、顾客、合作方、竞争者、政府、社会等利益相关者的关系，建立并维系合理、和谐的市场经济秩序。

知识点二：企业社会责任的内涵

没有一个器官可以脱离它所在的躯体在自然状态下继续存在，每一个组织机构就是社会的一个器官，是为社会而存在的，这些组织机构都会对社会产生影响并承担社会责任。

企业的责任包括企业的法律责任、经济责任和社会责任。企业的法律责任是指企业应当遵守所在国家或地区的法律法规，遵守本国或地区加入并认可的国际公约。企业的经济责任是指企业应当为投资者实现资产保值增值。企业社会责任是指企业在承担法律责任和经济责任的同时，还应当承担保护和增进社会公共利益与长期利益的义务。

企业是社会的一个分系统，因此不可避免地会受到社会系统的影响，社会责任的内涵也随着利益相关者队伍的扩大和这些利益相关者期望值的变化而发展。企业利益相关者的范围从早期的股东拓展到员工，再扩大到具体环境中的各种组织和个人，如供应商、消费者，进一步发展到社会整体。这些利益相关者的期望成为更广泛、更高的要求，即企业要为整个社会的生存、发展和繁荣负责。

目前，国际上普遍认同的企业社会责任理念是：企业在创造利润、对股东利益负责的同时，还要承担对员工、社会和环境的责任，包括遵守商业道德、保证生产安全、守护职业健康、保护劳动者的合法权益、节约资源等。因此，企业必须超越把利润作为唯一目标的传统理念，强调在生产过程中对人的价值的关注，强调对消费者、对环境、对社会的贡献。

思考与讨论

企业主动承担社会责任有时会有较大的付出甚至会有经济利益上的损失，企业是否会从中得到什么好处呢？扫描二维码查看"企业社会责任实例（一）"并思考以下问题：这么多年过去了，这家企业现在怎么样？它当年的宣传落实得到位吗？你和你身边的人购买过这家企业的产品吗？除了产品本身的因素，是否有其他因素影响了你们的购买决策？

> 企业社会责任实例
> （一）
>
>

知识点三：企业社会责任的表现形式

1. 企业对环境的责任

环境是企业和社会生存与发展不可缺少的共同空间。环境污染不仅增加了企业生产成本，更降低了人们的生活质量，破坏了生态平衡，影响了社会可持续发展。企业对环境的责任表现在以下几个方面。

（1）防止环境污染。企业生产经营需要消耗大量物资和能源，产生的废水、废气、废料极易污染环境。为此，企业有责任在项目筹划和决策时，同步考虑防污治污问题，避免"先污染后治理"。确保"三废"排放达到国家规定的标准，做好"三废"处理工作，把污染降到最低限度，并且要积极采用生态环保技术，开发绿色产品。

（2）治理被污染的环境。对环境造成污染的企业，有责任采取切实有效的措施治理被污染的环境，根据"谁污染谁治理"的原则，承担治污费用，不能推诿。企业污染环境给他人造成损失的，应进行赔偿。

（3）提高环境保护的系统性。由于环境保护是一项社会系统工程，所以企业应当对承担环境保护的责任进行系统安排，即要把环境保护的要求贯穿企业的输入、生产、输出、产品的使用与回收等全过程。一些企业虽然已使生产过程中"三废"的排放达到国家环保要求的标准，但放任其产品在使用中和使用后造成环境污染，这也是不负责任的表现。

为了提高环境保护的系统性，从企业经营管理的角度看，企业应在业务计划中尽可能削减对环境造成破坏的业务，开发并扩大环境清洁业务；使新产品在环境性能上优于上一代产品；要选择有卓越环境绩效的供应商；在废弃物的处理上，不与不讲信用的企业打交道；鼓励采用绿色工艺和降低污染的技术；加强环保宣传教育；使用全部成本会计核算系统和聘请外部中介机构对企业进行环保审计等。

2. 企业对员工的责任

经营绩效是第一位的——它是企业的目标和存在的理由。但是，如果对工作和员工管理不当，那么无论总经理把经营活动管理得多好，也不可能取得理想的经营绩效。

企业对员工的责任主要有以下几项。

（1）尊重每一位员工的人格，认真听取员工建议。在与员工交流时应诚实，共享信息。企业与员工产生矛盾时，应诚恳协商，避免在性别、年龄等方面的歧视行为，保证员工拥有平等待遇和机会。

（2）关心每个员工的身体健康和劳动安全，保护员工，以避免他们在工作中受伤或生病。特别要做好对从事特殊工种、易受到伤害的员工的保护工作。

（3）为员工提供合适的工作岗位和相对公平的报酬。重视员工的利益，按时足额支付工资，按当地政府的规定为员工缴纳失业、养老和医疗保险等，努力改善员工的工作条件和物质待遇。

（4）鼓励并帮助员工掌握相关技术和知识，对工作表现出色的员工予以奖励。

（5）对员工进行处罚和解雇时，应当严格按法律法规、企业章程和劳动合同办理。

🐵 思考与讨论

企业社会责任实例（二）

德鲁克曾言："企业不是为它们自身而存在的，而是为实现特定的社会目标而存在的。企业存在的合理性的评判标准不是企业自身利益，而是社会利益。"

有位企业家曾向另一位企业家说，管理100万个员工够你头疼的。

扫描二维码，判断该企业员工的敬业精神处于什么水平，分析这家企业对员工承担了哪些责任。

3. 企业对顾客的责任

（1）尊重顾客。企业应尊重所有的顾客，无论他们是否购买企业的产品和服务。尊重顾客体现在尊重顾客的人格，虚心听取顾客的意见，尊重顾客的文化和民族风俗习惯，禁止用任何方式对顾客进行侮辱、诽谤、歧视。在交易中应尊重顾客的选择权，不能强制销售和硬性搭售。

（2）对顾客安全负责。企业应当对顾客使用产品或接受服务的安全性负责。安全权是顾客的一项基本权利。企业为顾客提供产品和服务，必须保证顾客安全。顾客因使用产品或接受服务在人身或财产方面受到伤害的，企业应进行赔偿。对有安全隐患的产品，企业有责任及时召回，并承担相应的责任。

（3）提供正确的产品信息。企业应当为顾客提供正确的产品信息，尊重顾客知悉有关产品和服务真实情况的权利，不弄虚作假、欺骗顾客和误导顾客。

（4）提供必要的指导。企业不仅有责任说明产品本身的信息，而且有责任指导顾客正确使用其产品，为顾客着想，降低产品使用成本，改善使用效果。

（5）确保产品和服务的质量和数量。顾客的利益主要体现在所购买产品和服务的数量和质量上。企业有责任向顾客提供计量正确、质量合格的产品和服务。如果以次充好，缺斤短两，就违反了公平交易原则，侵犯了顾客的权利。

（6）提供良好的售后服务。企业销售产品应提供售后服务。企业有责任设立专门的售后服务点，听取顾客意见，及时解决顾客在使用产品过程中遇到的问题和困难，负责退回、调换和修理工作。

4. 企业对合作者和竞争者的责任

除上述企业对环境、员工、顾客的责任外，企业对合作者甚至竞争者，也负有相应的责任。

视野拓展

企业社会责任实例（三）

（1）与合作者平等相待，互助互利，恪守信用。企业之间通过市场不断扩大分工合作关系，是现代企业社会化生产发展的要求。忠实履行对合作者的责任是实现企业优势互补、取得双赢的必要条件。为此，企业必须与合作者平等相处，恪守商业信用，互相支持，互相帮助；禁止以强凌弱、欺诈、胁迫等不道德行为。

（2）与竞争者公平竞争，反对垄断和不正当竞争。市场经济既是竞争经济，也是法治经济。如果企业竞争不遵守竞争法规和公认的商业道德，竞争的结果必将是假冒伪劣得逞，先进企业和名牌产品受损，破坏生产力发展和社会精神文明建设。因此，企业在竞争中必须做到：不谋求垄断和限制竞争，不仿冒产品及品牌，不侵犯他人商业秘密，不诋毁竞争对手，不搞商业贿赂，不低价倾销，不串通投标，不做虚假宣传和误导，抵制和揭发不正当竞争，维护健康有序的市场秩序。

企业对合作者和竞争者多承担一些责任，有时还表现为共同"做大蛋糕"，让自己、合作者及竞争者都受益，如 2014 年特斯拉免费公开专利，促成一众新能源车企迅速成长；2019 年，华为将自研的鸿蒙操作系统对全球开源，经过几年努力，硬生生挤进了曾被认为是"水泼不进的"操作系统市场并迅速壮大。

5. 企业对投资者的责任

在投资者单一或数量较少的情况下，企业管理者对投资者的责任是企业的经济责任而非社会责任。但随着生产的社会化，投资主体的社会化程度也在不断提高，如政府的投资和广大股民的投资。因此，现代企业管理者对投资者的责任，也成为企业社会责任的一部分。

投资者是企业最终财产的所有者，企业管理者受聘经营企业就必须对投资者负责，对企业施以专业、勤勉的管理，保证向投资者提供公正而又有竞争性的投资回报，保护投资者的财产并使其增值。那种只想从投资者手中获取资金，却不愿或无力给投资者以合理回报的企业管理行为，是对投资者不负责任的表现。这种企业管理者注定要被投资者抛弃或解聘。

6. 企业对所在社区的责任

企业应与所在社区建立密切的关系：一方面，应为所在社区的居民提供劳动就业机会，增加地方财政收入；另一方面，应关心社区发展，积极参与社区公益活动，尊重社区文化，帮助维护社区公共秩序，在力所能及的条件下支持社区公共设施建设，为增进社区公共福利做贡献。

结束语

美国管理学家弗雷德里克·B. 伯德和杰弗里·甘兹指出："如果管理者能更多地注意他们的价值观、社会准则和伦理规范，并把它们运用于决策，就能够改善决策。如果决策时能考虑到社会伦理的分析和选择，那对管理者、企业和社会都是有益的。"

我国经济学家厉以宁说："效率实际上有两个基础，一个是物质技术基础，一个是道德基础。只具备效率的物质技术基础，只能产生常规效率；有了效率的道德基础，就能产生超常规效率。""道德是调节经济运行的第三种方式。"

小 结

1. "科学管理之父"——泰勒的科学管理理论从企业生产现场的管理工作入手，主要内容包括工作定额、标准化、合理用人、差别计件工资制、计划职能和执行职能相分离以及例外原则。

2. 梅奥通过霍桑实验提出了人际关系学说的一系列思想：人是社会人；生产效率主要取决于员工的工作态度和人们的相互关系；重视非正式组织的存在和作用。

3. 美国行为科学家麦格雷戈在《企业的人性面》一书中，提出了"X-Y"理论。

4. 系统管理理论强调"组织要不断从外部环境获取资源以适应环境的变化"，认为管理必须建立在系统的基础上。

5. 权变管理理论认为，世界上没有一成不变的、普遍适用的最佳的管理理论和方法，管理者要根据组织所处的内外环境的变化随机应变，针对不同情况寻找不同的管理方案或方法。

6. 决策理论的代表人物是美国心理学家西蒙，其主要观点是"管理的实质是决策"。

7. 危机管理是指个人或组织为防范危机、预测危机、规避危机、化解危机、度过危机、摆脱危机、减轻危机损害；或有意识利用危机等所采取的管理行为的总称。危机管理既包括危机爆发前的管理，也包括危机爆发后的管理。危机管理的目的在于减少乃至消除危机可能带来的危害。

8. 知识管理的基本要义就在于通过知识共享，运用集体智慧提高对环境的应变能力和创新能力，其根本目的就是通过显性知识和隐性知识的共享创造新的知识。

9. 人本管理就是以人为本的管理，即把人视为管理的主要对象及组织的最重要资源，通过激励、培训，调动和开发员工的积极性和创造性，引导员工去实现预定的目标。在组织中进行人本管理必须坚持人力资源开发原则、人际关系建设原则、民主管理原则和服务第一的原则。

10. 企业伦理管理，就是要求企业管理者在经营过程中，主动考虑社会公认的伦理道德规范，使其经营理念、管理制度、发展战略、职能权限设置等符合伦理道德的要求，处理好企业与员工、股东、顾客、合作方、竞争者、政府、社会等利益相关者的关系，建立并维系合理、和谐的市场经济秩序。

11. 目前，国际上普遍认同的企业社会责任理念是：企业在创造利润、对股东利益负责的同时，还应承担对员工、对社会和环境的社会责任，包括遵守商业道德、保证生产安全、守护职业健康、保护劳动者的合法权益、节约资源等。

12. 企业社会责任主要表现在对环境的责任、对员工的责任、对顾客的责任、对合作者和竞争者的责任、对投资者的责任和对所在社区的责任六个方面。

练 习 题

一、单项选择题

1. 被誉为"科学管理之父"的是（　　　）。
   A. 泰勒　　　　　　B. 法约尔　　　　　　C. 韦伯　　　　　　D. 梅奥

2. 标志着科学管理理论正式形成的著作是（　　　）。
   A.《科学管理原理》　　　　　　　　B.《工业管理与一般管理》
   C.《社会组织和经济组织理论》　　　D.《工业文明的人类问题》

3. 例外原则的提出者是（　　　）。
   A. 彼得·德鲁克　　B. 泰勒　　　　　　C. 兰德公司　　　　D. 法约尔

4. 科学管理理论的关注点是（　　　）。
   A. 企业生产现场　　　　　　　　　　B. 组织的整体利益
   C. 人的行为及产生行为　　　　　　　D. 企业文化

5. 一般管理理论研究的对象是（　　　）。
   A. 企业生产现场　　　　　　　　　　B. 组织的整体利益
   C. 人的行为及产生行为　　　　　　　D. 企业文化

6. （　　　）属于韦伯提出的管理理论。
   A. 例外原则　　　　　　　　　　　　B. 一般管理理论
   C. 14条管理原则　　　　　　　　　　D. 理想行政组织体系理论

7. 被称为"组织理论之父"的学者是（　　　）。
   A. 泰勒　　　　　　B. 法约尔　　　　　　C. 韦伯　　　　　　D. 梅奥

8. 法约尔认为，管理的首要职能是（　　　）。
   A. 计划　　　　　　B. 组织　　　　　　　C. 指挥　　　　　　D. 控制

9. 法约尔认为，企业的技术、商业、财务、安全、会计、管理六种职能的总体运动构成了（ ）活动。

    A. 经营　　　　　　　B. 管理　　　　　　　C. 生产　　　　　　　D. 销售

10. "人一般生来厌恶工作"是（ ）的观点。

    A. Z 理论　　　　　　B. 超 Y 理论　　　　　C. Y 理论　　　　　　D. X 理论

11. "人们在执行任务时能够自我指导和自我控制"是（ ）的观点。

    A. Z 理论　　　　　　B. 超 Y 理论　　　　　C. Y 理论　　　　　　D. X 理论

12. 认为"管理的实质是决策"的是（ ）。

    A. 泰勒　　　　　　　B. 法约尔　　　　　　C. 西蒙　　　　　　　D. 孔茨

13. 认为在现实中不存在一成不变、普遍适用的管理方法，管理应随机应变的是（ ）。

    A. 系统管理理论　　　　　　　　　　B. 权变管理理论

    C. 决策理论　　　　　　　　　　　　D. 数理理论

14. 认为"组织是一个以人为主体、由许多子系统构成的开放的大系统，并且是社会大系统的一个分系统"，强调"组织要不断从外部环境获取资源以适应环境的变化"的是（ ）。

    A. 系统管理理论　　　　　　　　　　B. 权变管理理论

    C. 决策理论　　　　　　　　　　　　D. 管理科学学派

15. 一个科学管理的代言人，在管理工作中最有可能会放弃（ ）。

    A. 合适的岗位寻求合适的劳动者　　　B. 分解工作流程，专业化分工

    C. 采取有效的精神奖励措施　　　　　D. 通过经验进而标准化管理手段

二、多项选择题

1. 泰勒的科学管理理论的主要内容有（ ）。

    A. 工作定额与标准化　　　　　　　　B. 合理用人

    C. 差别计件工资制　　　　　　　　　D. 专业分工与例外原则

2. 梅奥通过霍桑实验得出的一系列有关人际关系学说的主要观点有（ ）。

    A. 企业中的人首先是"经济人"

    B. 企业中的人首先是"社会人"

    C. 生产效率主要取决于员工的工作态度和人们的相互关系

    D. 企业中存在非正式组织，要重视它们的存在

3. "经济人"假设认为（ ）。

    A. 人的本性是懒惰的　　　　　　　　B. 人并非单纯追求金钱收入

    C. 人的行为的目的在于追求利益最大化　D. 满足社会心理需要是主要的

4. 下列属于 X 理论的观点的有（ ）。

    A. 人生来并不厌恶工作

    B. 外界控制是促使员工完成工作任务的主要手段

    C. 人生来就厌恶工作

    D. 应该通过员工的自我激励来实现组织的目标

5. "社会人"假设认为（ ）。

    A. 人的本性是懒惰的　　　　　　　　B. 人的行为的目的在于追求利益最大化

    C. 人并非单纯追求金钱收入　　　　　D. 人们还有社会心理需要

三、问答题

1. 简述 X 理论和 Y 理论对人性的基本假设，并简要谈谈你的认识。

2. 简述人际关系学说的主要观点并简要谈谈其对管理实践的启示。

3. 简述科学管理理论的主要内容。

4. 谈谈你对危机管理的认识。

5. 谈谈你对知识管理的认识。

6. 谈谈你对人本管理的认识。

7. 有的企业靠严厉的制度管理员工，提高了生产效率；有的企业靠实施人性化的管理措施增强了企业的凝聚力，同样提高了生产效率。这两者看起来是矛盾的，你如何理解？

8. 什么是企业伦理管理？

9. 企业社会责任的内涵和表现形式分别是什么？

四、案例分析题

销售员的两难境地

一家主要生产螺母和螺杆的公司的销售员希望能与正在本地区的一条大河上修建一座大桥的建筑商签订一笔大合同，如果能赢得这笔生意，除工资以外他还将获得相当于半年工资收入的佣金。

本公司螺杆的某指标为 99.7%，这一指标在一般工程中没有任何问题，但这座大桥却有些特殊。该地区处于地震带上，上次大地震导致大河改道，震中离大桥所在地 320 千米。地震专家预计，今后 10 年这个地区发生里氏 7 级以上地震的概率为 50%。该公司螺杆的上述指标离桥梁的抗震设计要求还有一些差距，其他指标基本相符。

该地区地震相关法规对桥梁的建造没有任何制约条款，即大桥建筑中使用该公司螺杆没有法律上的限制。

如果这位销售员把螺杆的该指标如实告诉对方，肯定不能谈成这笔生意，但这确实是一笔很诱人的大生意，销售员处于两难的境地。

请问：

1. 这位销售员应该如何处理？是否可以撒谎和避而不谈？撒谎或避而不谈总是错的，还是在某种条件下也是可以接受的？

2. 如果你是这位销售员，碰到上述情况，该如何应对？

第三章

计划工作概述

学习重点

1. 计划工作的内涵
2. 计划工作的基本程序
3. 目标管理的内涵与基本步骤

第一节　理解计划工作的内涵

案例导入

案例一

丁公司是一家有十三四年历史的电机定转子生产厂家，去年销售额超过了 10 亿元，较上年增长 23%，超出预期。该公司非常重视计划工作，多年来都是每年 1 月按滚动计划法修订经营计划。在经营计划修订讨论会上，市场部负责人提出，过去一两年市场变化快，当初未曾预料到多家新能源汽车客户的出口量激增，因公司生产能力未能跟上，导致去年有不小的订单损失。预计新能源汽车客户的总需求量今后两三年仍会快速增长，但也存在不可控风险，提议将每年一次的经营计划修订会改为两次或四次，这一提议受到与会人员的一致赞同。会后，各部门根据公司的经营计划修订了自己的计划。

案例二

宏大公司的总经理顾军一直在想着两件事。一是年终已到，要抽个时间开个会议，好好总结一下一年来的工作。今年外部环境发生了很大的变化，尽管公司想方设法拓展市场，但困难重重，好在公司经营比较灵活，经过努力奋斗，这一年总算摇摇晃晃地走过来了，现在是该好好总结一下，看看问题到底出在哪里。二是要好好谋划明年该怎么办。更要想想以后 5 年怎么干，乃至于以后 10 年怎么干。上个月顾军从事务堆里抽出身来，到某大学去听了两次关于现代企业管理的讲座，教授的精彩演讲对他触动很大。公司成立至今，转眼已有 10 多个年头了。10 多年来，公司取得了很大的成就，靠机遇，当然也靠大家的努力。细细想来，公司的管理全靠经验，特别是靠顾军自己的经验，遇事都由顾军拍板，从来没有公司通盘的目标与计划，因而常常是干到哪里是哪里。可现在公司已发展到有几亿元资产，300 多名员工，再这样下去可不行了。市场竞争日益加剧，公司的前景难以预料。摆在顾军面前的困难很多，但机会也不少，新的一年到底该干些什么？怎么干？以后的 5 年、10 年又该如何干？这些问题一直盘旋在顾军的脑海中。

请问：上述两家公司，一家一直重视计划，一家发展到关键时期不得不重视计划。那么，什么是计划？管理者为什么要制订计划？

知识点一：计划的概念和内容

"计划"一词是人们司空见惯的。当我们谈论或引用"计划"这个词时，其往往会有以下两种不同的含义。

1. 动态的计划

把"计划"视为动词，即动态的计划概念，反映一种思考行为或程序、一项工作。这是计划作为管理职能之一的原本之意，即计划工作。计划工作有广义和狭义之分。

（1）广义的计划工作是制订计划、执行计划和检查计划执行情况三个紧密衔接的工作过程，就是把管理活动纳入一个全面计划的过程中。

（2）狭义的计划工作就是制订计划，即通过科学的预测，权衡客观的需要和主观的可能，提出组织在未来一定时期内要达到的目标以及实现目标的途径和方法。它主要包括三个方面的内容，即预测、确定目标、决策。计划既关注结果（是什么），也关注手段（怎么做）。

本书所指"计划"主要是指狭义的计划工作（如不做特殊说明，管理学中所指的计划工作或计划职能通常都是指狭义的计划工作）。

2. 静态的计划

把"计划"单纯视为名词，即静态的计划概念。"计划"不再是指上述过程或工作的本身，而是指上述过程的最终结果，也就是通常所说的计划书。它规定了在确切时段内的具体目标以及为实现这些目标所制定的具体方案。

目标指的是所期望的结果和对象。方案是概述如何实现目标的文件，通常包含实现目标所需的资源分配、时间安排和其他必要的行动。在管理者开展计划工作时，他们既制定目标，也制定方案。这些内容通常以书面形式记录下来供组织成员查看，从而对所需完成的工作任务达成共识。其内容常用"5W2H"来表示。

（1）做什么（what）。即明确所要进行的活动的具体内容和要求。

（2）为什么做（why）。即明确计划的原因、宗旨和目标，并对其可行性进行论证，对宗旨认识得越清楚，就越有助于人们在计划中发挥主动性和创造性。

（3）谁去做（who）。即明确所要进行的活动由哪个部门负责，由谁去实施。

（4）什么时候做（when）。规定计划中各项工作的开始时间和进度，以便进行有效的控制和对各种资源进行协调和平衡。

（5）在什么地方做（where）。规定计划实施的地点和场所，了解计划实施的环境条件和限制，以便合理地安排计划实施的空间、组织和布局。

（6）怎么做（how）。制订实现计划所要采取的措施、方式、方法以及相应的规章和规则。

（7）多少费用（how much）。完成计划所规定的任务、实现预定的目标需要的资金投入。

视野拓展

故事里的工作计划

不难看出，动态的计划是由一系列工作构成的活动过程，而静态的计划则是这一过程的结果，前者是后者产生的原因，后者是前者的结果。

知识点二：计划的特点

计划的特点主要体现为六个方面，即目的性、首位性、普遍性、效率性、创造性和时效性。

1. 目的性

计划可以给出方向，抵御未来变化的冲击并设立标准以便于控制，计划的目的性主要体现在以下几个方面。

（1）计划是一个协调过程，它给管理者和员工指明方向，当所有人都明确目标后，计划可协调他们的活动，使他们团结协作。

（2）计划工作有助于管理者预测未来，考虑变化因素的冲击，制定相应对策，可以降低不确定性。

（3）计划工作设定的目标和标准便于管理者对过程进行控制。通过设立目标，管理者在实际管理过程中可以将实际业绩与目标进行比较，及时发现偏差和问题，进行必要的纠正和调整。因此，没有计划就没有控制。

2. 首位性

计划通常被称为首要的管理职能，因为计划为管理者实施组织、领导和控制职能时所进行的所有其他工作奠定了基础。首位性表现在两个方面：一方面，是指计划职能在时间顺序上处在计划、组织、领导、控制四大管理职能的首要位置——任何事情开始之前都需要做计划；另一方面，是指计划职能对整个管理活动过程及其结果施加影响具有首要意义。例如，通过一项投资计划报告，预测结果不理想时，就不必进行随后的组织等工作了。所以，计划职能通常被称为管理的首要职能。

3. 普遍性

虽然计划的特点和范围随管理层次的不同而有所不同，但它是所有管理者的一个共同职能，差异只在于详略、时间范围等。如学校要制订招生计划，教师要制订教学计划，学生要制订学习计划等。

4. 效率性

计划工作的任务不仅是要确保实现目标，而且要从众多的方案中选择最优的，以求资源的合理利用和提高效率。计划的效率性主要体现在三个方面：一是有效地实现组织与外部环境的协调，最大限度地减少由于二者的不协调给组织带来损失的可能性；二是有效地实现组织内部的协调，提高投入产出比；三是有效地实现组织目标与组织成员个人目标的协调。

从另一个角度来讲，没有计划的活动总是容易导致多做无用功，会带来不必要的损失。因此，人们常说制订一份好的计划也就意味着工作完成了一半。

5. 创造性

计划工作总是针对需要解决的新问题和可能发生的新变化、新机会做出决定，因而它是一个创造性的管理过程。类似于新产品的设计，计划是对管理活动的设计。因此，正如新产品的成功在于创新一样，计划的成功相当程度上也依赖于创新。

6. 时效性

任何计划工作都有计划期的限制。超过计划的期限，计划就没有任何意义。因此，计划的时效性主要表现在两个方面：一是计划的制订工作必须在计划期开始之前完成；二是任何计划必须慎重确定计划期的起止时间。

知识点三：为什么要制订计划

（1）计划为管理者和员工提供指导。一方面，管理者只有根据计划所安排的目标、方法去指挥，才能促使组织中全体成员的活动方向趋于一致，以保证达到计划所设定的目标。另一方面，只有当员工了解组织正在努力实现的目标是什么，以及他们必须做出什么贡献以实现目标，他们才能够协调自身工作，彼此相互合作，并从事一些实现目标的必要工作。如果没有计划，部门和员工可能会在不同的目的下开展工作，不能确保组织高效地实现目标。

（2）计划有助于管理者展望未来、预测变化、考虑变化的影响以及制定恰当的应对措施来降低不确定性。未来的情况是变化的，具有不确定性，尽管计划并不能消除这些变化和不确定性，但管理者通过计划可以做出有效应对。计划是预测这些变化并且设法消除这些变化对组织造成的不良影响，或是抓住这些变化带来的机遇的一种有效的手段。通过计划工作，进行科学的预测，可以把将来的风险降到最低，还可以最大限度地抓住机遇。

（3）计划有助于减少浪费和冗余。一方面，计划工作的一项重要任务就是要使未来的组织活动均衡发展。预先对此进行认真的研究，能够消除不必要的活动所带来的浪费，能够避免在今后的活动中由于缺乏依据而进行轻率判断所造成的损失。另一方面，只要工作活动处在计划的协调下，低效率的活动就会及时得以发现，从而得以更正或取消。

（4）计划确定了控制所采用的目标或标准。当管理者实施计划时，他们会制定目标和方案。这些目标和方案为控制工作提供了标准。他们实施控制时，会考察方案是否已经执行以及目标是否已经实现。如果没有计划，就没有标准来衡量工作完成的程度。

提示与说明

《中庸》讲："凡事豫（预）则立，不豫（预）则废。言前定则不跲，事前定则不困，行前定则不疚，道前定则不穷。"大意为：任何事情，事先有准备就会成功，没有准备就会失败。说话先有准备，就不会中断；做事先有准备，就不会出现困窘；行动先有预备，就不会后悔；道路预先选定，就不会走投无路。这段话告诉我们，凡事要有预见性，事先必须知道成功和失败、优点和缺点，有正面和反面作用，既要看到成绩和机遇，更要看到短板和不足、困难和挑战，看到形势发展变化给我们带来的风险，从最坏处着眼，做最充分的准备，朝最好的方向努力，争取最好的结果。这样才能在做事的时候有的放矢。

知识点四：计划的类型

计划是对未来行动的安排，计划可以有不同的划分方法。

1. 按组织层次分

计划按组织层次一般可分为高层管理计划、中层管理计划和基层管理计划。高层管理计划着眼于组织整体的、长远的安排与定位；中层管理计划着眼于组织内部各个部门的定位和相互关系的确定；基层管理计划则着眼于每一个岗位、每一个人员、每一段时间的具体工作的安排和协调。

一般情况下，高层管理者制订出高层管理计划之后，中层管理者再根据高层管理计划制订出中层管理计划，基层管理者再根据中层管理计划制订出基层管理计划。

2. 按时间跨度分

财务人员习惯于将投资回收期分为短期、中期和长期，管理人员也采用同样的术语描述计划，即短期计划（short-term plan）、中期计划（medium-term plan）和长期计划（long-term plan）。时间跨度超过 3 年的计划为长期计划，短期计划指的是为期 1 年及 1 年以内的计划。时间跨度在两者之间的计划是中期计划。

长期计划描述了组织在较长时间的发展方向和方针，明确了组织的各个部门在较长时间内从事某种活动应达到的目标和要求，绘制了组织长期发展的蓝图。

短期计划具体规定了组织的各个部门在目前到未来的各个较短的时段，特别是最近的时段中应该从事何种活动，从事某种活动应达到何种要求，它为组织成员在近期的行动提供了依据。

需要说明的是，计划期限的长短只是一个相对的概念，具体可根据情况适当调整。如一个航天项目的短期计划就需要几年，而计算机市场销售的短期计划可能只有几个月甚至几个星期。

3. 按明确程度分

计划按明确程度可分为具体性计划（specific plan）和指导性计划（directional plan）。具体性计划是清晰定义的、没有歧义的计划。例如，一个规定"未来六个月内，销售额要增加 6%，成本要降低 4%"的计划就是具体性计划。指导性计划是确定一般指导原则的弹性计划。比如"未来的六个月利润要增加 5%～10%"的计划可以认为是指导性计划。指导性计划提供了重点和范围，但没有将管理者局限于具体的目标和行动方案中，给执行者较大的自由处置权。当不确定程度较高且管理必须变得具有灵活性以应对出乎意料的变化时，指导性计划更为可取。

显然，指导性计划更具灵活性，而具体性计划相对更易于执行、考核和控制，但是缺少灵活性。

一般来讲，越是高层，计划越应该具有指导性；而越是基层，计划越应该具有具体性。对于风险较小、可预见性比较明显的工作，应该以具体性计划为主；而对于风险较大、可预见性不明显的工作，则应以指导性计划为主。对于自觉性较强、素质较高的员工，一般可以以指导性计划为主；而对于理解能力、自觉性较差的员工，则具体性计划优于指导性计划。

4. 按程序化程度分

计划按程序化程度可分为程序性计划和非程序性计划。程序性计划（programmed plan）是对经常重复出现的例行性活动所做的计划；非程序性计划（nonprogrammed plan）是对不经常出现的非例行活动所做的计划。

西蒙把组织的活动分为两类。一类是例行活动，指一些重复出现的工作，如订货、材料的出入库等。有关这类活动的计划是经常重复的，而且具有一定的规律，因此，可以建立一定的程序，每当出现这类工作或问题时，就按照一定的程序来解决，而不需要重新研究。例如，许多物流公司都建立了应对客户投诉、采购、仓储、客户服务等工作的基本流程，每当遇到类似的情况时，工作人员只要按照规定的程序一步一步去做就行了。

另一类活动是非例行活动，这些活动不重复出现，如突发事件、临时性事件，处理这些问题没有一成不变的方法和程序，这些事情或问题要么在以前尚未发生过，要么因为不确定性因素太多难以用一套固定的方法去解决，因而需要用个性化的方法加以处理，解决这类问题的计划就是非程序性计划。

由于非程序性计划是为满足某个特定情况的需要而特别制订的，因此有可能是一次性计划，但如果这个特定情况后来再次出现或经常出现，那这个非程序性计划就可能会变成程序性计划。

5. 按综合性程度分

计划按综合性程度，通常分为战略计划、生产经营计划和作业计划三种基本类型。

（1）战略计划，也叫战略规划，决定的是企业在未来较长时间内的工作目标和发展计划，是企业最重要的一种计划，一般是由企业的高层管理者制订的。它有三个基本特征：一是长期性，一般涉及三年、五年、十年甚至更长时间；二是普遍性，即它的涉及面广，相关因素多，既包括企业内部的各部门和环节，也包括企业的外部环境；三是权威性，战略计划往往是一种指导性计划，它一经制订且被批准实施，就对企业的其他计划具有指导、约束作用。

> 企业战略就是根据对企业内外部环境的分析，为求得企业生存与长期稳定发展而做出的带有全局性、长远性、纲领性的总体谋划。

（2）生产经营计划，也叫管理计划，是企业各部门在战略计划的指导下，根据企业的经营目标、方针、政策等制订的计划。生产经营计划的特点是整体性和系统性，一般包括利润计划、销售计划、生产计划、成本计划、物资供应计划等。另外，生产经营计划一般以年度计划为主。

（3）作业计划，也叫业务计划，是企业生产经营的实施计划，是企业的短期计划。作业计划的特点是具体明确，它一般由基层管理人员或负责计划工作的职能人员制订，指标具体，任务明确。

生产经营计划和作业计划通常被称为战术性计划，是在战略计划指导下制订的，是落实战略计划的计划。

与不同层次的管理者对应的计划如表3.1所示。

表 3.1 计划分类

高层管理者	高层管理计划	长期计划	指导性计划	非程序性计划	战略计划
中层管理者	中层管理计划	中期计划	指导性与具体性计划	程序性与非程序性计划	生产经营计划
基层管理者	基层管理计划	短期计划	具体性计划	程序性计划	作业计划

提示与说明

计划并不能消除变化，无论管理者如何计划，变化总是要发生的。但是，不能因计划不能消除变化就不做计划。因为如果没有计划，管理者就会因盲目行动而做一些无用功，浪费时间和资源。"磨刀不误砍柴工"，管理者制订计划的目的之一就在于预测变化并制定有效的应变措施，尽可能降低或消除变化可能带来的不利影响或抓住变化带来的机遇。如果不预测、不防范，一旦灾难来临就会蒙受巨大的损失，而机会到来时，又会错失良机。比如，地震后的余震是无法改变与避免的，我们不能因为无法准确预测余震发生的时间就不防范；相反，我们要做好各种应急预案。这样，一旦余震来临，我们就能做到不慌乱，以尽可能减少损失。

第二节 掌握计划工作的程序

案例导入

张军担任总经理将近一年了。他在审阅企业有关年终情况的统计资料时发现，情况很糟糕。记得他担任总经理后做的第一件事，就是迅速制订了企业的一系列工作计划和目标。具体地说，他要解决企业的浪费、员工费用过高、废料运输费过多的问题。他提出了具体的要求：在一年内要把购买原材料的费用降低15%~20%；把用于支付员工加班的费用从原来的130万元减少到60万元；要把废料运输费降低4%。他把这些计划指标告诉了有关方面的负责人。然而，年终统计资料表明：原材料的浪费比去年更严重，消耗额竟占企业费用总额的22%；职工加班费用也只降到110万元；废料运输费也没有降低。

为此，他立即召集有关人员参加会议，打算对这些情况进行通报，研究对策。在会议上，他严肃地批评了分管生产的副总经理，而生产副总经理则辩解："我曾对员工强调过要注意减少浪费，原以为员工会执行我的要求。"财务部门的负责人也附和："我已为削减加班的费用做了最大的努力，只支付那些必须支付的款项。"负责运输方面的负责人则说："我对未能把废料运输费减下来并不感到意外，因为我们已经想尽了一切办法。我预计明年的废料运输费可能要上升4%~5%。"结果，会议成了抱怨会，无法正常进行，只好在与会人员的抱怨声中散会了。

会后，总经理张军分别与有关方面的负责人进行交谈与沟通，以消除抱怨、听取建议。他详细查阅了本企业有关的资料，具体研究本行业同类指标的水平，并组织有关部门的负责人分析企业内外的情况，讨论下年度的工作计划和目标。在此基础上，总经理张军又把他们召集起来下达了新的计划指标，他说："生产部门一定要把原材料消耗的费用降低10%，人事部门一定要把职工加班费降到70万元；即使是废料运输费再提高，也绝不能超过今年的标准。这是我们明年的目标。到明年年底我再看各部门的结果。"与此同时，生产副总经理也提出了一些具体措施、改进的方法、奖惩意见，会议明确了责任部门、责任人、时间进度、重点环节、协调要求等。

请问：总经理张军的计划工作有哪些变化？计划指标为什么下调？该如何落实计划？该企业明年的计划目标能够实现吗？

要回答这些问题，我们就要知道如何制订计划、如何有效地执行计划，只有这样才能使计划真正地发挥作用，使控制管理变成执行计划的过程。

知识点一：计划工作的程序

程序的实质是对所要进行的活动规定时间顺序。计划本身是一种重复的例常性工作，制订计划都要经过以下步骤，如图 3.1 所示。

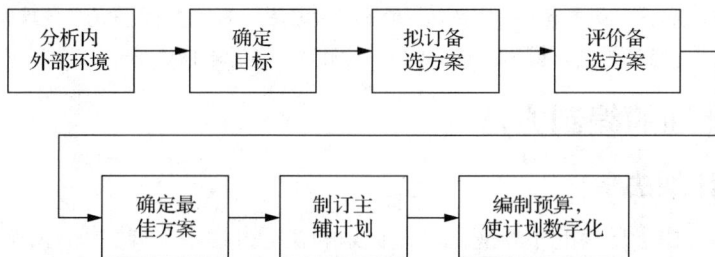

图 3.1　制订计划的步骤

（1）分析内外部环境。分析内外部环境就是分析外部环境带来的机会、威胁以及组织内部的优势、劣势。环境具有不确定性，只有分析内外部环境，才能认清形势，做出正确的计划。因此，计划工作的第一步就是要分析内外部环境，从而对未来进行预测。

> 关于内外部环境分析，我们将在本书第四章第一节进行详细讨论。

（2）确定目标。具体来说，就是根据分析内外部环境的结果，为整个组织、其所属的下级单位确定活动的目标，指明前进的方向。确定的目标必须说明预期的成果、工作的重点和主要任务。我们将在本章第三节中对如何确定目标进行讨论。

（3）拟订备选方案。拟订备选方案即寻找能够实现目标的途径与方法。要实现确定的目标，就必须探索和考察可供选择的行动方案。这一阶段要集思广益，不怕备选方案多。

（4）评价备选方案。"条条大路通罗马""殊途同归"，都描述了实现某一目标有很多途径。因此，要对这些途径进行评价，在对各种备选方案进行考察并明确各自的优缺点后，按预先设定的目标来权衡各种因素，看看哪种方案能够提供最佳机会，能以最低的成本实现最大的利润。

> 计划工作程序中的（3）～（5）属于决策过程，我们将在本书第四章第三节对这三个步骤进行详细讨论。

（5）确定最佳方案。确定最佳方案，就是根据满意原则确定最佳方案，即选出组织将采取的行动方针。选择时应考虑两个方面：一是可行性、满意性、可能性结合最好的方案；二是投入产出比最高的方案。此外，还可以多选一个或几个方案备用。

（6）制订主辅计划。制订主要计划就是将所选择的方案用文字形式正式表达出来，作为管理文件。计划要清楚地确定和描述"5W2H"。辅助计划是指由主要计划所派生出来的计划，即支持主要计划的计划。如工业企业，除制订产销计划外，还需制订原料采购、设备维修、人员培训等计划。

提示与说明

一家公司年初制订了"年销售额比上一年增长 15%"的销售计划，与这一计划相关的还有原料采购计划、生产计划、销售人员培训计划、促销计划等。

再如，某公司决定拓展一项新业务，势必会派生出招聘和培训新人员、资金筹集、广告宣传等计划。

（7）编制预算，使计划数字化。预算是以数字表示预期收支结果的报告书。编制预算，一方面，是为了使计划的指标体系更加明确；另一方面，是使企业更加容易对计划的执行过程进行控制，定性的计划往往在可比性、可控性和进行奖惩方面比较差，而定量的计划则更具有约束力。

综上所述，计划工作就是在内外部环境分析的基础上，确定未来应达到的组织目标，并将组织目标具体化为行动方案。内外部环境的分析是计划工作的前提；目标管理是进行计划工作的主要方法和手段；决策是管理的基础，是计划工作的核心，也是管理者的首要工作。

提示与说明

计划（书）的主要内容如下：①目标（任务、指标）（what）；②可行性分析（市场分析）——为什么会提出前面的目标（why）；③具体方案——实现目标的途径和方法，通过这一方案的实施就能够实现目标（who、when、where、how）；④经济效益分析（how much）；⑤附录（各种辅助资料——图纸、数据等）。

知识点二：计划的编制方法

（一）滚动计划法

在管理实践中，由于环境的不断变化，在计划的执行过程中，现实情况和预想的情况往往会有较大的出入，所以需要定期对计划做出必要的修正。滚动计划法就是一种可以定期修正计划，以保证其弹性和适应性的计划方法。

滚动计划法是按照"近细远粗"的原则制订一定时期内的计划，然后根据近期计划的执行情况和环境变化，调整和修订未来的远期计划，并逐期向后移动，由此把中短期计划和长期计划结合起来的一种方法。其基本特点是编制灵活，可以适应环境的变化。图3.2所示是5年期的滚动计划法。

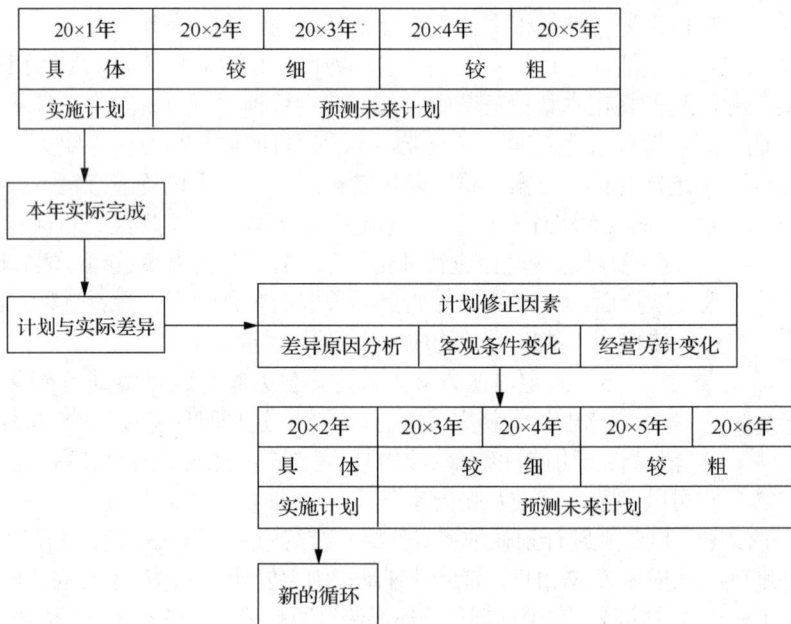

图3.2 滚动计划法

编制滚动计划时，应考虑影响计划的各种因素，对计划进行调整和修订。这些因素统称为计划修正因素，主要有以下三个方面。

（1）计划与实际的差异，即将计划的执行结果与原计划进行对比分析，找出两者的差距，分析出现差距的原因，以此作为调整计划的依据。

（2）客观条件的变化，客观条件包括企业的内部客观条件和企业的外部客观环境。

（3）企业经营方针的调整，企业的经营方针是企业制订计划的根本依据，是企业生产经营活动的行动纲领，因此，企业经营方针的调整必然影响企业计划的制订。

（二）网络计划技术

网络计划技术，即计划评审技术（Program Evaluation and Review Technique，PERT），起源于20世纪50年代的美国。1958年，美国海军武器计划处采用计划评审技术，协调了3 000多个承包商和研究机构以及几万种复杂的活动，使北极星潜艇系统开发工程的工期由原计划的10年缩短为8年。1961年，美国国防部和国家航空航天局规定，凡承制军用品必须使用计划评审技术制订计划。从那时起，网络计划技术就开始在组织管理活动中被广泛地应用。

1. 网络计划技术的基本原理与程序

网络计划技术的基本原理，就是把一项工作或项目分解为各种作业活动，然后根据作业顺序进行排列，通过网络图对整个工作或项目进行统筹规划和控制，以便用最少的人力、财力、物力资源，用最快的进度完成工作。

网络计划技术的基本程序主要包括以下五项：①确定达到目标所需进行的活动；②将整个工程项目分解为各种独立的作业活动，形成网络事件；③确定这些作业活动的先后顺序以及各自消耗的时间，据此编制网络图；④估计完成每项作业活动所需的时间，并标在箭线的下方；⑤找出关键线路，由此确定总工期，编制初步方案。

2. 网络图

网络图是网络计划技术的基础。每项任务都可以分解成多个步骤的工作，根据这些工作在时间上的衔接关系，可以用箭线表示它们的先后顺序，画出一个把各项工作相互联系并注有所需时间的箭线图，这个箭线图就称为网络图（图3.3是根据表3.2绘制的一个网络图实例），它由以下几个部分构成。

（1）活动（"→"）。其表示的是一项工作的过程，它需要人力、物力、财力等资源，经过一段时间才能完成。箭尾表示活动开始，箭头表示活动结束。箭线的长短与作业时间的长短无关。

（2）事件（"○"）。事件是两个活动间的连接点。事件既不消耗资源，也不占用时间，只表示前一活动的结束、后一活动的开始。

（3）线路。线路指网络图中由始点事件开始，顺着箭头方向一直到终点事件为止，中间由一系列首尾相连的节点和箭线组成的路径。一个网络图往往存在多条线路。

表 3.2　某印刷品印装过程明细

作业代号	作业名称	作业时间/天	紧后作业
A	正文印刷	4	C
B	封面、插图印刷	5	D、E
C	折页、压页	5	F、H
D	封面、插图干燥裁切	8	F、H
E	制精装封面	5	I
F	套贴	5	G
G	配、订、包、切	5	—
H	精装书芯加工	7	I
I	上精装封面、压书	4	—

比较各线路的路长，可以找出一条或几条较长的线路。这种线路称为"关键线路"，即从始点到终点花费时间较长的线路。

关键线路上的活动称为关键活动。关键线路的路长决定了完成整个计划任务所需的时间。关键活动完工时间提前或推迟会直接影响整个计划任务能否按时完成。

确定关键线路和关键活动，据此合理地安排各种资源，对各种活动进行进度控制，是利用网络计划技术的主要目的。因此，网络计划技术的突出特点在于使管理工作条理分明，工作重点突出，有利于进行管理控制。这是适用于组织活动的进度管理，特别是大型工程项目的生产进度安排，以达到合理安排一切可以动用的人力、财力和物力的一种计划编制、评价和审核的方法。

3. 网络图的绘制

网络图的绘制要遵循以下几项原则：①网络图中，每一项活动只能用一条箭线表示。一般将作业活动的名称或代号标注在箭线的上方，将该项活动的作业时间（用数字表示）标注在箭线的下方。②箭线的首尾都必须有节点。节点一般要编号，以便于识别与计算。③网络图中不允许出现循环线路。④网络图中只应有一个始点事件和一个终点事件。

根据网络图绘制原则，将表3.2所示的某印刷品印装过程绘制成网络图，得到图3.3。在该网络图中，①为始点事件节点，⑦为终点事件节点。从始点①连续不断走到终点⑦的线路有5条，即

线路一为①→②→④→⑥→⑦；　　　　　线路二为①→②→④→⑤→⑦；
线路三为①→③→④→⑥→⑦；　　　　　线路四为①→③→④→⑤→⑦；
线路五为①→③→⑤→⑦。

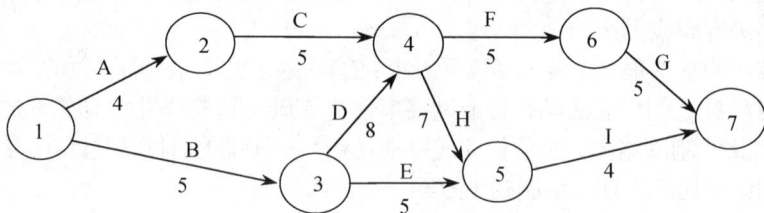

图3.3　某印刷品印装过程网络图

比较各线路的路长，五条线路中，可以确定线路四"①→③→④→⑤→⑦"为关键线路，总工期为24天。

第三节　掌握目标管理的内涵与基本步骤

案例导入

某公司从去年开始实行目标管理，当时属于试行阶段，后来由于人力资源部人员的不断变动，这种试行也就成了不成文的规定执行至今，到现在运行了近一年的时间。应该说执行的过程并不是很顺利，每个月目标管理卡的填写或制作似乎成了各个部门经理的任务或累赘，他们总感觉这浪费了他们的许多时间。每个月都由办公室督促大家填写目标管理卡。除此之外，一些部门存在特殊情况，例如，财务部门每个月的常规项目占所有工作量的90%，目标管理卡的内容重复性特别大；行政部门的临时性工作特别多，每个月都很难确定其下个月的目标管理卡……

该公司的目标管理按如下几个步骤执行。

1. 目标的制定

（1）总目标的确定。在前一年年末的职工大会上，公司总经理做总结报告，向全体职工讲明下一年的大体工作目标，再在年初的部门经理会议上由总经理、副总经理和各部门经理协商确定该年度的目标。

（2）部门目标的制定。每个部门在每个月的25日之前确定下一个月的工作目标，并以目标管理卡的形式报告给总经理，总经理办公室留存一份，本部门留存一份。目标分别为各个工作的权重以及应达到的质量与效率。最后由总经理审批后方可作为部门工作的最后目标。

（3）目标的分解。各个部门的目标确定以后，由部门经理根据各部门内部的具体岗位职责以及内部分工协作情况进行安排。

2. 目标的实施

目标的实施过程主要采取监督、督促并协调的方式，每个月月中由总经理办公室主任与人力资源部绩效主管到各个部门了解目标完成的情况，直接与各部门的负责人沟通，在这个过程中了解哪些目标进行到什么地步，哪些目标没有按规定的时间、质量完成，为什么没有完成，并督促其完成目标。

3. 目标结果的评定与运用

（1）每月首先由各部门的负责人自评，自评过程受人力资源部与办公室的监督，最后报总经理审批，总经理根据每个月各部门的工作情况，对目标管理卡或自评进行相应的调整。

（2）总经理据目标管理卡给予考评得分。考评得分也是部门负责人的月考评分数，部门员工的月考评分数的一部分来源于部门目标管理卡。这些考评分数作为月工资发放的主要依据之一。但是最近，大多数部门领导反映不愿意每个月都填写目标管理卡，认为这没有必要。不过，在执行过程中，部门员工还是能够了解到本月自己应该完成的任务，而且能了解到每一项工作应该进行到什么程度。当然，部门领导在最近一次与部门员工的座谈中，也了解到有的员工对本部门的目标管理卡不是很清楚，主要原因是部门的办公环境不允许把目标管理卡张贴出来（该现象在个别的部门存在），如果部门领导每个月不对部门员工解释明白，员工根本就不知道自己的工作目标是什么，只是每个月领导叫干什么就干什么，显得很被动。

也就是说，部门领导如今不愿意进行目标管理，而且有些员工也不明白分解到他们那里的目标是什么。

请问：什么是目标管理？该公司的目标管理存在哪些问题？应该如何解决这些问题？

知识点一：目标的作用

目标是一个组织努力奋斗争取达到所希望的未来的状况，目标为所有的管理决策指明了方向，并且可作为标准用来评价实际的绩效。一切管理都是为了实现目标。所有管理的起点都是目标，因为目标决定了我们所做的事情，事情决定了我们的任务。所有的人力、财力、物力，一切管理所动用的资源，都是为了配合目标，也都是为了实现目标。正因如此，目标才成为计划的基础。

目标的作用可以简单概括为以下几个方面。

（1）指引方向作用。目标使组织成员知道努力的方向和各自的任务，以便于据此安排好各项活动，具有指引方向作用。

（2）激励作用。组织应使其成员认识到目标既是客观的需要，同时又是个人的追求。目标的激励作用表现在两个方面：一是只有明确了目标，而且该目标对组织的成员具有吸引力时，才能调动他们的积极性，并创造出最佳成绩；二是个人只有实现了目标，才会产生成就感和满足感。目标管理不仅是利用目标来确保员工做他们理应做的事情，也是利用目标对员工进行激励。其吸引力在于目标管理强调了员工是为了实现他们所参与制定的目标而努力工作。

提示与说明

目标不能过高，高不可攀，就会使人失去信心；目标也不能过低，不需要努力就能实现的目标会使人产生惰性，失去动力。过高或过低的目标都不具有激励作用。

具有激励作用的目标应该是经过一定的努力能实现的目标，而且是实现后能给人成就感、使员工很想再继续往更高层次努力的目标。

（3）凝聚作用。当目标能够充分体现组织成员的共同利益，每一个分目标都明确地指向总目标时，就会产生巨大的凝聚作用，大家既有明确分工，又能围绕目标密切合作，从而使组织成员迸发出奉献精神和创造力。

> **有效目标的 SMART 原则**
> specific ——具体的、明确的
> measurable ——可以量化考核的
> achievable ——能够实现的
> result-oriented ——注重结果的
> time-limited ——有时间期限的

（4）考核作用。是否完成目标是考核管理人员和员工绩效的客观标准，这样就能避免下级投上级所好或者说管

理者凭主观做事的管理误区。只有数量化和标准化的目标才便于理解、执行、检查、考核和管理。当然，不能忽视的是，真正可考核的目标是很难确定的，特别是有些定性目标难以量化。例如，行政人员的工作就难以量化，工作态度、敬业精神也难以量化。

提示与说明

目标应该数量化、标准化

许多企业都规定员工要微笑服务，对待客户要热情。那到底怎样才是热情，怎样才是微笑服务？因为标准没有明确，所以也不好给员工评分。沃尔玛（Walmart）规定微笑服务的标准就是——"三米之内，露出你的上八颗牙"。

解放军某部检查驻军与当地的军民关系的一个标准就是——缸满院净；要求"步调一致"，标准就是"每分钟116步，每步75cm"。

知识点二：目标管理的基本内涵

目标管理（Management By Objectives，MBO）是被誉为"现代管理学之父""当代管理大师"的彼得·德鲁克（1909—2005）于1954年首先提出来的，现已被世界各国广泛应用。

目标管理是以目标作为管理手段的管理方式。其基本思想是：让组织内各层次、各部门、各单位的管理人员，以及每个工作人员都根据总目标的需要，自己制定具体目标或者主动承担各自的工作任务，并在实现目标的过程中进行"自我控制"。

目标管理的实质就是：以目标作为各项管理活动的指南；以目标形成组织的向心力和凝聚力；以目标来激励和调动广大组织成员的积极性；以目标的实现程度来评价每个部门和成员的工作好坏和贡献大小。

知识点三：目标管理的基本步骤

实施目标管理，一般应按以下步骤进行。

（1）制定组织的整体目标和战略。首先要确定为组织全体成员所接受和认同的总目标。总目标一般由最高管理者负责制定，但也需要一些中基层管理人员和职工参加，为此要向员工详细说明组织所处的环境和面临的问题、总目标的内容、实现的可能性、实现后对组织的意义等，并充分听取广大员工的意见，最终形成共识。

（2）在生产单位和管理部门之间分配主要的目标。最高管理者把以总目标为核心的目标体系中的各分目标分别落实到下属的各单位和部门，分解以后的目标体系必须与组织结构相吻合，使每一项目标都落到实处。

（3）单位的管理者和他们的上级一起制定本部门的具体目标。在上下级协调的基础上，组织各层次、各单位、各部门根据自己的职责范围制定出具体目标。

（4）部门的所有成员参与制定自己的具体目标。各部门成员结合自己的特长和爱好，根据组织的总体目标、部门目标制定出个人目标，个人目标应符合实际和组织的整体目标。

（5）管理者与下级共同商定实现目标的行动计划。各个分目标制定以后，还必须从整体的角度进行协调，以免遗漏、重复或发生冲突，并让组织成员广泛参与制定实现目标的行动方针和计划，并给予各单位、各部门相应的权力。

（6）实施行动计划。目标确定以后，组织中的各单位、部门以及每个成员都要紧紧围绕所制定的目标、肩负的责任、被授予的权力和权限，为实现目标而采取有效的措施，寻找有效的工作途径。

（7）定期或不定期检查实现目标的进展情况，并向有关部门反馈。目标实施的过程中，一般来说，主要靠组织成员自我管理和自我控制，但是组织也必须定期或不定期检查各项工作的完成情况，以便及时发现问题，调整计划进度和管理方法，从而更有效地完成目标。

（8）实施基于绩效的奖励以促进目标的成功实现。一个周期之后，组织必须与有关下级逐个检查目标任务的完成情况，并与目标进行比较。目标完成得好的，充分肯定成绩，并根据完成情况给予相应的报酬和奖励；目标未完成的，要分析原因，对非人为原因造成的延迟，一般不采取惩罚措施，重点在于总结经验教训，为组织实现更长远的目标服务。

归结起来，目标管理的基本步骤包括以下几个。

（1）明确目标：包括上述步骤（1）～步骤（4），指的是从上至下、由下往上，民主参与制定组织总目标、部门的分目标以及个人的具体目标。

（2）执行目标：包括上述步骤（5）、步骤（6），首先管理者与下级共同商定实现目标的行动计划，然后实施行动计划，也就是在各自的职责范围内按照行动计划为实现各自的目标努力。

（3）检查目标：指上述步骤（7），定期或不定期检查实现目标的进展情况，以便及时发现问题，调整计划进度和管理方法，从而更有效地完成目标。

（4）实行奖惩：指上述步骤（8），根据目标的完成情况进行总结、奖惩，为实现更长远的目标打好基础。

需要说明的是，如同其他管理技术一样，目标管理也有其优缺点。在推行目标管理时，除了掌握具体的方法外，还要特别注意把握工作的性质，分析其分解和量化的可能；提高员工的职业道德水平，培养合作精神，建立、健全各项规章制度，改进领导作风和工作方法，使目标管理的推行建立在一定的思想基础和科学管理基础之上；要逐步推行，长期坚持，不断完善，从而使目标管理发挥预期的作用。

结束语

计划职能是管理的首要职能，不管哪个层次的管理者都需要履行。在现实生活中，管理者必须牢牢把握计划的基本程序，用科学的方法开展计划工作。一份论证充分、方案可行的计划，不仅可以节约管理者更多的时间，还可以减少浪费、争取主动。目标是计划的基础，目标管理实际上是计划实施的一种典型方法。

小　结

1. 计划工作就是通过科学的预测，权衡客观的需要和主观的可能，提出组织在未来一定时期内要达到的目标以及实现该目标的途径和方法。它主要包括三个方面的内容，即预测、确定目标、决策。

2. 计划具有目的性、首位性、普遍性、效率性、创造性、时效性等特点，它是管理者指挥的依据，是降低风险、掌握主动的手段，是减少浪费、提高效益的方法，还是管理者进行控制的标准。

3. 计划按组织层次可分为高层管理计划、中层管理计划和基层管理计划；按时间跨度可分为短期计划、中期计划和长期计划；按明确程度可分为具体性计划和指导性计划；按程序化程度可分为程序性计划和非程序性计划；按综合性程度通常分为战略计划、生产经营计划和作业计划。

4. 计划工作的基本程序包括分析内外部环境；确定目标；拟订备选方案；评价备选方案；确定最佳方案；制订主辅计划；编制预算，使计划数字化。

5. 一份完整的计划书，主要内容应该包括"5W2H"。

6. 常见的计划编制方法有滚动计划法和网络计划技术。

7. 目标管理是以目标作为管理手段的管理方式。其基本思想是：让组织内各层次、各部门、各单位的管理人员，以及每个组织成员都根据总目标的需要，自己制定具体目标，主动承担各自的工作任务，并在实现目标的过程中进行自我控制。其基本步骤可简单地归纳为明确目标、执行目标、检查目标和实行奖惩。

练 习 题

一、单项选择题

1. 狭义的计划工作是指（　　）。
   A. 制订计划　　　　　　　　　　　　B. 执行计划
   C. 检查计划的执行情况　　　　　　　D. 预测
2. 以下对计划工作描述不正确的是（　　）。
   A. 计划工作是为实现组织目标服务的
   B. 计划工作具有普遍性和效率性
   C. 计划工作是管理活动的基础
   D. 由于环境的不确定性，所以计划再周详也是多余的
3. "虽然计划的特点和范围随管理层次不同而有所不同，但它是所有管理者的一个共同职能。"这句话说的是计划的（　　）特点。
   A. 首位性　　　　B. 普遍性　　　　C. 效率性　　　　D. 创造性
4. "计划工作总是针对需要解决的新问题和可能发生的新变化、新机会做出决定。"这句话说的是计划的（　　）特点。
   A. 首位性　　　　B. 普遍性　　　　C. 效率性　　　　D. 创造性
5. 下列各种说法中，错误的是（　　）。
   A. 计划工作普遍存在　　　　　　　　B. 计划工作居首要地位
   C. 计划是一种无意识形态　　　　　　D. 计划工作要讲究效率
6. 以下被称为数字化的计划的是（　　）。
   A. 政策　　　　　B. 目标　　　　　C. 策划　　　　　D. 预算
7. 战略计划一般由（　　）负责制订。
   A. 操作者　　　　B. 高层管理人员　　C. 中层管理人员　　D. 基层管理人员

二、多项选择题

1. 以下对计划的认识，正确的有（　　）。
   A. 计划不等于策划未来
   B. 计划的灵活性不在于计划本身，而在于制订计划的人
   C. 不管环境如何变化，计划都是必要的
   D. 计划会浪费管理者一定的时间
2. 一般来说，高层管理计划还属于（　　）。
   A. 战略计划　　　　B. 长期计划　　　C. 战术计划　　　D. 指导性计划
3. 以下说法正确的有（　　）。
   A. 滚动计划法的原则是"近细远粗"
   B. 滚动计划法主要用于长期计划的制订

  C. 网络计划技术主要用于短期计划的制订

  D. 网络计划技术特别适用于大型工程项目的生产进度安排

4. 在实行目标管理的过程中，目标的作用主要体现在它具有（　　）。

  A. 方向性和激励性   B. 层次性和多元性

  C. 凝聚性和考核性   D. 细分性和时间性

5. 以下对目标管理的描述，正确的有（　　）。

  A. 注重结果而不重视过程   B. 把目标作为管理的对象

  C. 把目标作为管理的手段   D. 建立在"Y 理论"的人性假设基础之上

三、问答题

1. 既然"计划赶不上变化"，那为什么还要制订计划？

2. 什么是计划工作？简述计划工作的基本程序。

3. 简述目标管理的基本思想和基本步骤。

4. 谈谈你对"制订一份好的计划就意味着工作完成了一半"和"执行计划就是管理"的认识与评价。

四、案例分析题

  某木门企业，规模不大，品牌知名度一般，主要承接各建材市场门市的订单，在淘宝、京东有自己的网店，但销售量不大。企业主李某的儿子小明正在读大学，暑假回家，提到直播、短视频带货应该可行，且已经有知名木门企业直播成功的案例，该企业第一次直播销售额上亿元。企业主正为近年房地产市场萎缩导致生意下滑发愁，也想过采取直播等营销手段，但身边没合适的人手，问小明是否有合适的人选。

  小明和父亲商量后，确定了以下大事项：小明邀请三位电商专业同学，李某抽调三名员工，共同组成直播团队，小明任总负责人；企业支付三名同学各 4 000 元报酬，要求完成直播的同时，向三名员工传授直播的要点；以天猫、京东为直播平台，10 天准备期，而后 20 天内进行三场试播；开通微信视频号、抖音账号，前期尝试为直播引流，后期截取直播若干片段用于宣传；暂不购置专业的设备，以各自的手机为直播工具、短视频制作工具；直播内容以传播木门相关知识为主，重点突出填充物、隔音性、漆面，主打高性价比。

  问题： 请替小明做出今后一个月的详细工作计划。

第四章

环境分析与决策

1. SWOT 分析法的内涵与基本程序
2. 决策的内涵与基本程序
3. 德尔菲法与头脑风暴法

现代管理理论认为，管理的重心是经营，经营的重心是决策，决策的基础是信息，信息的依据是调查。信息就是组织所处的外部环境信息和具备的内部条件信息。因此，组织要进行计划，首先必须在进行调查的基础上收集、整理外部环境和内部条件信息，进行环境分析与预测，在此基础上确定企业发展的目标，最后通过决策，为实现这一目标确定一个合适的实施方案。

第一节　掌握 SWOT 分析法

案例导入

某公司是一家中外合资企业，主要业务是装配及销售中小型压缩机和制冷机组。公司有大约 60 名员工，其中总经理是外国人，市场销售部由 1 名总监、2 名地区经理、5 名销售工程师以及 2 名技术工程师组成。该公司的客户主要是原始设备制造厂商及经销商，每位销售人员都要与直接用户和经销商打交道。一次，公司管理层召开会议，探讨下一步的工作重点。与会者认为，公司总体目标及战略清晰，产品线齐全，产品质量高，市场认可度高，价格战略被市场接受，库存齐全。但是，公司缺少管理人员，现有的战略管理人员在经验、能力方面有不足；技术工程师、分销人员不仅不足，而且团队精神差，缺少沟通，职责不清楚；经营网络、客户网络零散；宣传促销少，市场运作差；销售人员积极性差，工作不仔细。与会者还认为，当前公司面临的市场潜力大，国内经济状况好，处于卖方市场。但竞争对手经销网络齐全，销售额理想，市场宣传力度大，经常举办产品讲座及展会，销售及服务队伍积极主动。

请问： 该公司应该如何制定下一步工作重点？

目标的确立是建立在对外部环境和自身条件准确分析与预测的基础上的，也就是说，只有通过调查与预测，综合分析外部环境带来的机遇和威胁以及自身存在的优势和劣势，才能为组织确立一个科学合理的目标。因此，该公司要想扭转被动局面，其基本思路应该是先分析该公司所面临的环境以及自身条件，然后抓住机遇、避开威胁、发挥优势、弥补劣势，采取有针对性的措施。

知识点一：组织外部环境分析

外部环境是组织生存的土壤，它既为组织经营提供条件，也对组织的经营起制约作用。组织只能根据外部能够提供的资源种类、数量和质量来决定生产、经营活动的具体内容和方向。

组织外部环境中各类因素的变化，可能给组织带来两种影响：一种是为组织的生存和发展提供机会；另一种是对组织经营构成威胁。组织要利用机会，避开威胁，就必须认识环境；要认识环境，就必须研究、分析环境。

组织外部环境主要包括宏观环境、中观环境和微观环境三个层次，其基本内容如下。

1. 宏观环境

宏观环境是指对组织产生影响的政治、法律、经济、科技、社会、文化等因素的集合。这些因素虽然与组织的经营活动不直接相关，但会通过中观环境和微观环境对组织施加影响。

（1）政治环境——政党、政府的方针、政策和社会的政治形势。

（2）法律环境——与组织相关的社会法制系统及运行状态。组织既受法律的保护，又受法律的限制，在法律允许的范围内开展活动。

（3）经济环境——社会经济发展水平、政府的经济政策、居民消费水平和结构等。社会的经济发展水平、政府的经济政策往往是组织发展的风向标，居民消费水平和结构影响着组织的生产水平和结构。

（4）科技环境——社会科技水平、科技力量、国家科技体制和政策等。社会科技发展水平制约着组织的技术发展水平。

（5）社会环境——人口的流动、人口结构和变化趋势、社会阶层结构、人们的生活及工作方式等。社会环境的变化影响着社会对产品与服务的需求变化，因此也必然会影响组织的战略与决策。

思考与讨论

2018 年，正当几大手机品牌在国内外杀得天昏地暗的时候，一则消息引起了国内不少人的关注，传音在非洲手机市场占有率上升到了 48.71%，传音？这是哪家公司的品牌？这是哪里的公司？

传音科技 2006 年在香港成立，传音控股 2013 年在深圳成立。2006 年，眼看各大手机巨头在主流市场中争得你死我活，传音决定把旗帜插到巨头们看不上的山头——非洲的尼日利亚。当时还处于功能机时代，主流手机厂商只支持单卡，而尼日利亚不少人都有三四张手机卡，传音便依托国内成熟的供应链推出了双卡双待手机，这个简单的"微创新"让传音仅用一年多的时间就打开了尼日利亚市场。之后，传音以超长续航应对电力基础设施不足问题、以低价应对收入偏低问题、以独特的算法应对黑皮肤拍照问题……，传音很快成了手机市场的"非洲之王"。

机会无处不在、无时不在，你发现了什么市场机会？

（6）文化环境——社会历史背景、意识形态、宗教信仰、语言、文学艺术和人们的价值观、风俗习惯等。

视野拓展

进行宏观环境分析，主要目的是为了认清外部宏观环境的形势，从而确定对组织经营管理有哪些方面的影响，并采取相应的措施来制定自身发展战略。

宏观环境分析既要注意"黑天鹅"，更要警惕"灰犀牛"。所谓"黑天鹅"指的是小概率事件，一旦发生这种事件，后果会非常严重；而"灰犀牛"是可预见的事件，这种事件由于早期的影响小容易被忽视，随着时间的推移，其影响会越来越大。

建议读者以"国名"+"宏观环境分析"为关键词，通过网络搜索几篇免费的宏观环境分析报告，看看其中是否提到"黑天鹅""灰犀牛"相关事件。

2. 中观环境

中观环境介于宏观环境与微观环境之间，是与二者都有密切联系的客观环境，包括组织所在行业的行业环境、组织所在区域的地理环境以及与组织经营有关的部门和机构。

（1）行业环境——行业在整个社会经济结构中所处的地位以及行业自身的特点、行业规模和结构、行业在其生命周期所处的阶段（见图 4.1），都对组织战略决策的制定具有非常重要的意义。例如，如果整个行业都不景气，那处于这个行业的企业就很难有光明前途。

（2）地理环境——组织所处的地理位置不同，在政策、自然、资源等方面所面临的环境也有很大的差别。

（3）与组织经营相关的部门和机构——包括国家政府机关中的指导与协调部门、新闻媒体单位、信息咨询机构、相关社会团体等。它们是中观环境的管理者、监督者、支持者和协调者，一般通过政策、法令、制度、计划、财政、税收、信贷等手段或舆论宣传对企业施加直接和间接影响。

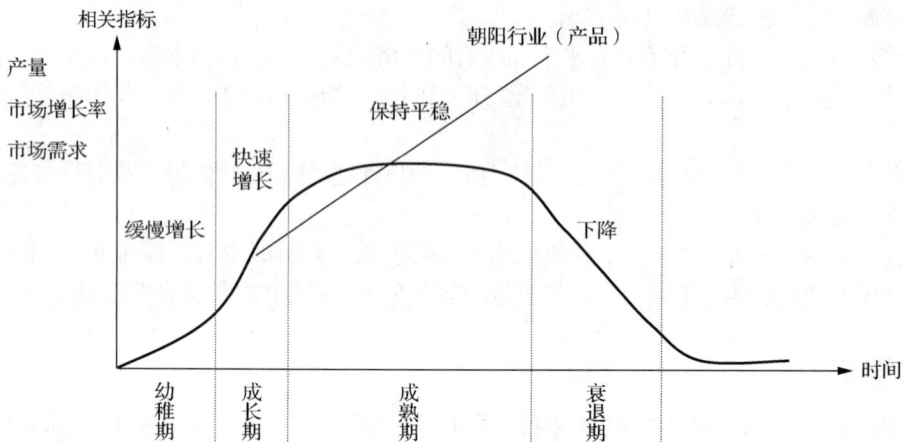

图4.1　行业（产品）生命周期发展阶段

3. 微观环境

微观环境是与组织生产经营活动直接相关的客观环境，主要包括直接与市场有关的各种因素，所以又称市场环境。微观环境主要包括顾客、供应者、竞争者和同盟者。

（1）顾客——组织提供的产品或服务的购买者，包括终端用户和中间经销商。顾客需求的内容、趋势及特点，顾客的规模结构、消费心理、生活习俗及层次等也影响着企业营销策略的制定，中间商的数量、规模分布以及其销售特定产品的比率等都影响着企业营销策略的制定。顾客需求需要挖掘和创造。因此，组织需要积极引导消费，激发顾客产生正当的、新的消费需求，从而开拓市场。

（2）供应者——组织维持正常的生产经营活动的各种要素（人、财、物、信息、技术等）的提供方。供应者提供要素的质量、数量和速度、价格在一定程度上制约着组织的经营成本和质量。

（3）竞争者——与本组织争夺销售市场和资源的对手。从争夺市场来看，竞争者就是那些提供相同或功能相似（含替代品）产品的单位；从争夺资源来看，竞争者除了上述单位之外，还包括使用相同资源的单位。竞争者的数量、规模、分布、实力等都会对本组织产生影响。一般来说，双方规模、实力相差不大时，容易导致价格竞争；二者规模相差较大时，竞争往往不在产品价格上体现，而通过其他方面体现出来。一般认为，每家企业都要承受来自五个方面的竞争压力，如图4.2所示。

思考与讨论

以手机为例，在过去，它成了哪些产品的替代品？未来，你认为它还会成为哪些产品的替代品，或者被其他什么产品替代？

（4）同盟者——与本组织具有利害共同性或具有优劣势及利益互补性的组织。一个组织与其同盟者的关系具有可变性及复杂性。同盟者可分为基本同盟者（全面合作）与临时同盟者（某时、某事、某方面的合作）、直接同盟者与间接同盟者、现实同盟者与潜在同盟者、长期同盟者与短期同盟者等；今天的同盟者可能成为明天的竞争者，昨天的竞争对手也可能变为今天的同盟者。因此，组织必须慎重分析各种类型的同盟者的状况、发展趋势及特点。

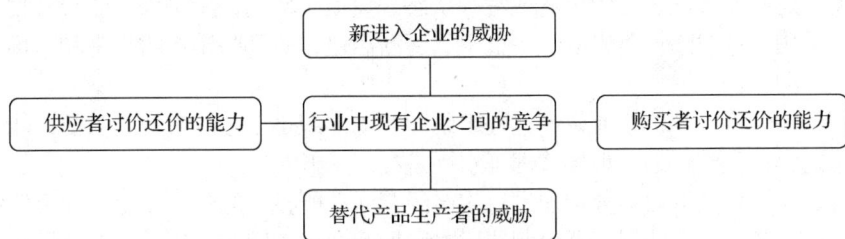

图 4.2 企业竞争构成

知识点二：组织内部条件分析

进行组织内部条件分析，首先是为了认清组织自身的优势和劣势。组织的优势和长处是什么，优势有多大；劣势是什么，表现在哪些方面；与顾客的要求和对手的实力相比，差距有多大。不弄清楚这些，组织是不可能制订出科学正确的计划的。组织进行内部条件分析，也是为了查清造成劣势的原因。存在劣势和不足是正常的，关键是要找出原因，这样才能有针对性地采取正确的措施避开劣势或弥补不足，挖掘潜力。

组织内部条件分析主要有两个方面的内容：一方面是组织一般情况分析，另一方面是组织经营实力分析。

1. 组织一般情况分析

组织一般情况分析通常包括以下几项内容。

（1）人员素质分析。主要是分析他们的思想道德素质、文化知识素质、专业技术素质、智能素质和身体素质能否与工作岗位的要求相适应。

（2）管理素质分析。分析组织管理水平是高还是低；各级管理者的管理知识是多还是少，管理技能、管理技术是强还是弱；组织是靠科学管理还是靠经验管理。

（3）技术素质分析。分析企业设备水平，各种工艺设备、测试仪器和计量仪器水平，技术人员和技术工人的能力是高还是低，机器设备的役龄结构和工艺结构是否合理。

> 一般来说，"组织素质"由人员素质、管理素质和技术素质组成。

（4）发展情况分析。分析组织总体发展水平，看组织是处于上升时期、稳定时期，还是已进入衰退时期。

（5）营销情况分析。分析企业产品的市场分布情况、市场份额，产品销售的渠道长短和宽窄情况，产品定价和顾客对价格的接受情况产品的以及产品的销售服务情况和顾客的评价。图 4.3 所示为产品结构合理构成。①问题类产品或业务，处在高销售增长率、低市场占有率区间内。高销售增长率说明市场机会多，前景好，而低市场占有率则说明在市场营销上存在问题。其财务特点是利润率较低，所需资金不足，负债比率高。②明星类产品或业务，处在高销售增长率、高市场占有率区间

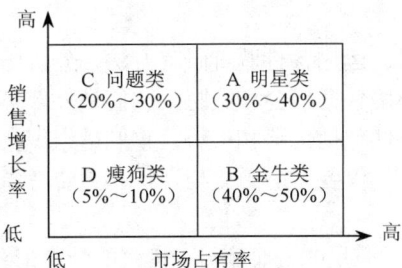

图 4.3 波士顿矩阵（产品结构合理构成）

内，这类产品可能成为企业的金牛产品，需要加大投资以支持其迅速发展。对这类产品或业务应采用的发展战略是：积极扩大经济规模，以长远利益为目标，提高市场占有率，加强竞争地位。③金牛类产品或业务，处在低销售增长率、高市场占有率区间内，已进入成熟期。其财务特点是销售量大、产品利润率高、负债比率低，可以为企业提供资金，而且由于销售增长率低，无须增大投资。④瘦狗类产品或业务，也称衰退类产品或业务，处在低销售增长率、低市场占有率区间内。其财务特点是利润率低、处于保本或亏损状态、负债比率高，无法为企业带来收益。对这类产品或业务应采用撤退战略：首先应减少批量，逐渐撤退，对那些销售增长率和市场占有率均极低的产品应立即淘汰。

（6）生产条件分析。分析企业生产过程组织和劳动组织是否适应市场的需要，能力结构与市场需求是否相适应；生产计划、现场管理等水平是高还是低。

（7）财务、成本和经济效益分析。进行生产经营活动所投入的资本（金）和负债资本的运行情况、物资消耗和劳动消耗情况，即对制造成本和期间费用（销售费用、管理费用等）情况以及所带来的销售收入、增加值和赢利情况进行分析。

（8）组织资源分析。对组织的人、财、物、技术、信息及管理等资源的数量和质量进行分析。

（9）组织结构分析。分析组织的管理结构是否合理，是否适应企业战略及环境变化的要求。

2. 组织经营实力分析

组织经营实力（即经营能力）分析通常包括以下几项。

（1）产品竞争能力分析。分析产品的品种、质量、成本、价格、信誉、商标、包装等，看其是否能不断满足顾客的需要，是否比竞争对手高出一筹。

（2）技术开发能力分析。分析企业开发新技术、新产品的难易程度，看企业能否"以新取胜"。

（3）生产能力分析。分析企业能否适时生产出适销对路的产品，能否及时调整生产结构。

（4）市场营销能力分析。分析企业选择销售渠道的能力和自销能力，看其能否根据市场变化调整营销方案，保证市场占有率。

（5）产品获利能力分析。分析企业的利润率。

知识点三：企业内外部环境的综合分析法——SWOT分析法

SWOT分析法是由旧金山大学的管理学教授海因茨·韦里克于20世纪80年代初提出来的，S、W、O、T四个英文字母分别代表优势（strength）、劣势（weakness）、机会（opportunity）、威胁（threat）。组织外部环境的影响可以归结为机会和威胁两种；组织内部条件分析在于明确组织拥有的优势和存在的劣势。

因此，所谓SWOT分析法，是指通过对组织内部的优势、劣势和外部环境带来的机会、威胁的综合分析，来构思、评价和选择企业战略方案的一种方法。进行SWOT分析，通常可按以下步骤进行。

1. 分析环境因素，获取信息

组织通过调查获取机会与威胁、优势与劣势等信息资料，运用各种调查研究方法，分析出组织所处的各种外部环境和内部所具有的条件。组织的外部环境包括机会和威胁，它们是外部环境对组织的发展有直接影响的有利和不利因素；组织的内部条件包括优势和劣势，它们是组织在发展中自身存在的积极和消极因素。在调查分析这些因素时，不仅要考虑历史与现状，更要考虑组织的未来发展问题。

（1）优势是组织的内部因素，具体包括有利的竞争态势、充足的资金来源、良好的社会形象、强大的技术力量、规模经济、良好的产品质量、较高的市场份额、成本优势等。

（2）劣势也是组织的内部因素，具体包括设备老化、管理混乱、缺少关键技术、研究开发落后、资金短缺、经营不善、产品积压、竞争力差等。

（3）机会是组织的外部因素，具体包括新产品、新市场、新需求、市场壁垒解除、竞争对手失误等。

（4）威胁也是组织的外部因素，具体包括新的竞争对手出现、替代产品增多、市场紧缩、行业政策向不利方向变化、经济衰退、客户偏好改变、不利的突发事件等。

2. 整理信息，构造 SWOT 分析表

将组织的外部环境与内部条件归类列表，按重要程度将各因素罗列出来。将调查得出的各种因素按照轻重缓急或影响程度等排序，构造 SWOT 分析表。在此过程中，将那些对组织发展有直接的、重要的、大量的、迫切的、久远的影响因素优先排列出来，而将那些间接的、次要的、少许的、不急的、短暂的影响因素排列在后面。表 4.1 为 SWOT 分析表示例，"冰洗"指冰箱、洗衣机。

表 4.1 某冰洗厂商 SWOT 分析表

外部环境	威　胁	机　会
	1. 国内和发达国家洗衣机市场早已饱和	1. 美国某企业有意出售其洗衣机业务
	2. 芯片、钢材价格持续上涨，芯片供应商单一	2. 非洲市场规模持续扩大
	3. 国内人工费用上涨较快	3. 某地区冲突结束，恢复正常业务有望
内部条件	**优　势**	**劣　势**
	1. "黑灯工厂"降本提效明显，国内新建生产线已普及，国内外旧生产线改造有序推进	1. 自研芯片进展缓慢，耗费资金过多
	2. 个性化定制流程改造完毕，交货周期平均缩短50%，不入库率提升至 70%	2. 非洲、南美生产基地本地工人培训进展缓慢，生产效率有待提升
	3. 研发力量雄厚，研产销一体化业已稳定	3. 网络营销，特别是直播、短视频营销明显落后于某主要竞争对手

3. 分析信息，制订行动计划

通过对 SWOT 分析表进行 SW、OT、SO、WO、ST、WT 分析，制定出适合组织发展的战略方案。在完成 SWOT 分析表的构造后，便可以将表内列举的各种因素相互匹配起来加以组合，进行 SW、OT、SO、WO、ST、WT 分析，从而制定出组织未来发展的一系列战略方案，如图 4.4 所示。

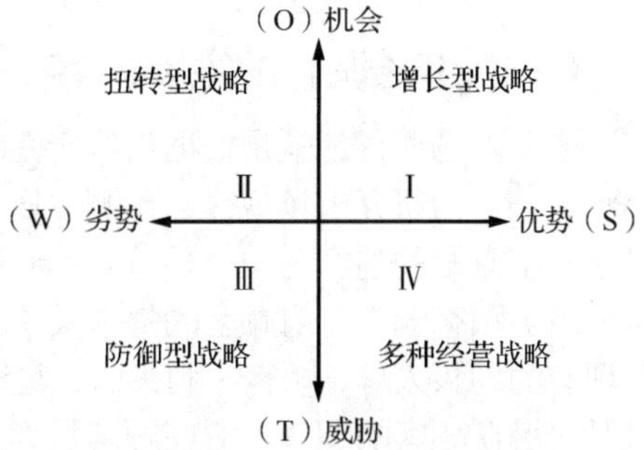

组织制订发展计划的基本思路如下。

（1）如何发挥优势来减少劣势或如何防止劣势削弱优势（SW 分析）。

（2）如何利用机会减少威胁（OT 分析）。

（3）如何发挥优势来利用机会（SO 分析）。

（4）如何利用机会减少劣势或如何防止劣势妨碍利用机会（WO 分析）。

（5）如何利用优势来减少威胁或如何防止威胁削弱优势（ST 分析）。

（6）如何克服劣势来避开威胁或如何防止威胁加大劣势（WT 分析）。

这种反复对照提问能促进分析者的思考，有利于组织将各

图 4.4 SWOT 分析

> SWOT 分析法是值得每个人掌握的自我管理工具。它能帮助我们清晰地把握全局，分析自身的优势与劣势，把握环境中的威胁与机会，从而及时做出调整，防范可能出现的风险与威胁。

个因素组合起来，形成新的战略。

图4.4中，处于第Ⅰ象限的组织具有强大的内部优势和众多的环境机会，宜采用增长型战略，如开发市场、增加产量等；处于第Ⅱ象限的组织外部有机会但内部条件不佳，宜采用扭转型战略，改变内部劣势；处于第Ⅲ象限的组织外部有威胁，内部状况又不佳，应当设法避开威胁和消除劣势，宜采用防御型战略；处于第Ⅳ象限的组织拥有内部优势而外部存在威胁，应利用优势开展多种经营，分散风险，寻求新的机会。

第二节　了解市场调查与预测[①]

案例导入

某航空公司在决定进行一项关于在飞机上提供 Wi-Fi 服务的调研活动时，首先以"去探索你能够发现的空中旅客所需要的一切"为主题开展乘客调研。结果，尽管得到了大量的信息，但有关 Wi-Fi 服务方面的信息少之又少，大多数信息集中在价格、次数、食物等其他服务方面。

于是，他们又以"探求是否有足够的乘客在某航线的飞行中愿意使用 Wi-Fi，使这项服务不致亏损"为主题开展调研。结果问题一提出，大家就纷纷认为："如果这项服务能增加新的旅客，不是可以从机票中赢利吗？那现在的调查不就没什么意义了？"

请问：很显然，航空公司的调研并没有取得预期的效果，为什么？

知识点一：市场调查

组织为适应内部条件和外部环境变化，增强活力，在分析内部条件和外部环境的过程中，离不开对环境的调查与预测，其中与市场有关的调查研究是最重要的。

（一）市场调查的主要内容

所谓市场调查，就是根据组织所面临的市场问题，运用科学的方法，有针对性地收集有关的市场信息，为研究市场规律、预测市场未来变化趋势、进行经营决策提供依据。市场调查主要有以下四个方面的内容。

（1）顾客调查。对顾客的需求及购买能力等情况的调查研究，是市场调查的重点。其主要针对现有的购买人群，顾客的购买力、购买动机及欲望、购买水平、消费结构及趋势等方面的调查，以及对潜在顾客的调查。潜在顾客是尚未开发的市场，是竞争对手之间争夺的重点，因此必须进行深入调查。

（2）产品调查。产品调查是在产品投放市场后，调查用户对产品的功能、效用、质量、外观、包装、价格、备件、服务、广告宣传等方面的反映意见，同时还包括对竞争产品、新产品、新技术等的调查。

（3）销售调查。对销售活动进行全面的审查，包括对销售量、销售范围、分销渠道、促销活动等方面的调查。如：对市场容量、市场占有率、销售趋势、竞争形势等方面进行的调查；对市场上可用的和已有的销售渠道所做的调查；对顾客潜在需求的调查、对产品的市场潜力与销售潜力的调查。当然，还应包括对竞争对手销售情况的调查，以方便与组织自身进行优劣势比较。

（4）政府行为调查。政府的法令与政策对组织的经营有着重要的作用。因此，应了解政府政

[①] 本书在此只是简单地介绍了市场调查与预测的基本概念与方法，需要深入学习的读者可学习专门的课程——市场调研与预测。

策和控制方式的变动对市场的影响，以便对市场进行综合分析。

总而言之，组织所处的外部环境和具备的内部条件在一定程度上都是市场调查的对象，只是组织应根据不同的需要有所选择。例如，技术部门和生产部门调查的重点可能是新技术、新产品的开发现状，管理部门调查的重点可能是政府行为，而营销人员的调查重点可能在销售和顾客方面。

（二）市场调查的步骤

市场调查是一项复杂而又细致的工作，因此必须按预定目标，有组织、有计划、有步骤地进行。市场调查的基本步骤如图 4.5 所示。

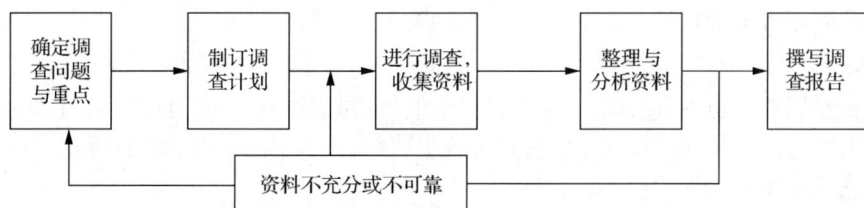

图 4.5 市场调查过程

1. 确定调查问题与重点

确定调查问题与重点即提出并界定市场调查的问题和重点。市场调查的问题要根据组织当前需要解决的各类现实问题来确定。要调查的问题既不可过于宽泛，也不宜过于狭窄，要明确地界定并充分考虑调查结果的实效性。在确定问题的基础上进一步确定调查的重点。

2. 制订调查计划

调查计划的主要内容有以下几方面。

（1）调查项目与目的。

（2）资料来源——二手资料、一手资料。

（3）调查方法——观察法、访问法、问卷法、实验法。

（4）调查工具——调查表、仪器。

（5）调查范围——市场范围、收集资料的范围、抽样的范围。

（6）接触方法——电话、邮寄、面谈等。

（7）调查人员、调查进度和费用预算。

（8）要求达到的结果。

调查一般从二手资料开始，调查表和仪器是获取一手资料的主要工具。观察法、访问法、问卷法和实验法是获取一手资料的主要方法。

市场调查的第一步和第二步属于准备工作，因此，一定要注意集思广益，做好细致、充分的准备，否则调查结果不会很理想。

3. 进行调查，收集资料

在制订调查计划之后，就由调查人员按照计划进行资料收集工作。调查人员的水平直接影响调查结果的准确性，因此要做好调查人员的选择、培训和管理工作。

4. 整理与分析资料

资料的整理与分析是对收集到的资料进行审查、整理、分类、比较及全面分析。审查是核实资料的可靠性，整理是检查资料的完整性，分类是为了便于使用和管理资料，比较及全面分析是将实际调查的资料与组织的现状进行比较，从各个方面加以分析，从中发现组织的优势和劣势、市场的机会和威胁。

整理资料一定要客观、实事求是，记住要保存好原始资料，以备后用。如果发现资料不够充分或是可靠性不足，就应该分析是调查计划的问题还是实际调查工作中存在失误。如果是前者，那就必须重新制订调查计划；如果是后者，那就要重新进行调查。

5. 撰写调查报告

调查报告是市场调查结果的文字记录，是支撑决策的重要文件。其主要内容有本次调查工作的主要目的、调查所用的方法、对调查资料的分析和分析结论、根据调查结论提出的建议、调查报告的附件（如统计图表、参考资料等）。

（三）市场调查的方法

市场调查的方法主要有观察法、访问法、实验法和问卷法。

1. 观察法

观察法就是调查人员不直接向当事人提出问题，而是通过观察事件的发生经过或是用仪器记录来进行调查的方法。其优点是能比较客观地收集资料，调查结果比较切合实际；缺点是容易受到调查人员素质和水平的影响。

2. 访问法

访问法也叫面谈法。其具体做法是调查人员按照预先准备好的调查提纲或调查表，通过口头、电话或书面方式向被调查者了解情况，收集资料。既可以采用个别面谈（一对一），也可以采用集体面谈（一对多、多对一、多对多）、电话询问、邮件访问、即时通信工具访问等多种方式进行。其优点是被调查者回答问题直接、明确，便于围绕要调查的问题收集资料；缺点是调查人员工作量大，有时会因为访问方法不当不能取得真实、全面的资料。因此，该方法对调查人员的沟通技巧、公关礼仪、知识水平有一定的要求。

3. 实验法

实验法即从影响调查问题的各因素中选出一两个关键因素，将其置于一定的条件下或一定范围内进行小规模实验，然后对实验结果进行分析，研究其利弊并确定是否值得大规模推广。产品试销、试用是实验调查的常用方式。其优点是获取的资料真实可靠；缺点是实验市场不好选定，而且需要花费一定的时间和费用。

4. 问卷法

问卷法是指通过发放事先设计好的问卷进行调查（调查之前要确定好是全面调查还是抽样调查，如何抽样，以及如何选择抽样范围），然后用统计工具对调查结果进行计算和分析的方法。

📖 提示与说明

大多数问卷调查都可通过网络进行，可使用的网络平台很多，如问卷星、问卷网、乐调查、腾讯问卷等，建议读者选择一两个平台，熟悉一下发起问卷调查的程序。

知识点二：市场预测

预测是人们对客观事物未来发展的预料、估计、分析、判断和推测。预测都要借助于对过去和现在已知情况的探讨，推断未知和未来的情况。

市场预测就是借助历史统计资料和市场调查，运用科学的预测方法，对未来一定时期内市场需求状况及其发展变化趋势进行评估、分析和推断的一种活动。

一般来说，市场调查只能了解现在和近期的情况，如果想了解未来，就需要在调查的基础上再加以预测。市场预测的内容主要包括组织所在地区社会商品购买力水平及发展趋势预测、组织所提供的产品或服务的需求预测、产品寿命周期及新产品市场前景预测、销售前景预测、经济效益预测、科技发展趋势预测、政府政策预测，以及其他相关因素的预测。

市场预测方法可分为定性和定量两类，我们在此只讲几种常见的定性预测方法。

1. 个人判断法

个人判断法是由组织内相关人员或其他有关专家，凭个人的直觉经验，对市场情况进行分析判断，进而提出预测结果的一种方法。这种方法受预测者个人的知识水平、经验、社会地位等因素的影响。

2. 专家座谈法

专家座谈法是指聘请有关方面的专家，通过座谈讨论，互相启发、集思广益、取长补短，从而得出预测结论的方法。这种方法容易被权威意见所干扰，假如有权威者存在，与会者可能不能畅所欲言，专家也不便公开修改个人意见，容易出现从众现象，结果可能是多数人的错误意见被采纳，而少数人的正确意见被忽视或压制；另外，这种市场预测方法还存在专家召集困难、费用较高等缺点。

3. 德尔菲法

德尔菲法（Delphi Method）又叫专家预测法、专家调查法。一般采用不记名投寄的方式征询专家意见，多次循环反复后进行统计归纳，然后做出预测或决策。其一般过程如下。

> 德尔菲法由美国兰德（Rand）公司在20世纪40年代提出，其要旨是就某一问题征集有关专家的意见，做出决策。

（1）拟订调查表、选择专家。由调查人员将各种要调查和需要预测的问题列于调查表上，发给有关专家填写。

（2）通信调查。专家们根据调查表所列的问题，背对背地提出自己的意见。

（3）整理反馈。由调查人员汇集整理各专家的意见，并把整理、分析结果反馈给各专家，由专家填写后再寄回。

（4）结果处理。对每一次调查的结果都要运用科学的方法进行整理、统计、分析，经过多次反复，直至得到令人满意的结果为止（典型的德尔菲法共进行四次循环）。

德尔菲法能充分发挥专家的作用。背对背的调查形式可以排除心理影响；而且带有反馈的意见测试能使各种意见相互启迪，从而有助于决策者做出正确的决策。但是这种方法比较烦琐，所需的时间和经济成本都比较高。

第三节 理解决策的内涵与基本程序

案例导入

近几年，特别是 2021 年之后，全球新能源汽车迎来了一波强势发展，尤其是在中国汽车市场上，新能源汽车正在成为中国智能制造的一张新名片。

综合媒体报道，2018—2020 年，中国汽车出口量稳定在略超 100 万辆的水平；2021 年超过 200 万辆，成为第三大汽车出口国；2022 年增加到 311.1 万辆，超过德国（261 万辆），位居日本（350 万辆）之后；2023 年一季度为 107 万辆，超过日本（95 万辆），成为全球汽车出口量最大的国家，实现"三级跳"。

汽车出口量迅速增加，新能源汽车功不可没，2020 年新能源汽车出口量占比仅为 7%，2023 年第一季度已超过 25%。

在车型上，之前出口的多是低端车，出口目的地以发展中国家为主，且在当地占比不高；2021 年后，更多车企开始以高端车切入发达国家市场。同时，许多车企开始主动出击，除了在当地建厂、跨境品牌合作，还采取自建销售渠道、通过共用技术定制化开发新车型等方式打开国际市场。

请问：假设在 2018 年，你是国内某传统汽车制造厂的决策者，你会选择继续在燃油车上寻求突破还是在新能源汽车上加大投入？在国内市场竞争白热化，出口还较艰难的当时，你会优先选择出口什么车型？出口目的地主要选择在哪里？选择什么出口方式？为什么？

生活中我们经常会遇到各种"十字路口"：外出旅游是乘飞机还是坐火车？假期是参加社会实践还是出去游学？毕业后是继续深造还是直接就业？类似于这样从多个选择中做出决定的过程就是决策的过程。

提示与说明

虽然我们把决策放在计划篇，但也有管理学者认为，决策是四种管理职能（即计划、组织、领导和控制）的一部分，也就是说，管理者在履行每种职能的时候都需要做决策，这就是管理者也被称为决策者的原因。

知识点一：决策的概念

决策是指为今后的行动确定目标，并从多种可以相互替代的方案中选择一个合理或满意方案的分析判断过程。从这一概念中，可以看出决策的四个基本特点。

> 所谓可行方案，一般应是能够实现预定的目标，各种影响因素均能进行定性和定量的比较，在现行的技术经济条件下能顺利实施的方案。

（1）目标性，即决策必须有明确的目标。决策是理性行动的基础，行动是决策的延续，目标选择不准和无目标的决策是盲目的行动。

（2）选择性，即决策必须有两个或两个以上可供选择的可行方案，如果只存在一个方案，就不存在决策。

（3）满意性，即选择方案遵循的原则是"满意"或"合理"。由于决策者在认识能力和时间、经营、信息来源、未来状况等方面的限制，不能要求最理想的状态，因而决策的准则只能是"令人满意"或"足够满意"。

> 不同的人，受价值观、对风险的态度、生活环境、工作经历、伦理道德观等因素的影响，其满意的标准不同。这些因素都是影响决策的因素。

（4）科学性，即决策要通过科学的分析、评价进行选优。一般来说，每一个行动方案都存在利弊和优缺点，必须通过科学的、全面的、综合的分析判断，才能从多个可行方案中选择一个较为理想的方案。

提示与说明

从决策的发展历程来看，决策经历了由小生产方式下的经验决策到社会化大生产条件下的科学决策的转变。经验决策是凭借决策者个人的经验、知识、才干及其直观判断所进行的决断。经验决策只体现了以决策者个人经验为基础的主观能力。经验决策具有重复性、表面性和局限性的特点。科学决策建立在严密的理论分析和科学的基础之上，有严格的程序和方法。

知识点二：决策的类型

从不同的角度对决策进行分类，有助于决策者把握各类决策的特点，根据决策问题的特征，按不同的决策种类，采用不同的方法，进行有效的决策，参见表 4.2。

表 4.2　决策分类

高层管理者	高层决策	战略决策	非程序性决策	不确定性与风险性决策	非数量化决策
中层管理者	中层决策	管理决策	程序性与非程序性决策	确定性与风险性决策	数量化与非数量化决策
基层管理者	基层决策	作业决策	程序性决策	确定性决策	数量化决策

1. 按决策活动的层次划分

按决策活动的层次，决策可分为战略决策、管理决策和作业决策。

（1）战略决策侧重于资本过程，是所有决策问题中最重要的部分，通常包括确定组织目标方针、组织机构的调整、产品的更新换代、重大的技术改造等涉及组织全局的长期性、方向性的决策。一般属非数量化决策。

（2）管理决策侧重于价值过程，属于执行战略决策过程中的全局性的具体决策，旨在实现组织内外之间和组织内部各环节活动的高度协调和资源的合理利用，以提高经济效益和管理效能。

（3）作业决策侧重于劳动过程，属于日常工作中常规性、局部性的决策，多为数量化决策，影响范围较小。

> 管理决策与作业决策统称为战术决策。

2. 按决策活动的规范性划分

按决策活动的规范性，决策可分为程序性决策和非程序性决策，具体内容如下。

（1）程序性决策是对日常的、反复发生的例行问题（已有处理经验）采用例行程序所做的决策，也就是按照既定的程序所进行的决策。程序性决策是重复性决策，可以用例行方法（例如已经制定的政策、规则、流程）处理，当待解决问题直接、常见和容易识别时使用。

（2）非程序性决策是对偶然发生的、新颖的、性质和结构不明的、不重复出现的或具有重大影响的例外问题（无先例可循）所做的决策。当问题的涉及面广，又是新发生的，或者问题极为重要而复杂、信息模糊或不完整、没有例行程序可以遵循时，就要进行特殊处理，对这类问题的决策就是非程序性决策。企业高层决策以非程序性决策居多。

现实工作中的管理决策很少是完全程序化或非程序化的，大多介于两者之间。

3. 按决策活动结果的确定性划分

按决策活动结果的确定性，决策可分为确定性决策、风险性决策和不确定性决策，具体内容如下。

（1）确定性决策是指事先可以确定唯一结果的决策。确定性决策的方法比较简单和直观，因为每一种方案的结果都是已知的，决策者可以做出理想而精确的决策，这并不是大多数决策活动的情况，它比实际更理想化，在此不做介绍。（见本节"知识点五"中的例4.6）

（2）风险性决策是指未来情况不完全确定，但是能够确知各种后果以及各种后果出现概率的决策，即事先可以用概率预测各种结果的决策。风险状态下的决策分析更为常见和符合实际，这种预测结果的准确性取决于个人经验或是对二手资料的分析，决策者应有用于预测不同结果出现概率的历史或调研数据，否则只能以主观意愿为依据。（见本节"知识点五"中的例4.1和例4.2）

（3）不确定性决策是指无法预测其后果和概率的决策，这种情况下的决策主要取决于决策者的经验与态度。（见本节"知识点五"中的例4.3）

4. 按决策的风格划分

按决策的风格，决策可分为个人决策和集体决策，具体内容如下。

（1）个人决策是指选定最后决策方案时，由一个决策者做出最后决定的决策形式。个人决策的特点是决策迅速、责任明确。个人决策主要用于处理常规的管理问题以及信息较为准确、简单的决策问题。只要信息无误，决策效果较好，决策效率较高，取得的经济效益就会相当显著，而且能够充分发挥决策者的个人主观能动性。但是这类决策方式往往受决策者本身的性格、学识、能力、经验、魄力等的制约，所以具有局限性。

另外，一个人的决策过程可能受到他的思维方式的影响。比如，线性思维模式的特点是偏向使用外部数据，通过理性和逻辑思维来处理信息。非线性思维模式的特点是偏向使用内部信息，通过内在洞察力、感受和直觉来处理信息。当然，这并不意味着这两种方式有高下之分，只能说明管理者有不同的决策风格。

（2）集体决策是指由两个或两个以上的人组成的决策集体做出最后决定的决策形式。集体决策是相对于个人决策而言的，它包含两个含义：一个是通过会议集体讨论，充分发挥领导集体的智慧，集思广益，进行决策；另一个是通过领导机构与下属机构相结合，也称领导与群众相结合，对一些重大的决策课题进行充分的分析、研究、论证，然后做出决策。

管理实践

华为EMT

EMT（Executive Management Team，经营管理团队）是2003年华为在顾问公司的帮助下建立的一套公司层面的集体决策机制。简而言之，EMT下，华为的首席运营官不再是一个人，而是一个团队，共同商讨、集体决策。为了避免团队成员权力过分集中，2005年又设计了轮值制度，EMT主席由8位高层轮流担任，每人任职半年。2011年，轮值主席制度升级为轮值CEO制度。2017年，EMT则彻底把日常经营权下放给部门，把制定战略决策的权力上交给董事会。同年，轮值董事长制度诞生。

集体决策解放了任正非，使他有时间大量阅读书籍，了解业内外的各种信息，与各行各业的专家学者交流，思考战略问题。同时，集体决策大大降低了决策风险。后来，集体决策机制被引进各个层面、各个部门，如销售决策团队、行政管理团队、集成组合管理团队等。

2023年上半年，华为集体决策结果之一——《关于华为不造车的决议》引起了社会关注，有兴趣的读者可查询该决策的后续影响。

知识点三：决策的基本程序

决策是一个提出问题、分析问题和解决问题的系统分析过程，要达到有效的决策目的，必须遵循科学的决策程序。决策通常被描述为从各种方案中做出选择，其实它包含了更多的内容。一般来说，决策的基本程序包括研究现状、确定目标、寻求可行方案、评价方案、选择方案、实施方案和反馈信息等几个环节，如图4.6所示。

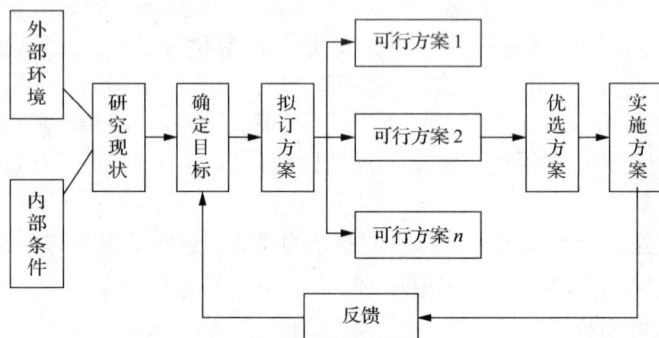

图4.6 决策程序

管理实践

商业决策失误经典案例

（1）研究现状。发现问题是决策的起点。决策是为了解决某些问题而做出的，研究现状的目的是为了找出现状与期望的结果之间的差距，从根源上解决这种差距是组织诊断和进行相应决策的原因和目的所在。在这一阶段，正确界定要解决的主要问题，调查问题的根源，是此后各步骤的基础。

（2）确定目标。确定目标是决策的前提。这一阶段的目的在于明确应达成的目标，并对目标的优先顺序进行排序，从而减少后续决策过程中不必要的麻烦。决策目标是由上一阶段确定的有待解决的问题决定的。在决策过程中，首先必须把要解决的问题的性质、结构、症结及其原因分析清楚，这样才能有针对性地确定出合理的决策目标。

（3）寻求可行方案。在诊断出问题的根源并明确真正目标后，应寻求所有可能可以消除此问题的对策及妨碍解决问题的有关限制因素。在寻求可行方案时，必须充分发扬民主精神，集思广益、群策群力，尽可能多地提出各种可行方案。

提示与说明

在决策前应该有若干种解决方案，合格的管理者应从这些解决方案中选择最适当的一个。好的决策，应以互相冲突的意见为基础，管理者应从不同的观点和不同的判断中选择方案。所以除非有不同的见解，否则就不可能有决策。

因此，在寻求可行方案的时候一定不要害怕有不同意见，不要害怕有分歧。之所以需要有分歧，是因为每一个分歧都代表着一个方案，管理者做决策就是要从多个可供选择的方案中进行选择。没有不同意见，就不存在选择，也就不存在决策，没有分歧可能是因为对问题的了解不全面。而正是有了各种分歧、各种不同意见，我们才能从不同的角度、方面对拟决策的事情有一个全面的了解。所以，要正确认识并面对分歧。掩藏分歧，看似一团和气，实际上于事无益。

（4）评价和选择方案。首先要对每一个方案进行可行性论证，论证时，要注意突出技术上的先进性、操作上的可能性以及经济上的合理性；其次，在方案可行性论证的基础上进行综合评价；最后，从备选方案中选择一个最优的方案。方案的选择主要与决策者的价值观念、所面对的不确定性因素和所使用的决策方法有关。

提示与说明

选择时要避免霍布森选择

霍布森是一个英国人，从事马匹生意，他说，买我的马、租我的马，包你满意，价格还便宜。霍布森的马圈大大的、马匹多多的，然而马圈只有一个小门，个头高的大马出不去，能出来的都是瘦马、癫马、小马，来买马的因为只能在门口选，选择的空间很小。后来管理学家西蒙把这种现象定义为霍布森选择。霍布森选择是一个小选择，是一个有限范围的选择，不是充分选择，这样的选择就是假选择。所以我们在决策时一定要制定尽可能多的方案，这样才可能找到"最佳"方案。

（5）决策方案的实施和信息的反馈。管理者做出了决策，并不等于决策过程的结束，更重要的是决策方案的实施。要判断一项决策正确与否，只有依据实施结果才能做出正确的判断。因此，在决策执行过程中要建立信息反馈系统，及时地将实施结果与规划目标进行分析比较，如有差异，就要查明原因，采取必要的措施进行调整，从而保证决策目标的实现。

知识点四：定性决策方法

定性决策方法也称决策的"软技术"，是指依靠专家的知识、经验、智慧，运用社会学、心理学、组织行为学的理论，对待决策问题做出科学判断。所以定性决策是一种主观决策。本书在此简要介绍两种常用的定性决策方法——头脑风暴法和四分图法。另外，前面已经讲过的预测方法中的德尔菲法也是经常用的一种定性决策方法。

（一）头脑风暴法

头脑风暴法又称集思广益法、畅谈会法，是美国创造学奠基人 A.F.奥斯本（A.F.Osborn）于 1939 年提出的一种培养创造性思维、激发创造力的方法。头脑风暴法一般是针对需要决策的问题，召集有关人员，在一个无拘无束的环境下敞开思想、畅所欲言、集思广益，在相互启发中发表意见，从而进行决策的一种方法。其要点有以下几个方面。

管理实践

头脑风暴法应用案例

（1）强调思路宽广、无拘无束，鼓励多提意见，意见越多越好（可根据意见的多少进行物质激励）。

（2）将每个点子都记录在大家能看到的地方，一是为了供大家参考、相互启发，二是为了留待下一步进行整理、分析。

（3）鼓励结合他人的想法提出新的构想。

（4）不允许私下交谈，但允许有人经协商后联合提出某个设想。

（5）与会者不论职位高低，在意见面前一律平等，不允许以集体或权威意见的方式影响他人提意见。

（6）不允许在点子汇集阶段对别人的意见进行评价和反驳，即使是最荒唐的想法也不允许受到攻击。

头脑风暴法的优势在于能够集中各种人的各种意见和想法，比较全面地考虑问题的各种可能性；劣势在于参加人数有限，不可能广泛征集意见，而且多数人的意见往往会对少数人造成压力，即使真理掌握在少数人手里，往往也会服从多数人。另外，集体有时也容易被个别权威人士的意见所左右。

（二）四分图法

四分图法是美国心理学家迈尔提出的一种决策方法。该方法将组织中需要决策的事情分为四类（见图4.7），并针对不同的事情提出不同的决策方法。

图4.7中，"质量度"指的是与组织利益相关的程度。例如，对组织生存至关重要的事情（如产品、服务质量）即为高质量的事情。"认可度"指的是与员工利益相关的程度。例如，与员工切身利益紧密相关的工资改革等事情就属于高认可度的事情。

图 4.7 四分图法

（1）高质量、低认可的事情——对组织生存至关重要，但普通员工不会去关心的事情。如原材料采购，由于原材料的质量对产品质量至关重要，但从哪家供货商采购和普通员工关系不大，员工不会去关心，也没有参与这种决策的愿望和要求。因此，这类事情应由管理层决策。

（2）低质量、高认可的事情——对企业的发展没什么影响，但与员工的个人利益关系很大，员工的参与热情很高的事情。如企业新购入的一批计算机分给哪个部门、谁用新办公设备等，这些事情对企业的发展没什么影响，但是大家很关心，因为谁都想用新的，如果领导决定给A、B，那么其他人可能会私下议论。因此，对这类事情就应该发扬民主，让基层管理者参与决策，达到尽可能高的认可度。高层管理者管得过多、过细，不但得不到员工的认可，而且会浪费自己的精力。

（3）低质量、低认可的事情——与企业的发展没有直接关系，与员工的切身利益也不密切相关的事情。例如，年终福利是发米还是发油，这些事情对企业的发展来讲没什么影响，发什么对员工的利益也没什么损害（只是一个偏好问题）。对这类事情管理者就没必要插手，交给工会组织随机决策就好。如当众抛硬币、抓阄，这样，抓中的一方很高兴，没抓中的一方也不会埋怨别人。

（4）高质量、高认可的事情——与企业未来的绩效、前景以及员工个人的发展都有着密切关系，员工也很关心的事情。如企业改制、人事、工资奖励制度改革等事情，稍有不慎，企业的发

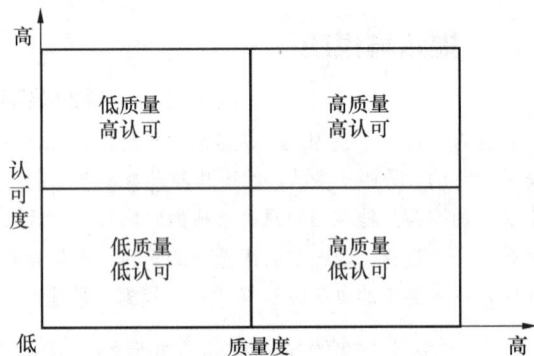

展就会受到影响，员工的利益也会受到影响。对于这类事情，既要有民主参与，还要由管理层最后做出决策，即实行民主集中制。但不能所有的事情都采用民主集中制，一是可能降低效率，二是员工一般只会从自身利益的角度考虑问题，不利于管理者做出决策。

四分图法给我们的启示就是：对于不影响企业发展大局的事情，管理者尽可能少决策，从而节约精力；对于事关企业发展大局的事情，管理者必须亲自决策（或聘请专家），发扬民主精神以更全面、充分地掌握信息。

知识点五：定量决策方法

定量决策方法，也就是把与决策有关的变量与变量之间、变量与目标之间的关系，用数学方法表示，然后通过数学计算求得所需数据，以便决策者从中选优的一种决策方法。定量决策方法通常被称为决策的"硬技术"，常用的定量决策方法有以下几种。

（一）风险性决策方法

1. 损益期望值法

"损"就是亏损，"益"就是赢利。损益值就是企业（或某个投资项目）亏损或者赢利的数额。损益亦称财务成果，是指企业的亏损和利润。在一定时期内，企业各项收入扣除各项支出后的差额，就是经营的最终成果。收入超过支出，就是赢利（用正数表示）；支出超过收入，则是亏损（用负数表示）。

损益期望值是指某一行动方案在自然状态下所可能期望得到的平均损益值，通常用符号 E 表示，它等于每一自然状态出现的概率与相应的损益值的乘积之和。其计算的基本公式为

$$E(A_i) = \sum_{j=1}^{m} V_{ij} \cdot P_j$$

式中，A_i 为第 i 个方案；$E(A_i)$ 为 A_i 方案的损益期望值；V_{ij} 为 A_i 方案在第 j 种自然状态下的损益值；P_j 为第 j 种自然状态出现的概率；m 为自然状态种数。每个备选方案的损益期望值等于它在不同自然状态下的损益值与出现概率乘积的和。

损益期望值法，即计算出每个行动方案的损益期望值，然后比较大小，根据"损益期望值最大规则"选择一个方案。

【例4.1】 有一项引进的工程项目，某保险公司为此需要决定是否开发一个新的险种。经调查研究发现，如果以开发的新险种对该工程项目承保而不出险，则每年收益 5 万元；但如果承保并出现责任事故，则将给保险公司造成 100 万元的损失（包括调研费）。如果不开发新险种，则不管是否出险，保险公司每年都要付出调研费 5 000 元。根据过去不完全的统计资料，预测不出险的概率为 0.96，出险的概率为 0.04。在这种情况下，保险公司针对该工程项目是否应开发新险种，如何决策？

解： 保险公司可选择的方案有两种——开发新险种和不开发新险种；不管哪种方案，结果都是其中之一，即出险（出现责任事故）和不出险（不出现责任事故），究竟出现哪一结果无法预知。虽无法预知到底是哪一种结果，但每一种结果发生的概率（可能性）是知道的。因此，对于这种风险性决策，可以采用损益期望值法进行。

第一步：根据题中条件，列出表4.3。

第二步：计算各方案的损益期望值。

表4.3　各方案在不同状态下的损益值

（金额单位：元）

自然状态		不出险	出险
概率（P）		0.96	0.04
方案	承保（A_1）	50 000	-1 000 000
	不承保（A_2）	-5 000	-5 000

承保方案（A_1）的损益期望值 $E(A_1)$＝0.96×50 000+0.04×（-1 000 000）＝8 000（元）

不承保方案（A_2）的损益期望值 $E(A_2)$＝0.96×（-5 000）+0.04×（-5 000）＝-5 000（元）

第三步：选择方案。因为承保方案的损益期望值 8 000 元大于不承保方案的损益期望值 -5 000 元，所以应选择承保方案，即开发新险种。

2. 决策树法

对于比较复杂的风险性决策，除了采用损益期望值法外，还经常采用决策树法。决策树是以方块和圆圈为节点，并由线连接而成的一种树状结构。一般来说，每个可行方案又可能有多种状态，因此，由左向右、由简到繁形成一个树状结构。决策过程由右向左逐步后退，根据末端的损益值和状态的概率值计算出同一方案不同状态下的损益期望值，然后根据损益期望值的大小进行决策，标出被舍弃方案对应的分支，最后决策树上留下的一条分枝即为最优方案（损益期望值最大的方案）。

表4.4 各方案在不同状态下的损益值

（单位：万元）

备选方案	各种自然状态下的损益值		
	销路好 (P=0.5)	销路一般 (P=0.3)	销路差 (P=0.2)
大批生产 (A_1)	30	10	-15
中批生产 (A_2)	20	6	2
小批生产 (A_3)	15	4	4

【例4.2】某企业计划生产某种产品，现提出三种生产方案，见表4.4。根据有关资料，已知未来市场面临三种状态，每个方案在各状态下的损益期望值见表4.4。请用决策树法进行决策，选出最优的方案。

解：第一步：根据表4.4画出决策树，如图4.8所示。

第二步：计算出各状态点的损益期望值，并标到各状态点上。

状态点2： $E(A_1)=30×0.5+10×0.3+(-15)×0.2=15$（万元）

状态点3： $E(A_2)=20×0.5+6×0.3+2×0.2=12.2$（万元）

状态点4： $E(A_3)=15×0.5+4×0.3+4×0.2=9.5$（万元）

第三步：比较各状态点的损益期望值，剪去损益期望值较小的两个方案枝。

经过比较，决策舍去 A_2、A_3 方案，大批生产（A_1方案）为最优方案。

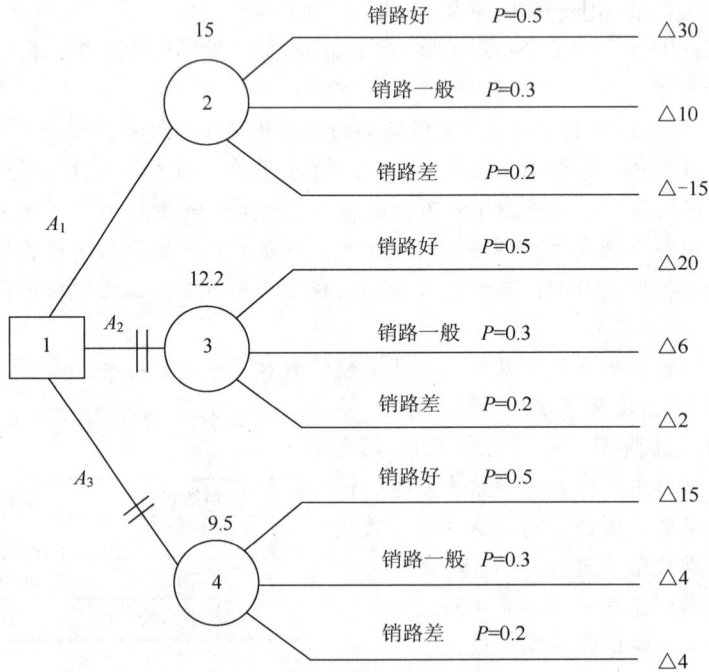

图4.8 决策树示意图

在图 4.8 所示的决策树中，方块（□）表示决策（节）点，由决策点引出的一级树枝叫方案枝，它表示该项决策中可供选择的几种备选方案，分别用带有编号的圆形（○）状态（节）点（如②、③、④）来表示，各状态点上可标出对应方案的损益期望值；由圆形状态点进一步向右引出的枝条称为方案的状态枝（或概率枝），每一状态出现的概率标在每条直线的上方，直线右端的三角（△）称为效果（节）点，可标出该状态下对应方案的执行所得到的损益值。

（二）不确定性决策方法

1. 乐观法

乐观法也叫最大决策法、大中取大法，即当决策者面临情况不明的决策时，以争取最好结果的乐观态度来选择决策方案。使用乐观法进行决策时，首先计算各方案在不同状态下的收益，通过比较找出各方案所带来的最大损益值，然后从中选出损益值最大的方案作为最优方案。

【例 4.3】 某百货公司准备购进一批电视机，根据未来需求情况和过去的销售经验，当未来出现高需求时能卖出 100 台，出现一般需求时能卖出 50 台，出现低需求时能卖出 10 台，因而提出三种方案，即进货 100 台、50 台和 10 台，其损益情况如表 4.5 所示。但该百货公司并不知道未来电视机的市场需求到底是哪一种情况，也不知道其发生的概率。这种情况下，百货公司应如何进行决策？

表 4.5 损益值表 （单位：元）

方 案	各种状态下的损益值		
	高需求	一般需求	低需求
方案一（100 台）	50 000	20 000	-25 000
方案二（50 台）	25 000	25 000	-5 000
方案三（10 台）	5 000	5 000	5 000

解： 先求出各方案带来的最大损益值：

$$Max（Ⅰ）= Max\{50\,000, 20\,000, -25\,000\} = 50\,000（元）$$
$$Max（Ⅱ）= Max\{25\,000, 25\,000, -5\,000\} = 25\,000（元）$$
$$Max（Ⅲ）= Max\{5\,000, 5\,000, 5\,000\} = 5\,000（元）$$

然后从 3 个最大损益值中求取最大值：

$$Max\{Ⅰ, Ⅱ, Ⅲ\} = Max\{50\,000, 25\,000, 5\,000\} = 50\,000（元）$$

损益值 50 000 元对应的方案为进货 100 台，即选择方案一。

2. 悲观法

悲观法亦称保守决策法、小中取大法，即决策者面临的各种状态发生的概率未知时，首先分析各种最坏的可能结果，然后再从中选择最好的，以此对应的方案作为决策方案。使用悲观法进行决策时，先找出各方案的最小损益值，再从中选取损益值最大的方案作为最优的方案。

【例 4.4】 接例 4.3 的资料。

解： 先求出每个方案带来的最小损益值，然后从最小值中选择损益值最大的。即

$$Max（min）= Max\{-25\,000, -5\,000, 5\,000\} = 5\,000（元）$$

损益值 5 000 元对应的方案为进货 10 台，即选择方案三。

3. 后悔值法

后悔值法也叫最小机会损失决策法。后悔值是指在各种状态下最大收益值与每个决策方案对应收益值之差，即

后悔值=各状态下最大收益值-各方案在该状态下的收益值

后悔值法就是先计算出各方案的最大后悔值，然后从中选出最小的后悔值，这个最小后悔值对应的方案即为最优方案。使用后悔值法进行决策时，首先找出各状态下最大损益值；然后计算各状态下不同方案的后悔值；接着找出每一方案所对应的最大后悔值；最后从上一步的结果中找

出最小后悔值，这个最小后悔值对应的方案即为最优方案。

【例4.5】 接例4.3的资料。

解： 首先，找出各状态下最大损益值并计算各状态下各方案的后悔值。

高需求状态下的最大损益值为50 000元，因此，方案一、二、三在高需求状态下的后悔值分别为：50 000-50 000=0（元）；50 000-25 000=25 000（元）；50 000-5 000=45 000（元）。

一般需求状态下的最大损益值为25 000元，因此，方案一、二、三在一般需求状态下的后悔值分别为：25 000-20 000=5 000（元）；25 000-25 000=0（元）；25 000-5 000=20 000（元）。

低需求状态下的最大损益值为5 000元，因此，方案一、二、三在低需求状态下的后悔值分别为：5 000-（-25 000）=30 000（元）；5 000-（-5 000）=10 000（元）；5 000-5 000=0（元）。

制作后悔值表（见表4.6），然后找出每一方案所对应的最大后悔值并从中找出最小后悔值，其对应方案即为最优方案。

表4.6 后悔值表 （单位：元）

方 案	各种状态下的后悔值		
	高需求	一般需求	低需求
方案一（100台）	0	5 000	30 000
方案二（50台）	25 000	0	10 000
方案三（10台）	45 000	20 000	0

$$\text{Min}（\text{Max}\{ Ⅰ，Ⅱ，Ⅲ\}）=\text{Min}\{30\ 000，25\ 000，45\ 000\} = 25\ 000（元）$$

后悔值25 000元对应的方案为进货50台，即选择方案二。

（三）确定性决策方法

对于确定性决策，本书只介绍量本利分析法。所谓量本利分析法，就是根据销售量、成本和利润三者之间的关系，对企业的盈亏平衡点和赢利情况的变化进行分析的方法，又称盈亏分析法。企业的总成本按照性质分为固定成本和变动成本（或可变成本）。所谓固定成本，是指不随产品销售量变化的成本，例如折旧费、设备修理费、办公费、新产品研制费等；变动成本则是指随产品销售量变化而变化的成本，如原材料、工时费、燃料和动力费等。

利用量本利分析法进行决策的关键是要找出保证企业不盈不亏的产量（保本产量），此时企业的总收入等于总成本。因此这种方法又称保本分析法。

【例4.6】 一位个体户买了一台复印机，假设它的固定成本为每年1万元，每复印一张纸的成本为0.15元（变动成本），经营价格为每张纸复印费0.30元，那么该个体户每年最少复印多少张才能保本？

分析： 这是一个典型的确定性决策，因为保本张数肯定是唯一值。

解： 假设保本张数为 x 张，根据盈亏平衡点的特性，得

$$0.3x = 10\ 000+0.15x$$

或

$$x = 10\ 000÷（0.30-0.15）$$

解得 $x = 66\ 667$ 张，即该个体户一年至少复印66 667张才能保本。

结束语

在任何组织中，所有的管理者都必须进行预测与决策，而这些预测与决策的影响最终并不局限在组织绩效的某个方面，有时甚至会关系到组织的生存与发展。管理者必须掌握预测与决策的知识，认识和重视预测与决策，不断提高预测与决策技能，这是组织发展的客观要求。

在我们的生活与工作中，也随处可见预测与决策。例如，我们需要预计在大学期间努力学习与不努力学习对未来的影响，我们需要依此选择在大学期间是努力学习，还是不努力学习。

小　　结

1. 所谓 SWOT 分析法，是指通过对组织内部的优势、劣势和外部环境带来的机会、威胁进行综合分析，据此构思、评价和选择企业战略方案的一种方法。其基本步骤是分析环境因素，获取信息；整理信息，构造 SWOT 分析表；分析信息，制订行动计划。

2. 决策是指为今后的行动确定目标，并从多种方案中选择一个合理或满意方案的分析判断过程。其基本程序包括研究现状、确定目标、寻求可行方案、评价方案、选择方案、实施方案和反馈信息等几个环节。

3. 德尔菲法又叫专家预测法、专家调查法，是指通过不记名投寄的方式征询专家意见，多次循环反复后进行统计归纳，做出预测或决策的定性预测或决策方法。

4. 头脑风暴法作为定性决策方法，是指将对解决某一问题有兴趣的人召集在一起，在完全不受限制、无拘无束的环境下敞开思路、畅所欲言。

5. 常用的定量决策方法有损益期望值法、决策树法、乐观法、悲观法、后悔值法、量本利分析法等。

练 习 题

一、单项选择题

1. 采用匿名方式，书面征询意见，多次循环反馈，最终获得满意的决策或预测的方法，被称为（　　　）。

  A. 经理人员决策法　　B. 集思广益法　　　　C. 德尔菲法　　　　D. 头脑风暴法

2. 决策是工作和日常生活中经常进行的活动，但人们对其含义的理解不尽相同，下列理解较为完整的是（　　　）。

  A. 出主意　　　　　　B. 拿主意　　　　　　C. 既出主意又拿主意 D. 评价各种主意

3. 面对未来可能呈现的各种状态，决策者虽无法事先确定究竟呈何种状态，但可判断各种状态出现的概率，并用概率来评价各种结果，这种决策属于（　　　）。

  A. 确定性决策　　　　B. 风险性决策　　　　C. 不确定性决策　　D. 非程序性决策

4. 面对未来可能呈现的各种状态，决策者由于无法把握其后果有多少种可能，只能依靠经验和态度来进行的决策属于（　　　）。

  A. 确定性决策　　　　B. 风险性决策　　　　C. 不确定性决策　　D. 非程序性决策

5. 针对一些国家对我国一些产品的限制，某公司决定在东南亚和墨西哥投资设立全资子公司，这种决策属于（　　　）。

  A. 作业决策　　　　　B. 战略决策　　　　　C. 战术决策　　　　D. 确定性决策

6. 在进行不确定性决策的时候，乐观法的做法通常可描述为（　　　）。

  A. 大中取大　　　　　B. 小中取大　　　　　C. 小中取小　　　　D. 大中取小

7. 在进行不确定性决策的时候，悲观法的做法通常可描述为（　　　）。

  A. 大中取大　　　　　B. 小中取大　　　　　C. 小中取小　　　　D. 大中取小

8. 针对某一问题，将有关人员召集到一起，在一种无拘无束的氛围中收集意见并进行决策的方法是（　　　）。

  A. 因果分析法　　　　B. 回归分析法　　　　C. 头脑风暴法　　　　D. 德尔菲法

二、多项选择题

1. 决策具有（　　）等特点。
   A. 目标性　　　　　　B. 选择性　　　　　　C. 满意性　　　　　　D. 科学性
2. 按决策活动的层次划分，决策可划分为（　　）。
   A. 战略决策　　　　　B. 管理决策　　　　　C. 作业决策　　　　　D. 风险性决策

三、问答题

1. 什么是 SWOT 分析法？简述其基本步骤。
2. 什么是决策？结合实际谈谈决策的基本程序。
3. 简要回答预测和决策的区别与联系。

四、计算题

1. 某城市拟利用公共汽车站、火车站和码头进行某种宣传。在上述三种地点皆可以建宣传站，由于不能确定来往客人的准确流量，可把估计的客流量分为大、中、小、微，相应所达到的宣传效果也不一样。经过测算，三种方案在四种不同客流量情况下分别获得的宣传效果如表 4.7 所示。请分别用悲观法、乐观法、后悔值法进行决策。

表 4.7　三种方案在四种不同客流量情况下的宣传效果

可行方案	各种自然状态下的宣传效果			
	S_1（流量大）	S_2（流量中）	S_3（流量小）	S_4（客流量微）
A_1（建在码头）	30	15	10	5
A_2（建在公共汽车站）	50	35	25	20
A_3（建在火车站）	60	30	25	15

2. 某厂生产 Y 型号电风扇，已知其销售价格为 100 元/台，该厂固定成本为 46 万元，电风扇的单位变动成本为 70 元，假定该家用电器的税率为 10%。求保本产量及当工厂目标利润为 10 万元时应达到的产量。

五、案例分析题

1. 根据表 4.1 给出的信息，对该冰洗厂商的发展进行战略分析。
2. 新厂长的产品决策。

某厂自创立以来一直生产经营 A 产品，虽然产品品种单一，但是市场销路一直很好。后来由于经济政策的暂时调整及客观条件的变化，A 产品完全滞销，企业职工连续半年只能拿 50% 的工资，更谈不上奖金了，企业职工怨声载道，生产积极性受到了极大的影响。

新厂长上任后，决心用一年时间改变工厂的面貌。他发现该厂与其他部门合作的环保产品 B 是成功的，于是决定下架 A 产品，生产 B 产品。一年过去了，工厂总算没有亏损，但日子仍然不好过。

后来市场形势发生了巨大的变化。A 产品在市场上脱销，用户纷纷来函来电希望该厂能尽快恢复 A 产品的生产。与此同时，B 产品销路不好。在这种情况下，厂长又回过头来抓 A 产品，但一时又无法把生产量搞上去，A 产品无论数量和质量都不能恢复到原来的水平。为此，集团公司领导对该厂厂长很不满意，甚至认为改产是错误的决策。厂长感到很委屈，怎么也想不通。

请问：

（1）该厂长的决策是否有错误？为什么？

（2）如果你是该厂厂长，你在决策过程中将如何去做？

3. 促销带来的难题。

有一家知名的消费品制造厂目前面临的主要问题：经常出现延迟交货甚至缺货的现象，顾客的抱怨越来越多。就在几个月前，销售部主任判定：通过加强促销宣传，有可能从主要竞争对手手中夺到15%的市场份额。于是，决定给予能够赢得更多生意的促销员额外奖金，对于能够争得新订货的批发商，则给予更多的优惠。

在实行这种促销活动的3个月里，公司接到的订货增加了12.5%，这证明销售部主任的判断是正确的。可是，在促销活动开始以前，公司生产这些产品的能力就已经饱和了，再无潜力可挖。为了应付新的订单，公司将不得不增加550万元的投资来提高生产能力。但是，公司目前既无资金，也无场地，无法扩大生产，怎么会这样呢？

请问：

（1）促销宣传的成功带来了什么难题？为什么会出现这样的难题？

（2）如果你是销售部主任，当初决定加强促销宣传时，你会怎么做？

第五章

组织结构设计

1. 组织工作的基本内容和程序
2. 组织结构设计的概念、任务与基本原则
3. 集权、分权与授权

第一节　掌握组织工作的内涵与基本程序

案例导入

　　鸿远公司 6 年来从艰难创业到成功的经历可以说历历在目。公司由初创时的几个人，发展到今天的年营业额 5.8 亿元，经营业务从单一的房地产开发拓展到以房地产为主，集娱乐、餐饮、咨询、汽车维修、百货零售等业务于一体的多元化经营。鸿远公司已经成为在全市乃至全省较有实力和有较高知名度的企业。鸿远公司是中美合资企业，主营高端房地产业务，在本地市场上很快打开了局面。随后其他业务拓展迅速，一个变两个、两个变八个，近年来公司上下士气高涨，从高层到中层都在筹划着业务的进一步发展问题。房产建筑部要求开拓铝业装修业务，娱乐部想要租车间搞服装设计，物业管理部甚至提出经营园林花卉的设想，甚至有人提出公司应介入制造业，成立自己的机电制造中心。从公司成立以来一直担任总经理的赵弘，在成功的喜悦与憧憬中，更有着一层隐忧。在今天的高层例会上，他在会前发言中是这么讲的："鸿远公司成立已经 6 年了，在过去的 6 年里，公司可以说经过了努力奋斗与拼搏，取得了很大的发展，公司现在面临着许多新的问题，如管理信息沟通不及时、各部门的协调不力等，我们应该深入思考怎样进行组织设计来改变这种情况。"在会上，各位高层领导都谈了各自的想法。

　　主管公司经营与发展的刘副总经理加入公司不到 3 年，他是管理科班出身，对管理业务颇有见地。他在会上谈道："公司过去的成绩只能说明过去，面对新的局面必须有新的思路。公司成长到今天，机构在不断膨胀，组织层级过多，部门数量增加，这就在组织管理上出现了阻隔。例如，总公司下设五个分公司：综合娱乐中心（下有嬉水、餐饮、健身、保龄球、滑冰等项目）、房地产开发公司、装修公司、汽车维修公司、物业公司，各部门都自成体系。公司管理层级过多，总公司有三级，各分公司又各有三级以上管理层，最为突出的是娱乐中心，其高、中、低管理层竟多达七级，且专业管理部门存在着重复设置。总公司有人力资源开发部，而下属公司也相应设置了人力资源开发部，职能重叠，管理混乱，管理效率和人员工作效率低下，这从根本上导致了管理成本的加大，组织效率低下，这是任何一个大公司发展的大忌。从组织管理理论角度看，一家企业发展到 1 000 人左右，就应以管理机制治理代替人治，企业由自然生成转向制度生成，公司可以说正处于这一管理制度变革的关口。过去创业的几个人、十几个人到上百人，靠的是个人的号召力；但发展到今天，更为重要的是依靠健全的组织机构和科学的管理制度。因此，未来公司发展的关键在于组织改革。我认为今天鸿远公司的管理已具有复杂性和业务多样化的特点，现有的直线职能制组织形式也已不适应公司

的发展了。事业部制是鸿远公司未来组织设计的必然选择。事业部制适合公司业务种类多、市场分布广、跨行业经营管理的特点。如果整个公司按事业部制运营，有利于把专业化和集约化结合起来。当然搞事业部制不能只注意分权，而削弱公司的高层管理者权力。另外，搞组织形式变革可以是突变式的一步到位，也可以是分阶段的发展式，后者可避免给成员造成过大的心理震荡。"

公司三位创始人之一、主管财务的陈副总经理考虑良久，非常有把握地说道："公司之所以有今天，靠的就是最早创业的几个人不怕苦、不怕累、不怕丢饭碗，有的是一股闯劲、拼劲。一句话，公司的这种敬业、拼搏精神是公司的立足之本。目前公司的发展出现了一点问题，遇到了一些困难，这是正常的，也是难免的。走出困境的关键是要加强内部管理，特别是财务管理。现在公司的财务管理比较混乱，各个分部独立核算后，都有自己的账户，总公司可控制的资金越来越少。资金管理分散，容易出问题，若真出了大问题，谁也负不了责。现在我们上新项目甚至维持正常经营的经费都很紧张，如若想再进一步发展，首先应做到的就是要在财务管理上集权，该收的权力总公司一定要收上来，这样才有利于公司通盘考虑，共同发展。"

此次高层会议上的讨论内容引起了公司的管理层震荡，甚至有些人在考虑自己的去留问题。

请问：鸿远公司的问题出在哪儿？公司的出路在哪儿？

知识点一：组织工作的定义和基本内容

1. 定义

和"计划"一词一样，"组织"一词也具有名词和动词两种词性。

作为名词来使用时，组织是指按照一定的目的、任务和正式结构建立起来的社会实体，如企业、政府、大学、医院等。

作为动词来使用时，组织就是指管理的一项基本职能，即组织工作，其意为：根据组织目标和计划的需要设置部门、岗位，为每个岗位配备人员，明确各部门与岗位的职责、职权以及相互之间的关系。简单地讲，组织就是安排和设计员工的工作以实现组织目标。

如果一个人就能完成某项工作，那么就不需要组织；而如果一件事情一个人无法完成、需要多个人共同完成，那就需要合理地对这些人进行分工，还要让他们劲往一处使（也就是合作）。这种分工与合作，就是组织工作。组织工作的结果就是形成一个分工合理、团结一致的集体。

可以这样讲：组织职能就是确保"事有人做，人有事做，事得其人，人得其事"，以保证组织目标的实现。

提示与说明

组织职能的产生是人类为了克服个人能力的限制而有意识进行集体协作的结果。例如，如果一个人无法推动一块巨石，而当两人或多人合力就能推动这块巨石时，他们就会认识到两人或多人的力量大于个人的力量，他们之间就会建立起一种协作关系。将这种协作关系固定下来，就形成了组织职能。

2. 组织工作的基本内容

从组织工作的定义来看，设计、建立并保持一种组织结构，基本上就是管理人员的组织工作的内容。具体来说，组织工作的内容包括以下四个方面。

（1）设计与建立组织结构。根据组织目标设计和建立一套组织机构和职位系统，即设置部门和岗位。

（2）合理分配职权与职责。确定职权关系，即确定各部门和岗位的职责、权力，以及各部门、各岗位之间的关系，从而把各组织单元联系起来。

（3）选拔与配置人员。为各个部门、岗位配备合适的人力

> 归纳起来，（1）和（2）构成了组织（结构）设计，（3）属于人力资源管理，（4）则属于组织变革。由于人力资源管理已形成独立的专业，本书就不再对此做详细介绍。

资源，以保证所设计和建立的组织结构有效地运转。

（4）推进组织的协调与变革。根据组织内外部要素的变化，适时地调整组织结构和人员。

知识点二：组织工作的基本程序

虽然各个组织所处的环境、采用的技术、制定的战略、发展的规模不同，所需的职务和部门及其相互间的关系也不同，但任何组织在进行机构和结构的设计时都有一些共同的基本程序，如图5.1所示。

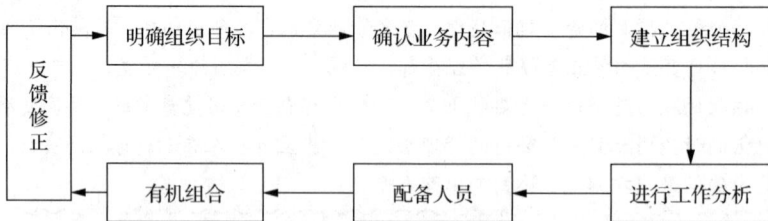

```
┌──────┐    ┌────────┐    ┌────────┐    ┌────────┐
│      │───▶│明确组织目标│───▶│确认业务内容│───▶│建立组织结构│
│ 反馈  │    └────────┘    └────────┘    └────┬───┘
│ 修正  │                                    │
│      │◀───┌────────┐◀───┌────────┐◀───┌────▼───┐
└──────┘    │ 有机组合 │    │ 配备人员 │    │进行工作分析│
            └────────┘    └────────┘    └────────┘
```

图 5.1　组织工作基本程序

（1）明确组织目标。组织目标是进行组织设计的基本出发点。任何组织都是实现特定目标的工具，如果没有目标，组织就失去了存在的意义。因此，开展组织工作首先要明确在计划工作中提出的目标。

（2）确定业务内容。确定业务内容也就是分解组织目标，即依据组织目标，确定为完成组织目标所必须进行的业务管理工作的内容，明确各类活动的范围和大概工作量，进行业务活动的总体设计，使业务活动总体程序得到优化。例如，一家企业提出生产总目标后，为了实现这一目标，就必然要对采购、技术研发、销售、人员配备、后勤保障等不同的业务加以细化。

提示与说明

人力资源管理的5P原则如下。

（1）识人（perception）——了解员工的所思、所想、所需及特长能力。

（2）选人（pick）——选择适合企业发展需要的人。

（3）用人（placement）——在合适的时候把合适的人放到合适的位置上。

（4）育人（professional）——培训、教育员工，使之成为岗位上的专家。

（5）留人（preservation）——留人要留"心"。

（3）建立组织结构。依据组织规模、内外环境、技术特点，借鉴其他同类组织设计的经验教训，研究应采取什么样的管理组织形式，需要设计哪些部门和岗位，并根据业务的性质、业务量的大小把性质相同或相近的管理业务工作划归适当的部门，建立层次化、部门化的组织结构。

把工作岗位组合到一起的方式称为部门化。通常有五种部门化的形式可供使用：根据职能组合工作岗位（如工程部、财会部、生产部、人事部、采购部）；根据地区组合工作岗位（如西部地区销售部、东部地区销售部、中部地区销售部、南部地区销售部）；根据产品线组合工作岗位（如公交领域、铁路领域、城轨领域，娱乐产品事业部、物理设备事业部、工业设备事业部）；根据产品或客户的流动组合工作岗位（如切锯部、铣刨部、装配部、喷漆打磨部、精加工部、检验部、运输部）；根据特定的、独特的顾客组合工作岗位（如零售部、批发部、网购部）。

（4）进行工作分析。依据组织目标的要求，进行工作分析，以规定各部门及其负责人对相应的管理业务工作应负的责任以及工作绩效的考核标准；依据搞好业务工作的实际需要，赋予各部门及其负责人相应的权力；建立各种管理规范和运行制度。

提示与说明

工作分析，是指收集、分析和记录与工作相关的信息的过程，目的是了解工作的性质、内容和方法，以及确定完成这项工作所需要的条件和任职资格。在我国，工作分析在许多企业也叫职务分析或岗位分析。

（5）配备人员。配备人员即依据工作分析提出的任职条件和资格，选择、配备人员，并明确其职务、职权和职责。

（6）有机组合。通过明确规定各部门之间的关系，以及它们之间信息沟通、协调控制的原则、方法和手段，把各组织单元有机地组合起来，建立一个能够及时沟通协调、高效运作的管理组织系统。

> 以本节引例来讲，该公司可以考虑进行渐进式事业部制变革。

（7）反馈修正。在组织运行过程中，根据出现的新问题和新情况，对原有组织结构及人员构成适时进行调整，使其不断完善。

第二节　理解组织结构设计的任务与基本原则

案例导入

下面这则故事，很好地反映了管理中组织结构设计的问题。

有一个在医院里实习的牙科医生，由于是第一次给病人拔牙，所以非常紧张。他刚用镊子把一颗龋齿拔下来，不料手一哆嗦，没有夹住，牙齿便掉进了病人的喉咙里。

"先生，非常抱歉。"这个牙科医生说，"你的病已不在我的职责范围内，你去找一下喉科医生吧。"

当这个病人捂着嘴巴来到耳鼻喉科室时，他的牙已被其咽下肚了。

喉科医生给他做了检查。"非常抱歉，"医生说，"你的病已不在我的职责范围内，你应该去找胃病医生。"

胃病专家用 X 射线为病人检查后，说："非常抱歉，牙齿已经到你的肠子里了，你应该去找肠病专家。"

肠病专家同样为病人做了 X 射线检查后，说："非常抱歉，牙齿已不在肠子里了，它肯定到了更深的地方了，你应该去找肛肠科医生。"

最后，病人趴在检查台上，肛肠科医生用内窥镜检查了一番，然后吃惊地叫道："天啊！你这里长了颗牙齿，赶紧去找牙科医生！"

请问： 这个医院科室齐全，可为什么解决不了这个病人的问题？

很明显解决这个问题并不难,而无法解决的原因是各科室之间的协调机制不健全。的确，细化企业部门职能并没有错，但若只知道设立很多的部门，而没有有效的协调机制，必然就会出现相互推卸责任的现象。这是一家企业，特别是大企业最容易出现的致命弱点。那一个组织在设计组织结构时，到底该如何克服这一致命弱点呢？

> 一家企业有采购、销售、生产、技术、后勤、人事等不同的业务，为此，该企业设置了生产部（负责生产业务）、技术部（负责技术业务）、经销部（负责采购和销售业务）、财务部（承担财务管理职能）、人事部（承担人事管理职能）、后勤部（负责后勤业务）等业务和职能部门，它们的工作任务都是为实现企业的总体目标服务的，但各部门的权责关系却不同。

知识点一：组织结构的含义和内容

合理的组织结构是实现组织计划的关键。所谓组织结构，就是组织内的全体成员为实现组织目标，在管理工作中进行分工协作，通过职务、职责、职权及相互关系构成的结构体系。简单来讲，人们的职、责、权关系，是组织内正式的工作安排。因此，组织结构又可称为权责关系，其本质上则是组织成员间的分工协作关系。

组织结构具体包括横向结构和纵向结构两种。

（1）横向结构。横向结构包括职能结构和部门结构。职能结构指的是组织有多少项业务以及各业务之间的关系；而部门结构指的是组织有多少个部门以及各部门之间的关系。一家企业可能有很多项业务，因此，可能有很多个部门，一个部门有时承担一项业务，有时也可能承担多项业务。因此，业务的数量和部门的数量不一定是相等的。

（2）纵向结构。纵向结构包括层次结构和职权结构。层次结构是指管理层次的构成，职权结构是指各层次、各部门在权力和责任方面的分工及相互关系。

知识点二：组织结构设计的任务

当管理者创造和改变组织结构时，他们就是在进行组织结构设计。组织结构设计，是指对一个组织结构进行规划、构造、创新或再造，以确保组织目标有效实现。由于组织结构包括横向和纵向两个方面，因此，组织结构设计的实质是对组织人员进行横向和纵向分工。

组织结构设计的任务主要包括两个方面，即提供组织结构图和编制职务说明书。

（1）组织结构图作为组织的框架体系，决定着组织的构成。通过组织结构图就能知道组织有多少个部门、多少个岗位，它反映的是管理人员横纵向分工关系，如图5.2所示。

> **名家观点**
>
> 为了使人们能为实现目标而有效地工作，就必须设计和维持一种职务结构，这就是组织职能的目的。
>
> ——哈罗德·孔茨

（2）职务说明书要简单、明确地指出该岗位的工作内容、职责与权力；与其他部门和职务的关系；承担该职务的员工必备的基本素质、知识水平、工作经验、能力等。目前，在我国的许多组织内部，还在沿袭旧的说法——"岗位职责"，这实际上只是职务说明书的一部分内容。

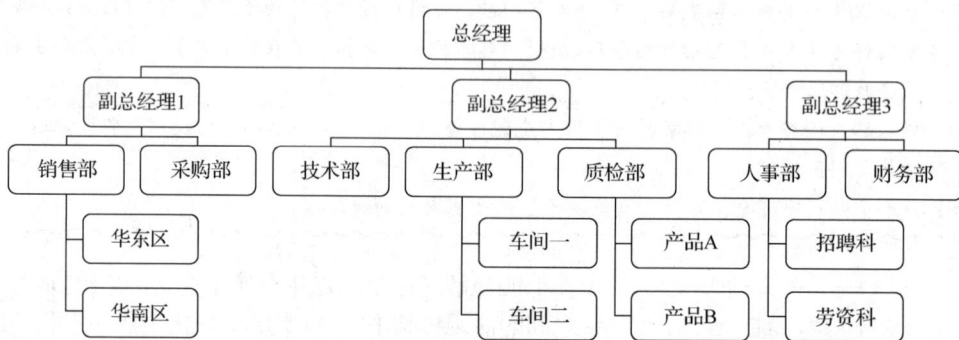

图 5.2　组织结构

不难发现，组织结构图只能显示出组织有多少个部门和岗位，但不能显示出各个部门和岗位的职责、职权以及相互关系，只有通过职务说明书，才能知道各部门、各岗位的职责、职权及相互关系。

> **管理实践**
>
> 职务说明书示例

知识点三：组织结构设计的基本原则

管理者设立或变革一个组织的结构，就是在进行组织结构设计。为了能设计出适合组织实际的高效的组织结构，组织结构设计应遵循以下基本原则，这些原则也是组织工作必须遵循的原则。

1. 目标可行原则

一个组织的结构应该能够促进组织目标的实现。组织战略目标的变化会导致组织结构的变化，以确保该战略目标的实现。

研究表明，某些组织结构设计适合某些特定的组织战略。例如，当一个组织追求有意义的独特创新时，有机式组织的灵活性和信息的自由流动性非常奏效；而当公司希望严格控制成本时，机械式组织的高效性、稳定性和严格控制十分有效。

提示与说明

机械式组织是一种僵化和严密控制的组织形式，具有高度的专门化、严格的部门化、清晰的指挥链、较窄的管理跨度、集权化、较高程度的正规化等特征。

有机式组织是一种具有高度适应性的组织形式，具有跨职能团队、跨层级团队、信息的自由流动、较宽的管理跨度、分权化、较低程度的正规化等特征。

2. 因事设职与因职用人相结合的原则

组织结构设计的根本目的是为了保证组织目标的实现，使目标活动的每项内容都落实到具体的岗位和部门，即"事事有人做"。因此，组织结构设计中，要首先考虑工作的特点和需要，要求因事设职、因职用人。因事设职是指根据业务（事情）的需要设置相应的职位，确保"事有人做"；而因职用人指的是根据职位的需要配备适当的人（保证数量和质量），确保"事得其人"。必须要说明的是，这样做并不意味着组织结构设计中可以忽视人的因素、忽视人的特点和人的能力。

3. 分工合理原则

劳动分工，即并非由一个人完成全部工作，而是将工作划分为若干步骤，一个人单独完成其中的一个步骤。在组织内部合理分工要做到以下事项。一是要根据业务的需要来分工，确保事事有人做（不留下空当、不出现重叠）、人人有事做（避免"人浮于事"）。如果组织中出现了空当和重叠，即有些事情没人去干，有些事情大家争着去做，那么会给想干事的人制造麻烦，给不想干事的人提供借口。二是要根据工作能力来分工，保证"有能力的人有机会去做他们能胜任的工作"，即工作与能力相适应，确保"人得其事"。三是分工不可过细，要精简高效。虽然分工有许多优点，可以带来经济性，但过细的分工也可能带来某些负面影响，产生非经济性。因为过细的劳动分工会使工作变得高度重复、枯燥、单调，导致员工产生厌烦和不满情绪，甚至会造成缺勤、离职和工作质量下降等消极后果。四是分工不分家，即通过制度来确保分工的同时保持密切的协作。

总之，分工必须合理，应以有利于组织目标的实现为标准。

4. 统一指挥原则

除了位于组织金字塔顶部的最高领导外，组织中的所有其他成员在工作中都会收到来自上级部门或负责人的命令，根据上级的指令开始或结束、进行或调整、修正或终止自己的工作。但是，一个下属如果同时接受两位以上上级的指挥，而这些上级的指示并不总是保持一致的话，那么就会对他的工作造成混乱。如果两位以上上级的命令相互矛盾，下属便会感到无所适从，这时，下属无论依照谁的指令行事，都有可能受到其他上级的指责。当然，如果下属足够聪明且有足够胆略的话，他可以利用一位上级的命令去影响其他上级的指示，不采取任何行动，但这显然也会给整个组织带来危害。组织工作中不允许存在"多头领导"的现象，与之相对立的"统一指挥"或"命令统一"的原则指的是组织中的任何成员只能接受一个上级的领导。

管理实践

十月的某一天，妇产科护士长王娜给医院的院长戴博士打来电话，要求立即做出一项新的人事安排。从王娜的急切声音中，院长感觉到一定发生了什么事，因此要她立即到办公室来。五分钟后，王娜递给院长一封辞职信。"戴院长，我再也干不下去了。"她开始申诉，"我在妇产科当护士长已经四个月了，我简直干不下去了。我有两个上级，每个人都有不同的要求，都要求优先处理。要知道，我只是一个凡人。我已经尽最大的努力适应这种工作，但看来这是不可能的。这个例子只是一件平平常常的事，可是像这样的事情，每天都在发生。

"昨天早上 7:45，我来到办公室就发现桌上留了张纸条，是张萍（医院的主任护士）给我的。她告诉我，她上午 10:00 需要一份床位利用情况报告，供她下午向院务会做汇报。这样一份报告至少要花一个半小时才能写出来。可半小时以后，乔丽斯（王娜的直接主管，基层护士监督员）走进来质问我为什么我的两位护士不在班上。我告诉她雷医生（外科主任）从我这儿把她们要走了，说是急诊外科手术缺人手，需要支援。我告诉她，我也反对过，但雷医生坚持把人要了过去。你猜乔丽斯说什么？她叫我立即让这些护士回到妇产科。她还说，一小时以后，她会回来检查我是否把这事办好了！这样的事情每天都要发生好几次。一家医院这样运作大家还能正常工作吗？"

5. 权责对等（相符）原则

在管理组织中，每个部门和岗位都必须完成规定的工作，而为了从事一定的活动，都需要使用一定的人、财、物等资源。因此，为了保证"事事有人做""事事都能正确地做好"，不仅要明确各个部门的权限和责任，而且在组织结构设计中，还要规定相应的取得和使用人力、物力、财力以及信息等资源的权力。从各级管理机构到各级管理人员，都应该具有责任和权限，并使二者最佳结合，从而形成约束力量。责任是核心，组织中每个部门、每个管理人员都应对自己所从事的业务活动、所做出的决策，以及对组织目标、对本部门的利益负责。有多大的责任，就应该有多大的权限，权责必须对等。

提示与说明

为什么有些事抢着干，有些事没人干

传统的部门和岗位职责都是"一个人，一张纸，一支笔"，自己写，能想起多少就写多少，甚至有的条款只是另一条款的一部分或说明，这必然使职权规定不充分。例如，生产部的职责可能有 30 条，实际起草时可能只能想起 15 条。假如 A 部门实际规定了 m 条职责，B 部门实际规定了 n 条职责。如果某一天有一件与 A、B 部门职责相关的事需要马上办理，但对这件事 A、B 部门的职责都没有明确规定，则干与不干就取决于两个部门负责人的主动性、责任心和事情的性质了。如果这件事是"好事"，则大家都抢着干，否则大家就都不干。

可见，职责规定不充分，即"工作流程规定不明确，工作接口关系不清晰"是扯皮和有些事抢着干，有些事没人干的主要原因，因此，解决这个问题的关键是建立健全各项管理制度，将职权规定充分。但是，再完善的管理规定也不可能做到 100%覆盖，因此，要减少扯皮现象，还需要企业文化作为保障——当制度没有规定的时候，需要的是主动性、积极性、责任心和团队精神。

有效管理的组织必须是责权对等的。有责无权，责任就难以落实；责任大于权限，则大部分责任就会难以实现；有权无责，就会滥用职权；权限大于责任，则可能会节外生枝。因此，必须实现责权的对等和统一。

6. 精简效能原则

组织机构必须坚持精简效能原则。要精简一切可有可无的机构，剔除多余的或不能胜任工作的人员，以精简的机构、精干的人员进行低成本、高效能的运转。

机构臃肿、层次重叠、人浮于事、冗员众多是现代组织常见的问题。这必然造成相互推诿、相互扯皮、不讲实际、脱离群众、高高在上，从而大大降低组织的效能。坚持精简效能原则，就

是要把组织机构能取消的取消、能合并的合并、能代替的代替，通过职能转变、机构压缩以及人员精简来提高组织效率。

7. 有效管理幅度原则

管理幅度也称管理跨度、管理宽度，是指一名管理者直接领导的下级人员的数量。在这里需要引起我们注意的是"直接"这个词的含义，那些被管理者间接领导的员工不应被算在管理幅度内。例如，某公司总经理下设 3 个部门，每个部门设有部门经理 1 人，每个部门有员工 15 人。那么，该公司总经理的管理幅度是 3 人，而每个部门经理的管理幅度是 15 人。

管理幅度并不是越大越好。事实上，管理者由于受时间和精力等方面因素的限制，往往不能够直接指挥组织各方面活动。如果管理幅度过大、超出管理者的能力，就会造成组织管理的混乱；而管理幅度过小，则会造成管理费用高、资源浪费。因而需要确定一个适宜的管理幅度。

影响管理幅度的因素有很多，如管理层次、上下级的素质和能力、工作内容和性质、计划的完善程度、工作条件、工作环境等。

（1）管理层次。管理层次亦称组织层次，是指从组织最高管理层到基层工作人员之间职位层级的数目。管理幅度与管理层次呈反向变动关系，在组织规模一定的情况下，组织层次越少，管理幅度越宽；反之，组织层次越多，管理幅度越窄。

（2）上下级的素质和能力。上下级双方素质越高、能力越强，越有利于管理，因此，管理幅度可以越大。

（3）工作内容和性质。一般来讲，工作越复杂、越困难、越具有战略性，管理幅度越小；工作越重复、越简单、越相似，管理幅度越大。

（4）计划的完善程度。计划越完善、越详尽周到，管理幅度就越大。

（5）工作条件。工作条件越好，管理越规范，相互沟通、联络越方便，管理幅度就越大。

（6）工作环境。工作环境变化越快、越不稳定，管理幅度越小；工作环境越稳定，管理幅度越大。

知识点四：集权与分权

一般认为，集权是指组织的决策权较多地由高层管理者集中掌握，体现的是上级的重要性；而分权则是指决策权较多地分散于组织的中低层管理者中，由其来掌握与运用，体现的是下级的重要性。所谓决策权，指的是决定做什么、怎样做与由谁来做的权力。

（一）集权与分权的优缺点

1. 集权的优缺点

集权的优点主要体现在适度集权，有利于实现组织的统一指挥和控制，维护组织制度的统一性，并能促进组织的各个层次行动一致，能迅速地贯彻执行已经做出的决策以提高组织的运作效率。

然而，现代社会组织规模大型化、组织活动多样化和外部环境复杂多变的特点也使高度集权的弊端日益暴露：高度集权有可能从正确性和及时性两个方面影响决策的质量；组织的决策、管理权限过度集中会极大地压制组织成员的工作热情和创造性；削弱整个组织对环境变化的应变能力。

2. 分权的优缺点

尽管存在集权，但组织中也总是存在着分权的倾向，尤其是当组织规模扩大、组织内的部门增多、现场作业活动分散时，中下层管理人员会有很强的分权要求，希望获得更多自主决策和管理的权力。适度分权可以减轻高层管理者的决策负担，提高决策质量；提高组织对环境的应变能力；调动下级的积极性。

然而，决策权力的分散也有两个缺点。一是有可能破坏组织制度的统一性，组织活动有失控的风险。如果各层次、各部门从局部利益出发制定规则和措施，尤其是在某些原则问题上自定规矩，必然会引起某些混乱，最终损害组织的整体利益。二是基层管理人员所具备的素质和能力有限。只有当基层管理者具备能够正确、有效运用决策权的能力时，分权才能取得好效果；否则，经常发生的一些大大小小的失误，只会给上级主管添麻烦，影响组织目标的实现。

> 越能体现下级重要性的做法就意味着分权程度越高。

（二）分权的标志

集权与分权是同时存在的两种倾向，是相对的概念，走向极端的绝对集权与绝对分权就只剩下了个体，组织不复存在。不同组织之间，只有集权与分权程度的差别。一般认为，衡量组织分权程度的标准有以下几条。

（1）决策的频度。决策的频度也就是决策的数量。一般来讲，组织中较低层次的管理者所做的决策数量越多，则意味着组织的分权程度越高。例如，A企业的车间主任每天做20项决策，B企业的车间主任每天做10项决策，则我们可以认为A企业的分权程度高于B企业。

（2）决策的幅度。决策的幅度也就是决策的范围。一般来讲，组织中较低层次的管理者所做的决策范围越广、涉及的职能越多，则意味着分权程度越高。例如，A企业的生产部经理在员工的聘用、奖惩以及设备的采购等方面拥有决策权，B企业的生产部经理却未拥有人事方面的决策权，则我们可以认为A企业的分权程度高于B企业。

（3）决策的重要性。组织中较低层次的管理者所做的决策越重要，则意味着组织的分权程度越高。同等规模的两个公司，如果A公司的部门经理有权签批10万元以下的业务订单，而B公司的部门经理只有权签批1万元以下的业务订单，则A公司的分权程度要比B公司高。

（4）决策的影响面。较低层次的管理者所做的决策影响面越大、越长远，涉及的费用越大，则意味着组织的分权程度越高。例如，由于药品的质量问题会对组织和社会有很大的影响，所以制药厂对质检部门的分权程度比家具厂对质检部门的要大。如果发现药品有质量问题，则质检部门有权要求立即停止该药的生产、销售，甚至可以要求重新研发；而家具厂的质检部门则只能提出改进生产措施或对部分不达标准的产品降价销售的建议。

（5）决策的审批手续。决策的审批手续，即对决策的控制程度。较低层次的管理者做决策时需要办理的审批手续越简单，也就是高层次管理者对较低层次管理者决策的控制程度（低层次管理者向上"事先请示，事后报告"的次数）越低，则意味着分权程度越高。如果某企业在A市申请注册只要盖一个公章，而在B市申请注册要盖10个公章，则A市的政府机关分权程度要高于B市的分权程度。

（三）影响分权和集权程度的因素

哪些组织适合分权，哪些组织适合集权呢？主要考虑的因素有以下几个方面。

> 分权程度高好还是集权程度高好？一句话：只要有利于组织目标的有效实现就是好。

（1）组织规模的大小。组织规模小时，由于管理者处理的事务相对较少，组织较适合集权；如果组织规模增大，由于管理事务的增加，就需要管理者适当分权，进一步增大组织的分权程度有利于提高决策的有效性。

（2）组织制度的统一性。在保证组织制度的统一性方面，集权比分权有优势。如果组织中制度统一，则集权程度高可以提高决策的有效性；如果组织中各部门制度差别较大，则应提高组织的分权程度。

（3）员工的基本素质。如果组织中的员工基本素质低，则组织倾向于集权程度高。如劳动密集型企业与高新技术企业相比，劳动密集型企业更适合高度集权。

（4）组织的可控性。可控性主要指经营环境条件和业务活动是否可控。如果组织的可控程度高，意味着经营环境稳定，业务活动较为程序化，则组织倾向于集权程度高；如果环境变化快、业务活动灵活多变，则对分权要求较多。一般情况下，生产部门地理位置相对集中、可控性好，集权程度就高；销售部门由于地理位置比较分散、可控性差，所以一般分权程度高。

（5）管理者个性。管理者个性表现为自信、好强、独裁时，更多地表现出集权管理；如果管理者个性表现为崇尚自由、洒脱时，则更多地表现出分权管理。

（6）组织的历史。如果组织是由小到大发展而来的，一般倾向于集权；如果组织是由合并或兼并而来的，则一般倾向于分权。

知识点五：分权与授权

组织权力的分散可以通过两种途径来实现：组织设计时的权力分配，即制度分权；管理人员在工作中的授权。因此，制度分权与授权的结果是相同的，都是使较低层次的管理人员行使较多的决策权，即实现权力的分散化。

> 通常情况下，我们所说的分权，指的就是"制度分权"，只不过为了简化而将"制度"二字省去。

所谓制度分权，指的是在组织结构设计时或在组织变革过程中，按照工作任务的要求将一定的决策权限划分给相应的管理职位，制度分权是由规章制度正式确认的、相对稳定的分权方式；而授权则是指管理人员在实际工作中，为调动下级积极性和提高工作效率，将原本属于本岗位的部分职权委托给向其直接报告工作的下级或某些职能部门，使他们在一定的监督之下自主解决问题、处理业务。

提示与说明

授权并不表示上级将权力无限制下放，也不表示授权之后上级就把一切工作都交给别人了；相反，授权是指上级管理者依据任务或组织目标的需要给予下级一定的权力，使下级在一定的监督之下享有一定的自主权和行动权。在授权过程中，授权者对被授权者还有指挥权和监督权，被授权者对授权者负有报告工作以及完成任务的责任。以下是被授权者应该明白的一些道理。

（1）授权≠可以不汇报。被授权后，领导过问得少，但下级要多主动汇报。

（2）汇报≠请示。小事、常规事，事后汇报；大事，事前请示，事后汇报；突发大事，立即请示，立即处理。

（3）汇报时，小事不能多讲，大事不能少讲。

（4）授权≠可以越权。

分权和授权的区别主要体现在以下三个方面。

（1）分权具有必然性，授权具有随机性。分权是在工作分解时，根据岗位工作的需要规定该岗位必要的职责和权限，不论是谁，只要在这个岗位上，就拥有这一权限；而授权则要根据实际工作的需要和下级的工作能力来决定，一般是管理者觉得精力有限而下级能力又被认可时才会授权。

（2）分权具有相对稳定性，授权具有灵活性。分权针对的是岗位，是预先由制度明确规定属于某岗位的权力，不能随便调整；授权针对的是某项工作和人，是活动过程中把一部分原本属于管理者的权力因某项工作的需要临时或长期委任给某个下级，但可以随时调整。

（3）分权是一项组织工作的原则，授权则是一种领导艺术。分权是在组织设计时对管理人员的一种纵向分工，是一项制度，一旦做出规定就必须严格执行；而授权主要在于调动下级才干和积极性，可以灵活把握。

由于工作分解时不可能把每个岗位所需的权限都规定得非常清楚，因为谁都无法完全预料这些岗位可能发生的变化，因此，制度分权有时不能完全满足某个岗位完成工作的权限需要，这时，就需要各层次管理者在工作中通过授权来补充。所以，授权是对分权的必要补充。

第三节 了解组织结构的基本类型

案例导入

某小城市的图书馆共有员工18人，其中馆长1人、馆员17人。馆员中有5人是图书馆学专业的硕士毕业生，其余均为非专业人员。馆长为该图书馆设计了一种组织结构，确定了每个人的任务，制定了许多规章制度，并采用集中决策方法。馆长直接管理的有三人：一名助理、一名负责图书编目和技术服务的副馆长、一名负责日常工作和参考资料编辑的副馆长。两名副馆长常常向馆长抱怨，认为馆长在做出重要决策时，即使这些决策会影响到两名副馆长各自管理的部门，馆长也从不与他们商量。对此馆长回答："我们只是一个很小的图书馆。我熟悉馆内的所有事情，知道下一步将发生什么事和应该怎样去做，所以协调馆内工作最好的办法就是由我一个人做出决策。"

请问：该图书馆的组织结构是怎样的？

设置组织结构需要选择适当的组织结构模式，因为不同的组织有不同的特点，不可能用统一的组织结构模式，但各组织在进行组织结构设计时，可以参考已有的组织结构模式。组织结构的常见类型有直线制、职能制、直线职能制、事业部制、矩阵制、多维立体、网络型等。下面以企业为例介绍几种基本的组织结构类型。

知识点一：直线制组织结构

1. 基本特点

直线制组织结构是最早、最简单的一种组织结构形式。它产生于手工业作坊，当时的老板和工厂主都实行"个人管理"，对生产、技术、销售、财务等各项事务都亲自处理。它的特点是：组织中各种职务按垂直系统直线排列，各级主管人员对所属下级拥有直接管理的一切职权，组织中每一个下级只对一个直接上级负责。直线制组织结构如图5.3所示。

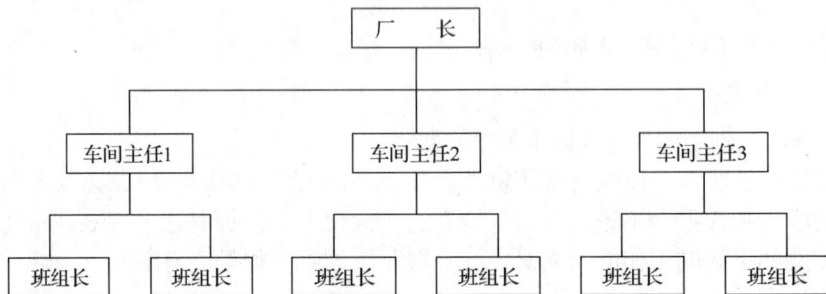

图 5.3 直线制组织结构

2. 优缺点

直线制组织结构的优点在于结构比较简单、权力集中、责任分明、指挥统一、沟通简捷。其缺点是缺乏弹性，容易导致专制，不利于组织总体管理水平的提高。另外，所有的管理职能都集中由一人承担，个人往往由于知识、能力及精力有限而感到难于应付，顾此失彼，可能会发生较多的失误。

3. 适用范围

直线制组织结构一般只适用于生产规模较小、产品单一、管理简单、业务性质单纯、没有必要按职能实行专业化管理的小型组织或者现场的作业管理。

知识点二：职能制组织结构

1. 基本特点

职能制组织结构的主要特点是：按照专业分工设置相应的职能部门；实行专业分工管理；各职能部门在自己的业务范围内有权向下级下达命令和指示，即下级除了要服从直接上级的管理以外，还要接受上级各职能部门的管理。职能制组织结构如图 5.4 所示。

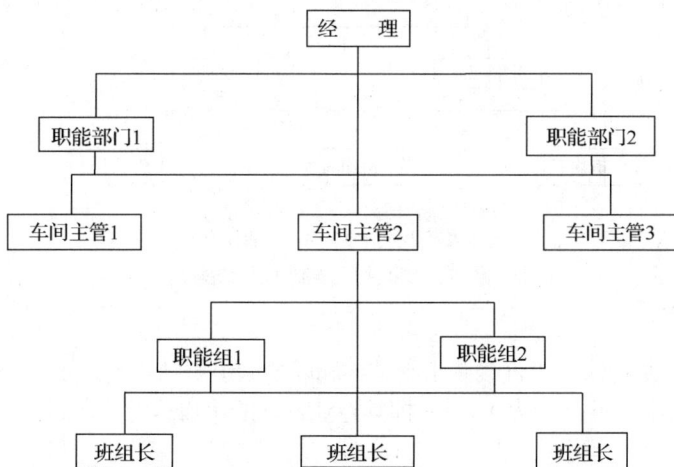

图 5.4　职能制组织结构

2. 优缺点

职能制组织结构的优点在于它可以在很大程度上发挥职能专业化的优越性。例如，将同类专家组织在一起可以产生规模效应，减少人员和设备的重复配置，以及通过给员工提供与同行们"说同一种语言"的机会而使他们感到舒适和满足。

职能制组织结构的明显缺点在于它违背了组织设计的统一指挥原则，容易导致多重领导，不利于明确各级管理者和职能机构的职责权限，易造成管理混乱。

3. 适用范围

职能制组织结构适用于任务复杂的组织和生产技术复杂、各项管理工作需要具有专门知识的组织。实际上，现实中没有纯粹的职能制组织结构。

知识点三：直线职能制组织结构

1. 基本特点

从名称上就可以看出直线职能制组织结构是一种综合直线制和职能制两类组织结构特点而形成的组织结构形式。其特点在于将组织中的管理人员划分为两类：一类是直线指挥人员，他们拥有对下级直接指挥和命令的权力，并对本部门的工作负全部责任；另一类就是职能管理人员，他们是直线指挥人员的参谋，他们只能对下级机构进行业务指导，而不能直接指挥和命令。直线职能制组织结构把直线指挥的统一化思想和职能分工的专业化思想相结合，在组织中设置纵向的直线指挥系统和横向的职能参谋系统，因此也称直线参谋制。它与直线制组织结构的区别就在于设置了职能机构；与职能制组织结构的区别在于，职能机构只作为直线制组织结构管理者的参谋和助手，它们不具有对下级直接指挥的权力。直线职能制组织结构如图 5.5 所示。

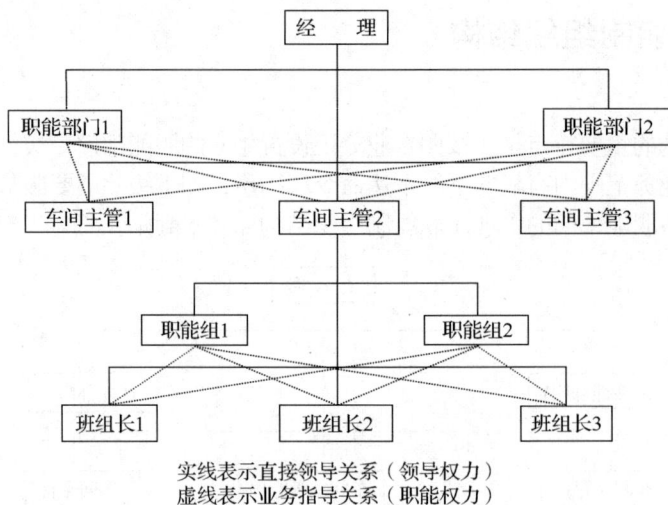

实线表示直接领导关系（领导权力）
虚线表示业务指导关系（职能权力）

图 5.5 直线职能制组织结构

2. 优缺点

直线职能制组织结构保持了直线制组织结构和职能制组织结构的优点：一方面，各级管理者有相应的职能机构作为助手（参谋），以发挥其专业管理的优点；另一方面，每个管理机构内又保持了集中统一指挥。

但是，直线职能制组织结构的专业分工必然会带来协作配合难题。由于各个职能部门分管不同业务，观察和处理问题的角度不同，彼此之间往往会产生这样或那样的矛盾，如果相互配合不好，就会妨碍管理工作的顺利进行；职能机构对下级虽不能直接指挥，却可以在业务范围内对下级单位进行工作部署和提出要求，如果各部门提出的要求不能协调一致，就会使下级单位无所适从，妨碍下级机构中心工作的执行，仍然可能形成"上面千条线，下面一根针"的多头指挥现象。

3. 适用范围

直线职能制组织结构是目前大中型企业和各级组织采用较多的组织结构之一，尤其适合产品品种比较简单、工艺比较稳定、市场销售情况比较容易掌握的企业。

提示与说明

组织中的管理人员从事管理工作时有两类不同的关系。一类是直线关系，这是一种命令关系，是上级指挥下级的关系。这种命令关系自上而下，从组织的高层，经过中层，一直延伸到基层，形成一种等级链，链中的每一个环节的管理人员都有指挥下级工作的权力，同时又必须接受上级管理人员的指挥。在组织工作时，管理者应该考虑指挥链，因为这有助于员工处理"我应该向谁汇报"，或者"如果遇到了问题，我应该向谁求助"这样的问题。另一类是参谋关系，这是一种服务和协助的关系。由于现代组织活动过程越来越复杂，直线主管很难使自己拥有组织本部门活动所需的各种知识，这就需要求助一些专业人员，利用不同专业人员的专门知识来弥补直线主管的知识不足，协助他们的工作。因此，职能部门的主要职责是作为直线主管的助手提供某些专门服务、进行某项专门研究，以提供某些对策和建议，同时对下级业务部门提供指导和服务。

知识点四：事业部制组织结构

1. 基本特点

20 世纪 20 年代，事业部制组织结构由美国通用汽车公司（GM）首创。事业部是企业的第二级机构，是以产品、地区或客户为依据，由相关的职能部门组合而成的相对独立的单位。事业部制组织结构的特点在于，每个事业部都有自己的产品和市场领域，按照"统一政策，分散经营"的原则，实行分权化管理；各事业部独立核算，自负盈亏，彼此之间的经济往来要遵循等价交换原则。以某生产电池的企业为例，这种组织结构的形式如图 5.6 所示。

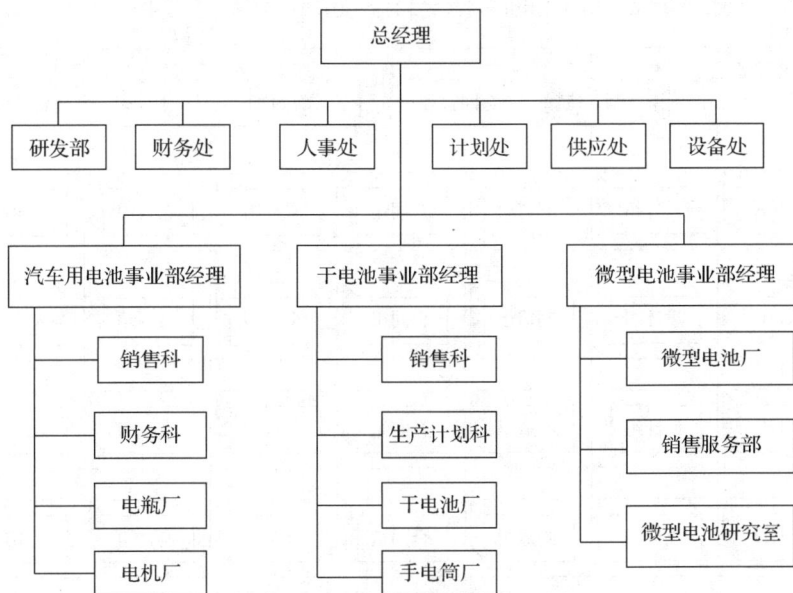

图 5.6 事业部制组织结构

2. 优缺点

事业部制组织结构的优点是有利于发挥各事业部的积极性、主动性，也使总部人员摆脱了关注日常运营具体事务的负担，使他们能专注于长远战略的规划。分部形式也是培养高级经理人员的有力手段。各分部经理们在运营其独立分部的过程中获得了大量的经验，激发其个人责任感和独立性，同时也给他们提供了一个充分体验企业经营的酸甜苦辣的机会。所以，一个具有 15 个事业部的大型组织，也就有 15 位分部经理在培养锻炼着高层管理人员所必需的多方面才能和全局视野。

事业部制组织结构的主要缺点是活动和资源易出现重复配置。例如，每一个分部都可能有一个市场营销部门，而在不采用独立分部的形式下，组织的所有市场营销活动都集中进行，其成本比分部化以后的总花费低得多。因此，事业部制组织结构的职能重复配置就导致了组织总成本的上升和效率的下降。另外，各事业部之间容易产生不良竞争，上级管理部门的协调任务加重。再者，这种组织结构容易出现过度分权，削弱组织的整体领导力；或者出现分权不足，影响事业部的经营自主性。

3. 适用范围

事业部制组织结构主要适用于规模大、产品（或服务）种类繁多或分支机构分布区域广的现代大型企业。

知识点五：矩阵制组织结构

1. 基本特点

矩阵制组织结构又叫规划—目标结构，它由纵横两套管理系统叠加在一起组成一个矩阵。矩阵制组织结构创造了双重指挥链，使用职能部门化来获得专业化效益，

但在这些职能部门之上，配置了一些对组织中的具体产品、项目和规划负责的经理人员。图 5.7 为一家航空公司的矩阵制组织结构。图中上部横向排列的是设计工程、会计、人事等职能部门，在纵向上增加了该航空公司目前正在进行的各类项目，每一个项目由一名经理负责，他将为其负责的项目从各职能部门中抽调有关人员。由于该结构在横向的传统职能部门的基础上增加了纵向的项目，将职能部门化和产品部门化的因素结合在一起，因此称之为矩阵。

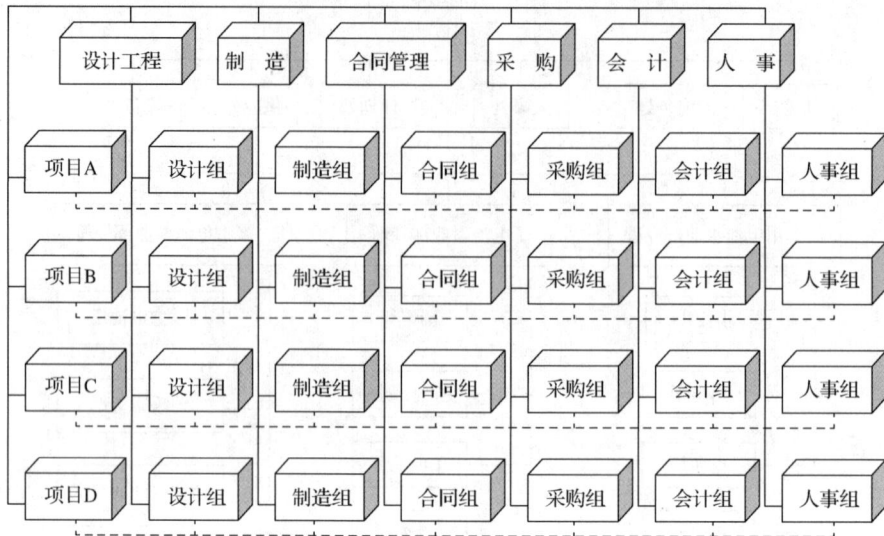

图 5.7　某航空公司的矩阵制组织结构

2. 优缺点

矩阵制组织结构的独特之处是它创造了双重指挥链，因为矩阵组织中的员工拥有两位经理：职能经理和产品或项目经理，而这两位经理共享着管理职权。项目经理在项目目标的相关领域内管理着项目团队里的职能人员。这种矩阵关系形成的总体结构，兼有职能部门化和产品部门化的优点，而避免了它们各自的缺点。矩阵制组织结构的优点在于它能协调一系列复杂而独立的项目，同时又保留将职能专家组合在一起所具有的经济性。专业人员和专业设备随用随调、机动灵活，不仅使资源保持了较高的利用率，也提高了组织的灵活性和应变能力；各种专业人员通过共同完成一项工作，培养了合作精神和全局观念，且容易互相激发灵感，取得创新性成果。

矩阵制组织结构的主要缺点在于它容易造成混乱，这种组织结构下员工工作岗位不稳定，容易产生临时观念，也不易树立责任心；而且双重职权关系往往难以分清责任。例如，各部门经理与项目经理之间的关系通常并不是由规则和程序确定的，而是由两者相互协商确定的，而这就容易产生权力斗争。是否采用矩阵制组织结构，要求管理者妥善地权衡这些利弊。如果两位经理能够定期进行沟通，协调员工的工作要求进而共同解决矛盾，这种结构确实行之有效。

3. 适用范围

矩阵制组织结构形式适用于经营涉及面广、产品品种多、临时性强的、复杂的重大工程项目组织。

知识点六：多维立体组织结构

1. 基本特点

多维立体组织结构（见图 5.8）是在矩阵制组织结构的基础上发展起来的。所谓多维，是指组织中存在多种管理机制。按产品划分的事业部称为产品利润中心，按职能划分的专业参谋机构称为专业成本中心，按地区划分的管理机构称为地区利润中心。在这种体制下，按产品划分的事业部与按职能划分的专业参谋机构、按地区划分的管理机构共同组成产品指导机构，对同类产品的产销活动进行指导。

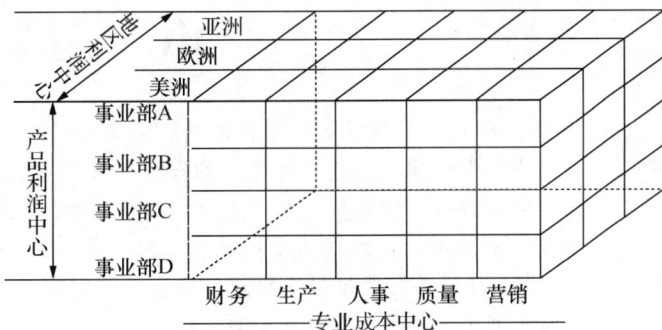

图 5.8　多维立体组织结构

2. 优缺点及适用范围

多维立体组织结构的最大特点是有利于形成集思广益、信息共享、共同决策的协作关系。这种组织结构比较复杂，仅适用于规模相当大的企业，如巨型跨国企业。

知识点七：网络型组织结构

1. 基本特点

网络型组织结构是利用现代信息技术手段发展起来的一种新型的组织结构，进入 21 世纪后才流行起来。这是一种只有很精干的中心机构（核心公司），以契约关系的建立和维持为基础，

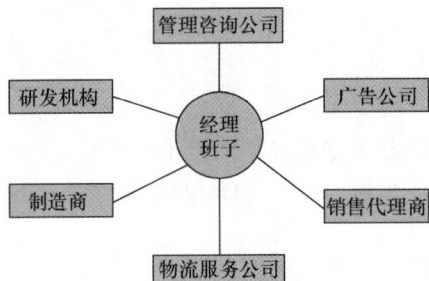

图 5.9　网络型组织结构

依靠外部机构进行制造、销售或其他重要业务经营活动的组织结构（见图 5.9）。被联结在这一结构中的各经营单位之间并没有正式的资本所有关系和行政隶属关系，只通过互惠互利、相互协作、相互信任和支持的机制来进行密切的合作。采用网络型结构的组织，核心公司所做的就是通过公司内联网和互联网创设一个"关系"网络，与独立的制造商、销售代理商及其他机构达成长期协作协议，使他们按照契约要求进行相应的生产经营活动。由于网络型组织的大部分活动都是外包、外协的，因此，组织的管理机构就只是一个精干的经理班子，负责监管组织内部开展的活动，同时协调和控制与外部协作机构之间的关系。网络型组织进一步的发展形态就是虚拟组织。

2. 优缺点及适用范围

网络型组织结构的优点：可以降低管理成本，提高管理效益，实现组织在全世界范围内供应链与销售环节的整合，简化机构和管理层次，实现组织充分授权式的管理。

网络型组织结构的缺点：需要科技与外部环境的支持。

网络型组织结构并不适用于所有企业，以下几种情况采用网络型组织结构的较多：企业拥有核心技术或品牌，需要强大但灵活的生产能力，如玩具、服装制造等快时尚行业；部分业务附加值低但专业性强，如物业管理、物流、报关报检等；产品技术含量高、涉及面广，如航天、大飞机、芯片等领域。

> **结束语**
> 良好的计划需要有合适的组织结构予以支持。为了保证组织高效运转，就必须设计合理的组织结构，配备"一流的员工"，做到"事事有人做，事事得其人，人人有事做，人人得其事"。

小 结

1. 组织工作就是根据组织目标和计划的需要设置部门、岗位，为每个岗位配备人员，明确各部门与岗位的职责、职权以及相互之间的关系。其基本程序为：明确组织目标，确定业务内容，建立组织结构，进行工作分析，配备人员，有机组合，反馈修正。

2. 组织结构本质上是组织成员间的分工协作关系。组织结构设计的实质是对组织人员进行横向和纵向分工，其任务主要是提供组织结构图和编制职务说明书。组织结构设计应遵循目标可行、因事设职与因职用人相结合、分工合理、统一指挥、权责对等（相符）、精简效能、有效管理幅度等基本原则。管理幅度也称管理跨度、管理宽度，是指一名领导者直接领导的下级人员的数量。影响管理幅度的因素主要有管理层次、上下级的素质和能力、工作内容和性质、计划的完善程度、工作条件、工作环境等。

3. 集权是指组织的决策权较多地由高层管理者集中掌握；而分权则是指决策权较多地分散于组织的中低层管理者中，由其来掌握与运用。授权则是指管理人员将属于本职位的部分职权委托给向其直接报告工作的下级或某些职能部门。

4. 不同的组织因特点不同会有不同的组织结构，组织结构的常见类型有直线制、职能制、直线职能制、事业部制、矩阵制、多维立体、网络型等。

练 习 题

一、单项选择题

1. 确保"事有人做，人有事做，事得其人，人得其事"，这是管理职能中的（　　）。
   A. 计划工作　　　　B. 组织工作　　　　C. 领导工作　　　　D. 控制工作

2. 组织结构实际上就是组织中的（　　）。
   A. 分工协作关系　　　　　　　　　　B. 部门之间的职权关系
   C. 上下级之间的权力关系　　　　　　D. 权利的关系

3. 用组织理论去分析腐败现象，可以得出的结论是（　　）。
   A. 权力和责任总是一致的　　　　　　B. 没有责任的权力将产生腐败
   C. 责任比权力更为重要　　　　　　　D. 集权比分权更为重要

4. 某企业总经理下设2个副总经理，每个副总经理下设3个部门经理，每个部门有6名员工，则该总经理和每个副总经理的管理幅度分别是（　　）。
   A. 2人和3人　　　B. 5人和6人　　　C. 11人和9人　　　D. 5人和6人

5. 某公司老板碍于情面，录用了一位朋友的儿子（机械制造专业），可该公司并不需要这种专业的人才，但公司老板还是为小伙子安排了公司办公室副主任一职。这一做法主要违背了（　　）。
   A. 分工合理原则　　　　　　　　　　B. 统一指挥原则
   C. 精简效能原则　　　　　　　　　　D. 因职用人原则

6. 组织结构设计的基本出发点是（　　）。
   A. 组织目标　　　B. 工作分析　　　C. 配备人员　　　D. 设置岗位

7. 高层管理人员把权力或职权委托给中、下层管理人员的组织过程是（　　）。
   A. 制度分权　　　B. 劳动分工　　　C. 管理幅度　　　D. 授权

8. 图5.10所示的酒店餐饮部组织结构主要违背了（　　）。
   A. 分工合理原则　　B. 统一指挥原则　　C. 精简效能原则　　D. 因职用人原则

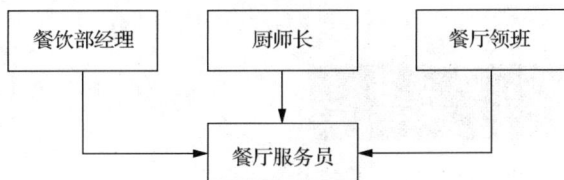

图 5.10　酒店餐饮部组织结构

9. 某总经理把产品销售的责任委派给一位主管经营的副总经理，由其负责所有地区的经销办事处，但同时总经理又要求各地区经销办事处的经理直接向总会计师汇报每天的销售情况，而总会计师也可以直接向各经销办事处经理下指令。总经理的这种做法违背了（　　）。

    A. 分工合理原则　　　B. 统一指挥原则　　　C. 精简效能原则　　　D. 因职用人原则

10. 下列组织中，最适宜采用矩阵式组织结构的是（　　）。

    A. 医院　　　　　　　B. 学校　　　　　　　C. 电视剧制作中心　　D. 汽车制造

二、多项选择题

1. 组织结构设计的主要任务有（　　）。

    A. 提供组织结构图　　B. 配备人员　　　　　C. 进行工作分析　　　D. 编制职务说明书

2. 组织结构设计应遵循的原则包括（　　）。

    A. 目标可行原则　　　B. 分工合理原则　　　C. 权责对等原则　　　D. 统一指挥原则

3. 以下体现分权的做法有（　　）。

    A. 王总授权秘书小吴处理办公室临时业务

    B. 在职权范围内，王经理可以直接做决策而不用向总经理汇报

    C. 除了一些涉及公司发展方向的战略决策外，王总一般不对下属所做的决策进行干预

    D. 各业务部门虽有自主权，但部门经理在做决定之前应请示副总，严禁先斩后奏

4. 以下说法不正确的有（　　）。

    A. 管理幅度就是一个领导者所领导的下级人员的数量

    B. 一般来说，管理者能力的大小不影响管理幅度的大小

    C. 计划越模糊，基层自由度越大，上级的管理幅度也就越大

    D. 组织最高管理者个人权欲的大小影响组织集权或分权的程度

三、问答题

1. 什么是组织工作？简述组织工作的基本程序。

2. 什么是管理幅度？影响管理幅度的主要因素有哪些？它们是如何影响管理幅度的？

3. 什么是授权？简述授权与分权的异同与联系。

4. 什么是分权？什么是集权？影响分权与集权程度的因素有哪些？

四、案例分析题

甲公司是一家专门生产仿古实木家具的企业，近二三十年来年销售额平均增长率在 15% 以上，员工已由最初的二三十人增加到千余人。

最开始，王经理既管销售，又管生产，是一个全能型的管理者，财务由兼职会计完成；随着业务量的增加，陆续成立了财务室、销售部、人事部、设计室、质检部等专业部门，生产车间也由最初的一个小院变成了六个专业生产车间。随着电商业务量的增大，销售部的客服压力越来越大，王经理在考虑是否成立专门的客户服务部。

请问：这家公司的组织结构经历了什么变化？客户服务部的隶属关系如何确定？

第六章

组织变革与组织文化

1. 组织变革的内涵
2. 组织文化的基本内涵
3. 如何正确对待非正式组织

第一节　了解组织变革的基础知识

案例导入

据说，一位年轻有为的炮兵军官上任伊始，到下属部队视察操练情况。他在几个部队发现了相同的情况：在每个单位的操练中，总有一名士兵自始至终站在大炮的炮管下面，无所事事。军官不解，问其原因，得到的答案是：操练条例就是这样要求的。军官回去后查阅大量军事文献，终于发现，站在炮管下面的士兵的任务是负责拉住马的缰绳（在早期，大炮是由马车运载到前线的），以便在大炮发射后调整由于后坐力产生的距离偏差，减少再次瞄准所需的时间。而此时大炮的自动化和机械化程度很高，已经不再需要这样一个角色了，但操练条例并没有及时地调整，因此，出现了"不拉马的士兵"。这个军官的发现使他获得了国防部的嘉奖。

这个案例告诉我们，当外部环境发生变化时，组织要及时审视自己的结构、规章条例是否依然适用，否则就会影响组织的正常运转。

知识点一：组织变革的内涵与动因

1. 组织变革的内涵

哈默（Hammer）和钱普（Champ）曾在《公司再造》（又译为《企业再造》）一书中把"3C"力量，即顾客（customers）、竞争（competition）、变革（change）看成影响市场竞争重要的三种力量，并认为这三种力量中以变革最为重要，"变革不仅无所不在，而且还持续不断，这已成了常态"。

组织变革就是组织根据内外环境的变化，及时对组织中的要素（如组织的管理理念、工作方式、组织结构、人员配备、组织文化等）进行调整、改进和革新的过程。组织变革的目的是适应未来组织发展的要求，增强组织活力，实现组织目标，并最终实现组织的可持续发展。

由于环境变化无时不在，因此，组织变革伴随于组织发展的各个阶段，是组织发展过程中的一项经常性活动。

2. 组织变革的动因

变化是组织面临的一种现实状况。由于一些外部（如不断变化的消费者需求和期望、新的政策法规、不断变化的技术、经济变化）和内部因素（如新的组织战略、员工队伍构成的变化、新设备、不断变化的员工态度）提出了变革的需要，因此组织经常面临着变革。

组织变革的动因如图6.1所示。

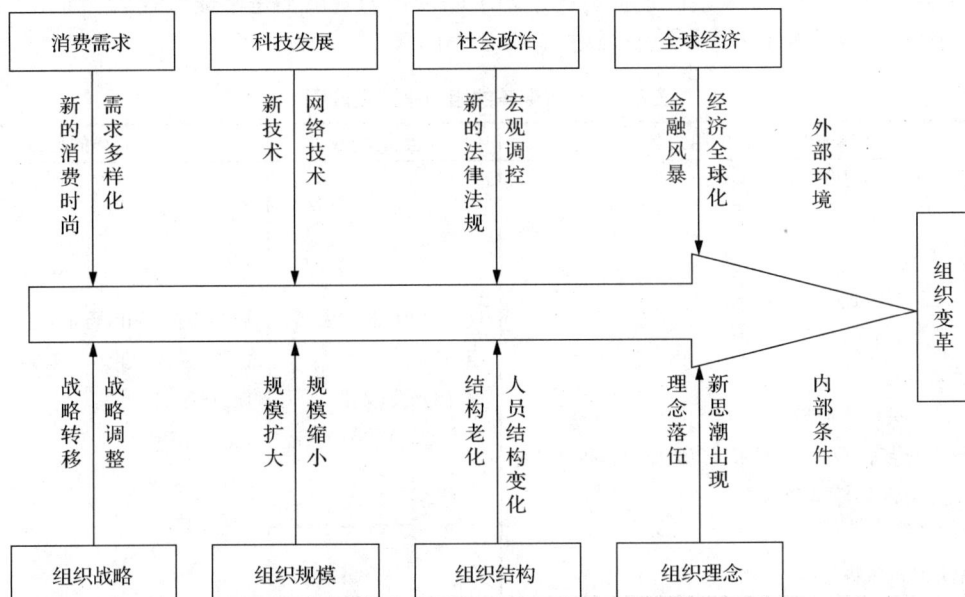

图6.1 组织变革的动因

知识点二：组织变革的内容

组织变革是指任何有关人员、结构和技术的变革。然而，就某一阶段而言，由于环境情况各不相同，组织变革的内容和侧重点也有所不同。

（1）人员的变革。人员的变革是指员工在态度、技能、期望、认知和行为上的改变。这些改变并非易事。人是最主要的因素，人既可能是推动变革的力量，也可能是阻碍变革的力量。组织变革的主要任务是在组织成员之间对权力和利益等资源进行重新分配。要想顺利实现这种分配，组织必须注重员工的参与，注重改善人际关系并提高沟通的质量。

（2）结构的变革。结构的变革包括权力关系、协调机制、集权程度、职务与工作再设计等结构参数的变化。外部环境和组织战略的变化通常会导致组织结构的变革。因为一个组织的结构是由工作如何做以及谁来做所定义的，管理者可以改变其中一个或者同时改变两个结构变量，例如合并部门职责、减少组织层级，或者增大管理幅度。管理者也可以在组织结构设计中进行重大变革，例如，惠普公司收购康柏公司后，撤销、合并和扩张了各产品事业部。

（3）技术与任务的变革。技术与任务的变革包括对作业流程与方法的重新设计、修正和组合，包括更换机器设备，采用新工艺、新技术和新方法等。由于行业竞争的加剧和科技的不断创新，管理者应充分重视当今的信息革命，注重在流程再造中利用最先进的计算机技术进行一系列的技术改造。特别是一个行业内竞争因素或者创新的出现，往往要求管理者引进新的设备工具以及运作模式。同时，组织还需要对组织各个部门或各个层级的工作任务进行重新组合，如丰富工作任务、扩大工作范围等。

知识点三：组织变革的阻力及克服策略

1. 组织变革的阻力

组织变革意味着对现有状况进行改变，任何变革都会遇到来自各种变革对象的阻力和反抗。人们为什么会抵制变革？主要的原因包括不确定性、习惯（不愿改变以往的方式）、对个人损失的关注（害怕失去某些已经拥有的东西）以及认为变革不是最佳方式。

我们将组织变革的阻力来源及成因用表 6.1 表示出来。

表 6.1　组织变革的阻力来源及成因

个体或群体方面的阻力	组织的阻力	外部环境的阻力
固有的工作和行为习惯 就业安全需要 经济收入变化 对未知状态的恐惧心理 对变革的认识存有偏差 群体原有规范的约束 群体原有人际关系受到威胁 群体领导人物与变革发动者之间的矛盾、摩擦和利益冲突 组织利益相关群体对变革的顾虑 保守心理 对权力和地位的威胁	现行组织结构的束缚 组织运行的惯性 保守的组织文化 资本（金）限制	缺乏竞争性的市场环境 传统的社会文化和民族文化 社会舆论 伦理价值观

2. 减小变革阻力的策略

减小组织变革的阻力一般可采取以下几种策略。

（1）教育与沟通。通过教育与沟通，与阻力方建立一种信任关系，帮助他们正确认识变革的益处。当变革阻力来自错误信息时可以采用这种策略。

（2）吸引参与决策。当变革阻力者拥有为组织做贡献的特长时，可以吸引他们参与变革的决策，让他们表达自己的感受，提高决策过程的质量，这样不仅能减小阻力，还能增强他们对最终决策的认同。

（3）支持与促进。当变革抵制者出现恐惧和焦虑情绪时，提供支持性措施（如培训、咨询、治疗、带薪休假），有助于他们自我调整。

（4）谈判。当阻力来某个强势群体时，与阻力方谈判，进行条件交换，从而减少变革阻力。

（5）操纵与拉拢。当获得某个强势群体的支持是必要的时候，可以用一些隐蔽性手段使其改变对变革的看法。

（6）强制。强制变革抵制者接受变革。

提示与说明

有一种说法：如果你把一只青蛙放进沸水中，它会立刻跳出。但是如果你把青蛙放进温水中，不去惊吓它，它将待着不动。如果你慢慢升温，青蛙仍会显得若无其事。可悲的是，当温度慢慢上升时，青蛙将变得越来越虚弱，最后无法动弹。虽然没有什么限制它脱离困境，但青蛙仍留在那里直到被煮熟。

为什么会这样？青蛙体内感应生存威胁的器官只能感应出环境中剧烈的变化，而对缓慢的、渐进的变化则感应不出来。

且不论上述说法是不是事实，从机理上来说，组织的变革不能是被动的跟随模仿，而必须有计划、有预见地进行。

组织变革的最大阻力来自组织成员的怀旧心理，来自他们对现状的满足。一旦遇到变革要改变自身利益，多数人会说："变革什么？还是以前的好。"

克服组织及其成员的惰性，增强他们对外界的感应能力，使其及时快速地对外界进行反应，增强对环境的适应能力，这是组织变革的首要任务。

知识点四：如何让变革得以成功

组织的每一次重大变化都会引发组织结构、技术、人员等方面的大量变革。当组织变革势在必行时，谁来实施变革？谁来管理变革？尽管大多数人可能认为这仅仅是高层管理者的责任，但实际上，组织的变革过程要求组织所有层面的管理者都投身其中。而且即使所有层面的管理者都参与了变革也并不能保证变革顺利推进并取得成功。据统计，只有43%的变革最终达到了预期目标。

为使变革得以成功，管理者可以聚焦于以下几方面的内容。

1. 使组织具备变革的能力

如何才能成为一个具有变革能力的组织？可从以下方面入手：①联系现在与未来。进行决策时，不仅要利用好过去的经验教训并仔细分析当前的具体情况，还要充分考虑未来的机遇和问题。②将学习视为一种生活方式。变革友好型组织擅长知识的共享与管理。③积极支持和鼓励日常的细微改进和变革。成功的变革既可以是重大变革，也可以是细微变革。④确保团队的多元化。多元化确保事情不会一直按以往的方式发展。⑤鼓励标新立异者。新的想法和方式总是处于主流之外，因此标新立异者有助于带来根本性变革。⑥保护突破性进展。变革友好型组织寻求各种方法来保护那些突破性想法。⑦整合技术。利用技术来实施变革。⑧建立和加深信任。当组织拥有一种提升信任的文化，并且组织中的管理者比较诚信正直时，人们更有可能支持变革。⑨在持续不断的变革中维持组织的持续性。由于变化是唯一不变的，因此变革期间，组织有必要解决如何保护核心优势的问题。⑩支持创业者思维。很多年轻员工把更具创业精神的思维带到组织中，并充当了根本性变革的催化剂。

2. 确保管理者理解他们各自在变革过程中充当的角色

管理者能够充当变革推动者的角色，但他们在变革过程中的角色不仅是变革的催化剂，还必须是变革的领导者。当组织成员抵制变革时，管理者有责任领导组织的变革。不过，即使变革的推行没有遭遇阻力，也应该由某个人来领导实施变革，那个人就是管理者。

3. 促使个体员工在变革过程中发挥作用

成功的组织变革不是只靠一个人就能完成的，员工是确定和解决变革问题的强大资源。如果你发起一个变革项目，却只是简单地交给你的员工，并说"拿着，去实施这个项目吧！"这不可能会成功。但是当员工参与了项目中某些规章制度的制定时，他们就会支持这个项目并使之奏效。管理者应该鼓励员工变成变革推动者，促使个人和团队追求那些日常的细微改进和变革。一项组织变革的研究发现，77%的工作群体层面的变革是对当前某个确切的具体问题或工作群体外部人员所提建议的一种回应；而68%的变革发生在员工的日常工作中。

知识点五：现代组织理论及组织结构新潮流

随着经济的发展、技术的进步，市场竞争日趋激烈，许多管理学家提出了新的组织理论及组织结构，具有代表性的有以下几个。

（一）组织再造理论

组织再造理论是美国麻省理工学院的教授迈克尔·哈默（Michael Hammer）提出来的。他对

"组织再造"下的定义是：将组织的作业流程做根本性的重新思考与彻底翻新，以便在成本、品质、服务与速度上获得戏剧化的改善。其中心思想是强调组织必须采取激烈的手段，彻底改变工作方法，强调组织流程要"一切重新开始"，摆脱以往陈旧的流程框架。

长期以来，人们对企业生产经营系统、管理组织结构的变革都持一种比较慎重的态度，主张用改良、完善的办法，对管理组织结构也往往要求保持稳定性和灵活性的统一，避免出现大的变动而造成工作秩序的混乱。而组织再造理论认为，在时代快速变迁的今天，传统的管理办法已成为束缚组织发展的桎梏，为适应新环境对组织生存和发展的要求，必须对组织的工艺流程、管理组织系统进行重组、再造，构建授权型、扁平化和弹性组织。

1. 授权型

授权就是指上级管理者将一部分权力下放给下级，让员工承担更大的责任和更独立地开展工作，以增强员工参与决策的兴趣，提高员工的积极性。在授权过程中，下级被授予某些任务或职责，同时也被授予一定的权力，以确保完成好任务或承担好相应的职责。事实上，对许多复杂的一线工作来说，基层人员通常比管理者更清楚如何把工作做得更好。今天的管理者们也逐渐认识到，有效授权对管理者、员工及企业三方都有利。对于管理者，授权可以让他们空出更多工作时间做策略性的思考；对于员工，授权可以让他们学习新的技巧和专长，有机会发展能力，在事业生涯中更上一层楼；对于企业，授权可以增进其整体的效能，使产品质量、生产效率提高，使员工的责任感增强。

2. 扁平化

现代信息技术的飞速发展，特别是网络技术的日臻完善，使信息资源的共享性大大提高，并实现了信息分散处理，这使得信息的获得和沟通变得容易，基层人员可直接与高层管理人员沟通，这为组织的扁平化提供了条件。此外，为了提高组织对外部环境变化的快速反应能力，必须对传统的集权组织进行大胆改革，减少管理层次，扩大管理幅度，实现组织的扁平化。

授权型、扁平化组织的出现，不仅使组织的管理层次大大减少，提高了组织的效率，而且促成了权力结构转换，改变了员工和管理人员的传统角色：员工拥有了部分决策权和更大的责任；管理人员也不再一味地发号施令，而是学会了做一名普通的团队成员，主要起激励、指导、协调和组织的作用。

3. 弹性

为了建立对组织外部环境变化具有响应能力和对组织内部因素变化具有适应能力的组织体系，必须使管理系统弹性化，这主要体现在以下几个方面。

（1）企业规模适度化。长期以来人们把追求规模经济效益作为经营目标，但 20 世纪 90 年代以来，随着社会生产力的发展，"大就是美"的时代已经结束。自 20 世纪 70 年代以来，为美国创造大量就业机会、开发无数科技产品的多是小公司，而且大多为高新技术公司。它们灵活性大、创造力强、敢于冒风险，所以有人认为美国经济能在国际竞争中取胜，全靠这些小公司。但这并不意味着"小才是美"，现今提倡的是适度规模，要认识到大有大的好处（如拥有丰富的资源和广大的营销网），小有小的优势（如弹性大、效率高），宜大则大，宜小则小，一切以经营灵活、效益好为标准。

管理实践

企业规模适度化实例

（2）倡导团队式组织形式。建立跨职能、跨企业的团队，这些团队可以共同合作，也可以在不同时间因不同需要或成立或解散。团队这个概念是不断演进的，最初团队是指一群有共同技艺、共同完成一个部门的工作的人；之后团队的概念又扩展为由不同职能部门的人组成的一个项目小组；现在的团队概念又融入了客户的需求，强调一切以客户为中心，团队不仅跨职能，更要为满足顾客需要而成立。

在这样的观念下，组织动作的元素由过去的个人、部门转为团队，一些大公司更是以客户为核心，变成由一个个团队组成的公司。这样，传统的直线制、职能制的管理结构，向以团队为核心的扁平式管理结构发展，权力结构从正金字塔形变为倒金字塔形，强调顾客至上的观念，而服务于顾客的一线员工变得越来越重要，管理变成一种"服务"或"满足"，管理人员扮演的主要角色是"教练"，即给予员工以技术协助与精神支持。

（3）建立战略联盟。战略联盟是指两个或两个以上的组织间或特定的事业和职能部门间，为实现共同的目标，通过建立公司或联合组织等方式而结成的网络式联合体。如有些公司为了发挥各自的优势，共同开发一种或多种关联产品，并将它们很快推向市场，这就需要成立开发该产品的联合体。战略联盟是现代企业组织制度的一种创新形式，它使企业间的合作得到加强，形成了"你中有我，我中有你"的错综复杂的企业网络，体现了"昔日是竞争对手，今天是合作伙伴"的灵活策略。面对新能源汽车、智能驾驶的冲击，大众向地平线（智能驾驶计算方案提供商）、小鹏投入了巨额资金，其他一众车企及相关企业也在建立各种联盟关系，如通用和丰田、福特和宁德时代、丰田和比亚迪、吉利和雷诺，以求在时代巨变中站稳脚跟。

（二）学习型组织理论

学习型组织理论是美国麻省理工学院教授彼得·圣吉（Peter Senge）在其著作《第五项修炼》[①]中提出来的。该书出版后，受到了管理学界和企业家们的广泛关注，于 1992 年荣获世界企业学会（World Business Academy）最高荣誉的开拓者奖（Pathfinder Award）。

提示与说明

学习型组织、学习型社会要引导全体组织成员、全体社会成员，使其树立终身学习、终身教育的理念。这里的学习，不仅仅是一个学习的概念，也就是说它不是我们一般理解的狭义上的读书活动。其实际上还是发展的前提和基础，是我们提高创造力、创新能力的途径。学习型组织（或社会）应该是一个人人向学，"人人是学习之人，处处是学习之所"，而且充满生机和活力，积极进取、积极发展的组织（或社会），是有相应的机制促进和保障终身学习和全民学习的组织（或社会）。

1. 学习型组织的含义

彼得认为，传统的组织类型越来越不适应现代环境发展的要求，真正能在未来获得成功的组织，将是那些发现有效途径去激励人们真心投入，并开发各级人员学习能力的组织。所谓学习型组织，英文为"learning organization"，直译为"学习中的组织""学习实践中的组织"，或"获取（知识和能力）过程中的组织"，其基本含义是"持续开发创造未来的能力的组织"，强调的是其精神取向和行动能力。在学习型组织中，员工们不断获取和分享新知识，并将这些知识应用于决策和他们所从事的工作。

学习型组织的真谛体现在以下三个方面。

（1）学习力。学习力是组织生存与发展的基本条件，它由三个要素组成，即学习的动力、学习的毅力和学习的方法。学习的动力来自学习的目标；学习的毅力反映了学习者的意志；学习的方法则来源于学习者掌握的知识及其在实践中的应用。一个人或组织是否具有很强的学习力，完全取决于这个人或组织是否有明确的奋斗目标、坚强的意志、丰富的理论知识以及大量的实践经验。

彼得认为，学习型组织之所以可能存在，是因为在内心深处我们都是学习者。我们不仅有学习的天性，而且热爱学习。只有通过个人学习，组织才能学习。个人学习不能保证组织学习。但是，没有个人学习就不会有组织学习。学习型组织的精神，出自组织中的个人对不断学习的追求。

---

① 《第五项修炼》是彼得·圣吉关于学习型组织的经典著作。该书于 1990 年首次出版，中信出版社引进后多次修订重新发行，有兴趣的读者可以阅读张成林译的《第五项修炼：学习型组织的艺术与实践》。

持续的学习能力是学习型组织的基础，学习不仅促使知识、信念、行动的变化，还增强了组织的创新能力和成长能力。

提示与说明

学习型组织的学习特点

一是学习与工作不可分离，即"工作学习化，学习工作化"。工作学习化就是把工作的过程看成学习的过程；学习工作化就是要求组织对待学习要像对待工作那样有严格的要求，即持续学习、终身学习。

二是组织的学习。组织的学习，是指组织通过各种途径和方式不断获取知识，在组织内传递知识并创造出新知识，以增强组织的自身实力，为组织带来行为或绩效改善的过程。组织的学习强调知识的共享。

三是学后要有新行为。学习型组织非常强调新行为，要求学习后付诸行动、拿出成果，要产生新的行为（即要有创新）。

（2）活出生命的意义。彼得认为，工业社会的进化产生了对学习型组织的需求，从某种意义上说，这是更深层的需求——大多数物质生活富足的人逐渐改变了对工作的价值取向：从把工作当作达到目标的手段，到寻找工作的"内在"意义。一个组织中，只有全体成员能通过工作体验到自己的生命意义的时候，他们才愿意、才能够把自己所有的潜能都发挥出来。所以，学习型组织特别强调"生命的意义"。在学习型组织里，人们为了实现自己真心渴望的愿景而持续拓展能力；在学习型组织里，各种开阔的新思想得到培育；在学习型组织里，集体的热情得到释放，组织成员不断地学习如何共同学习。

（3）创新。学习型组织的核心理念就是创新。彼得·圣吉在描述学习型组织时说："如果用两个字回答那就是'创新'，如果用四个字回答就是'持续创新'。"

管理实践

如何打造学习型组织

摘编自拉斯洛·博克《重新定义团队：谷歌如何工作》（中信出版社，2015年）

谷歌分两步打造学习型组织，首先是采取正确的培训方法，其次是挑选合适的培训人员。

著名的心理学教授埃里克森曾用了数十年的时间来研究普通人应该如何成为专家。传统的观点认为，想要成为一个领域的专家，至少需要经过1万个小时的练习，但是埃里克森教授发现，仅仅通过练习是不够的，关键在于有针对性的练习。回到企业的培训工作，谷歌的做法是引导员工学会刻意练习，帮助他们真正的成长。谷歌在每次培训之前，会明确本次培训的目的，并在培训中投入更多重复性并且有针对性的训练，以达到刻意练习的目的，这样看似员工每次学习到的内容较少，培训成本很高，但其实长久来看这样的培训方法更为有效。

说完了培训方法，那么接下来企业需要挑选合适的培训人员。对于一个企业来说，优秀的师资力量从来不来自外部，最好的老师往往在企业内部，需要企业主动挖掘。比如企业里很多业绩优秀、工作能力强的员工就可以成为企业内部兼职的培训师，如果企业能引导他们把自身优秀的技能传授给其他员工，不仅能够提升企业业绩，还能营造良好的团队氛围，可谓一举两得。

举个例子，假设企业里最优秀的销售员A每年能给企业创造100万元的销售额，另外还有10名水平一般的销售员，平均每人每年给企业创造销售额50万元。如果企业安排这名最优秀的销售员A腾出10%的工作时间用来培训这些水平一般的销售员，提升他们的销售能力，那么企业在没有任何培训之前的年销售额为600万元，而实行培训后，A由于有10%的工作时间用在教学上，销售额最终可能下降为90万元，但是如果A能通过培训使其他人的销售额提升10%，也就是平均每人达到55万元的销售额，那么最终企业的总销售额将达到640万元。当然这是理论上的假设，但这个简单的例子说明内部培训可以帮助企业创造更多的价值。

2. 五项修炼的内容

彼得认为，建立学习型组织的基础是团队成员的五项修炼：系统思考的修炼、自我超越的修炼、心智模式的修炼、共同愿景的修炼、团队学习的修炼。其中，系统思考的修炼被称为第五项修炼，因为它是整合其他修炼的修炼，它把其他四项修炼融入了一个条理清晰、一致的理论和实践体系。

（1）系统思考。这是五项修炼的核心。商业以及其他人类活动构成一种系统。这些活动是由一系列相互关联的行动所组成的无形网络编织在一起的，但这些活动之间的相互影响常常需要很长的时间才能完全显现出来。由于我们"身在此山中"，要看清整个系统演变的模式是很难的。因此，我们总是把注意力集中在为系统的各个孤立组成部分"拍摄快照"上，然后纳闷为什么最深层的问题总是得不到解决。系统思考是一个概念框架、一个知识体系，它的功能是让各类系统模式全部清晰可见，并且帮助我们认识如何有效地改变这些模式。系统思考的修炼强调把各个独立的事件联系起来，以发现其内在的关系。因此，组织在处理问题时，必须扩大思考的空间和时间范围，了解问题的前因后果，这样才能辨识问题的全貌。

没有系统的观点，就不会想去了解各项修炼之间的关联。第五项修炼不断提醒我们：整体大于局部的组合。

例如，缺乏系统思考的愿景只能描绘关于未来的美丽蓝图，却不能深刻理解从现在走到未来的过程中我们必须熟练把握的各种影响力。系统思考还需要开发共同愿景、心智模式、团队学习和自我超越的修炼，这样才能发挥出组织和个人的潜力。开发共同愿景会促进对长期目标的承诺。心智模式的修炼主要在于开放我们的心胸，这是发现自己目前看待世界的方法的局限性的必要过程。团队学习能够培育超越个人视角局限、看清更大图景的集体技能。而自我超越则激发一种个人动机，它让我们持续地学习和理解我们的行动如何影响世界。没有自我超越，人们就会沉浸在一种反应式的心态里（是别人或其他东西造成了我的问题），以至于认为系统观点是对自己的严重威胁。

提示与说明

系统思考可以使我们理解学习型组织的微妙之处，即个人看待自己和世界的新方法。学习型组织的核心是心灵的转变：从把自己看成与世界相互分离，转变为把自己看成与世界相互联系；从把问题看成由外部的其他人或因素造成的，转变为认清我们自己的行动如何导致了我们所面对的问题。

（2）自我超越。自我超越是不断澄清和加深个人愿景的修炼，是持续集中我们的能量、增强我们的毅力，并客观地观察现实的修炼。因而，它是学习型组织的重要基石，或者说是学习型组织的精神基础。一个组织在学习方面的信念和能力，不会超过组织成员在这方面的信念和能力。然而，很少有组织鼓励成员以这种方式成长发展，其结果是巨大的资源处于未开发状态。换句话说，只有组织成员不断超越自我，才能有组织的不断超越。所以自我超越的修炼强调组织成员应不断认识自己，认识外界的变化，不断树立新的奋斗目标，做事精益求精，努力发展自我、超越自我。在这个过程中，强调的并非降低理想来与现实相符，而是提升自我以实现理想，由此培养出创意与能力，并以开阔的胸襟来学习、成长和不断超越自我。

（3）改善心智模式。心智模式是决定我们对世界（包括对自己、别人及组织）的理解方法和行为方式的根深蒂固的假设、归纳，甚至就是图像、图画或形象。我们通常不能觉察自己的心智模式以及它对自己行为的影响。所以，心智模式的修炼要从审视自己开始——学习如何把内心有关世界的图像表露出来，并严格仔细地加以审查。这项修炼还包括富于学习性的交流沟通：把对对方的探寻与对自己想法的表达相结合，在有效表达自己思想的同时，也开放自己的思想，接受他人的观点。

改变就是要求组织成员要善于改变传统的认识问题的方式和方法，要用新的眼光看世界。

人人都有根深蒂固的心智模式，如那些既有的习惯、偏见、假设或印象等，这些想法往往会阻碍人们的创新、改变和进步。如果一个人没有掌握市场的契机，没有在组织中推行变革，而是墨守成规，很可能是因为这些契机和变革与他心中隐藏的根深蒂固的心智模式相抵触。

（4）建立共同愿景。对学习型组织而言，共同愿景是至关重要的，因为它是学习实践的焦点，也是其动力来源。所谓共同愿景，是指能鼓舞组织成员共同努力的愿望和远景，它包括远景（企业将来要实现的蓝图）、价值观（实现蓝图应该遵循的一些基本原则）、目的和使命（组织存在的理由）、目标（在短期内达到的里程碑）等内容。

有了渴望实现的共同目标，大家才会努力学习，才会追求卓越，不是因为被要求才这样做，而是由衷地想要如此。因此，组织需要建立共同的理想、文化和使命，并使组织成员一起为共同的目标而努力，这样才能有所成就，进行这一项修炼的目的是强调把组织建成一个生命共同体。

建立共同愿景的第一步就是放弃传统观念，即放弃愿景总是从高处宣示的，或者从组织的正规计划工作中来的观念。处于领导地位的人必须记住，自己的愿景仅仅只是个人愿景。想建设共同愿景的领导者，最终必须不断分享自己的个人愿景，而且还要思考一个问题，即"你愿意跟随我吗？"

（5）团队学习。团队学习之所以重要，是因为团队，而非个人，才是现代组织的基本学习单位。除非团队能够学习，否则，组织是不能学习的。一个工作很投入的管理团队，每个成员的智商都在120以上，为什么他们的集体智商只有63？团队学习的修炼所针对的就是这个奇怪的悖论。团队真正在学习时，不仅能做出非同寻常的成绩，而且每个成员都能比在其他情况下更迅速地成长。团队学习也是适应环境变化的最佳方式，唯有大家一起学习、成长、超越和进步，才能让组织免遭冲击，持续创造佳绩。开展团队学习，其目的是为了使组织成员学会集体思考，以激发群体的智慧。开展团队学习后，由于团队成员理解彼此的感觉和想法，因此能凭借很好地协调，提高综合效率。

团队学习是协同校正（指在一组人群中出现一个整体功能的现象）的过程，是开发团队能力的过程，这种能力会创造出团队成员真正想要的成果。团队学习要在开发共同愿景的基础上完成，此外，它还依赖自我超越的修炼，因为有才能的团队要由有才能的个人组成。

在组织内部，团队学习有三个关键方面。第一，对复杂问题要有深入的思考和清晰的理解。第二，需要有创新的、协调的行动。第三，团队成员对其团队起作用。

（三）几种新型组织结构

随着新的管理思想和组织理论的出现，一些组织结构尤其是企业的组织结构逐渐呈现出网络化、扁平化、灵活化、多元化、全球化等趋势（见表 6.2）。伴随着这些趋势，柔性组织结构、虚拟组织结构和无边界组织结构等新型组织结构类型也不断涌现出来。

1. 柔性组织结构

柔性是一种能够适应各种变化，可以及时地根据变化迅速做出调整的能力。在现代企业，尤其是现代高科技企业中，迫切需要创建柔性组织结构来平衡控制权与自主权，协调集权与分权，提高组织的灵活性。

在传统的组织结构中，往往有一个核心机构

表 6.2　组织发展趋势

趋势	说　明
网络化	以跨职能团队为单位
	信息网络化，各部门广泛协作
	更好地满足客户需求，与供应商及组织的
	利益相关者保持密切关系
扁平化	管理层次减少，管理幅度增加
	更多的授权
	办公自动化，信息传递迅速
	人力资源数量减少，而质量提高
灵活化	需要主动、灵敏、高素质的人力资源
	满足客户个性化的需求
	更加灵活地适应外界变化
多元化	人力资源多元化
	职业途径多元化、流动性强
	激励系统多元化、多种激励和薪酬制度
全球化	市场全球化
	竞争更激烈

和许多分支机构。核心机构负责制定组织战略，统一规划，统一调配；而分支机构则在核心机构的指挥下，负责某一方面的工作。这种模式越来越无法适应信息时代的飞速变化，而柔性组织结构则是一种多极化、多元性的组织结构。在这一结构下，核心机构负责公司总体战略和整体事务；各分支机构在地位上与核心机构平等，二者相互依赖、互为补充，就像组成了一个联盟。因此，柔性组织结构做到了集权与分权的有机统一。为了弥补柔性的不足，实现柔性与稳定性的和谐并存，有的公司还成立了临时性的项目组或多功能团队，来集中处理关键问题。

2. 虚拟组织结构

虚拟组织的提法出现于 20 世纪 90 年代初。当前，虚拟组织似乎无处不在，如临时项目组/工程队、虚拟电厂、虚拟教研室、Wintel 联盟（指微软和英特尔）、某些技术论坛、技术联盟等，但对它的研究仍旧不是很成熟，甚至还没有公认的定义，它和网络型组织有什么区别和联系也莫衷一是。

一般来说，虚拟组织是两个或两个以上的实体组织或个人，为迅速提供某种产品或服务而结成的动态联盟，它不具有法人资格，组织结构扁平，以机会为存在前提，以网络为依托。

3. 无边界组织结构

无边界组织结构就是要减少命令链，不限制管理幅度，取消各职能部门，代之以工作团队的新型组织结构类型。这里所说的边界一般分为两种类型：一是内部边界——由工作专门化和部门化所强加的横向边界（水平边界），以及将员工划分为不同的组织层级和等级的纵向边界（垂直边界）；二是外部边界——将组织与其客户供应商和其他利益相关者区分开来的边界。

表 6.3 给出了无边界组织结构的目标及其措施。

表 6.3 无边界组织结构的目标及其措施

目标	措 施
减少垂直界限	引入跨等级团队（由高级主管、中级主管、基层主管和基层员工组成）
	员工参与决策
减少水平界限	以多功能团队取代职能部门
	人员横向调动
	不同职能领域的工作轮换
消除外部障碍	经营全球化
	战略联盟
	远程办公

提示与说明

"无边界组织"一词是由于 1981—1998 年担任美国通用电气公司总裁杰克·韦尔奇提出的。他通过减少公司内部的垂直界限和水平界限，消除公司与客户、供应商之间的外部障碍，通过保持灵活性和非结构性，把公司经营成一个年销售额达 1 400 亿美元的家庭式杂货店（2001 年），1981 年该公司的销售额为 250 亿美元。

没有一成不变的事务，也没有一成不变的组织，任何组织都需要随着自身业务发展、内外部环境变化及时调整自己的组织结构，避免自身过早消亡。

第二节 了解组织文化基础知识

案例导入

海尔的企业文化

第一代："海尔，中国造"	1984-12-26—2005-12-26
海尔精神：无私奉献、追求卓越	海尔作风：迅速反应、马上行动
第二代："海尔，世界造"	2005-12-26—2016-12-26
海尔精神：创造资源、美誉全球	海尔作风：人单合一、速决速胜

第三代："海尔，网络造"   2016-12-26—2019-12-26

海尔精神：诚信生态、共享平台   海尔作风：人单合一、小微引爆

第四代："海尔精神、海尔作风"   2019-12-26 至今

海尔精神：诚信生态、共赢进化   海尔作风：人单合一、链群合约

（2023 年 7 月摘自海尔官方网站）

简单来说，海尔的"人单合一"中的"人"是指员工，"单"指用户价值。每个员工都在不同的自主经营体中为用户创造价值，从而实现自身价值。

海尔的每个员工通过加入自主经营体与用户建立契约，从被管理到自主管理，从被经营到自主经营，实现了"自主，自治，自推动"，这是对人性的充分释放。

请问：什么是企业文化？海尔的企业文化在企业发展的过程中发挥了哪些作用？

知识点一：组织文化的概念

一个家庭有家风，一个组织有组织文化，一个国家有民族精神。文化是各个成员之间长期相互作用而积淀下来的共同价值、规范、态度和信念等的总和。一旦某项文化融入某个组织，便会和组织相互作用，逐渐形成组织中的全体成员所特有的凝聚力、行为准则和价值观等，指导着他们的行为和价值取向。我们给组织文化[①]的定义是：组织在长期的实践活动中所形成的并且为组织成员普遍认可和遵循的具有本组织特色的价值观念、基本信念、行为规范和思维模式等的总和。组织文化的核心是共同的价值观。例如，企业的企业文化、大学的大学文化、医院的医院文化，都是组织文化。

组织文化似乎看不到摸不着，但它对组织的兴衰起着决定性作用，这也是企业家普遍重视它的根本原因。

知识点二：组织文化的特征及构成

（一）组织文化的特征

组织文化表现出的一般特征有以下几个方面。

1. "内在"与"外在"的有机结合

组织文化所包含的各种精神因素，如信念、道德、心理、智力因素等，是作为一种内在品质存在于组织成员之中的，它成为指导组织成员行为、形成共同行动的基础，是一种无形的存在，而又表现出本质的内涵。这种"内在"的组织文化，很容易通过组织成员行为、风貌、产品形象、服务等被客户感受到而"外显"。

落实在文字中的组织愿景、使命、核心价值观、宗旨等"外在"组织文化，如果与被客户感受到的"外显"的"内在"组织文化高度匹配，则该组织一般会具有极强的活力。

组织文化的外在表现是其内质的载体，组织文化是内在与外表的有机结合。

2. "软"与"硬"的有机结合

组织文化是在组织特定的环境中，由组织成员间的共同利益繁衍出共同的价值观，形成了一套行为规范，指导、暗示、驱动组织成员去做或者不做什么事，它潜移默化地影响、控制、规范组织成员的行为，是非强制性的"软管理"。同时，组织在长期的运作中，又把道德、精神与科学技术相结合，形成组织的规章制度，以约束、规范组织成员有秩序地行动，这又构成了有形的带强制性的"硬管理"。

---

① 组织还包括政府机构、社会团体等非企业形态，鉴于对企业文化的研究已逐渐向非企业延伸，本书采用了组织文化。

从另一个角度讲，组织文化是组织软实力最突出的表现。硬实力是以物质形式存在的要素，是衡量一家企业做大做强的客观标准，例如企业设施、资本、人员、经济规模等。而软实力是整合和使用硬实力的能力，是企业发展不可或缺的支撑要素，是最终实现企业运营效能最大化的关键能力。

3. 稳定与发展相统一

组织文化是随着组织的诞生而同时产生的，并随着组织的发展而不断充实。组织文化具有相对的稳定性，能长期地对组织的运转及组织成员的行为产生影响，原因是这种文化是组织成员经过长期的实践而认同的，是组织在长期发展中逐渐累积而成的，具有较强的稳定性，不会因组织结构的改变、战略的转移或产品与服务的调整而轻易变化。

一个组织中，精神文化比物质文化具有更强的稳定性，如松下幸之助的经营哲学并未因他的退休而被松下公司抛弃，但组织文化在社会环境中会因环境的变化而发生改变。强势、健康的组织文化有助于组织适应外部环境的变革，而弱势、不健康的文化则会阻碍组织的发展。改变现有的组织文化，重新设计和塑造健康的组织文化的过程，就是组织适应外部环境、改变员工价值观念的过程。

管理实践
组织文化演变实例

4. 继承和融合相统一

每一个组织都是在特定的文化背景之下形成的，必然会接受和继承这个国家和民族的文化传统和价值体系。但是，组织文化在发展过程中，也必须注意吸收其他组织的优秀文化，融合世界上最新的文明成果，不断地充实和发展。也正是这种继承和融合使得组织文化能够适应时代要求，并且形成历史性与时代性相统一的组织文化。

（二）组织文化的构成

哈佛大学的特伦斯·E.迪尔（Terence E.Deal）教授和麦金斯咨询公司顾问艾伦·A.肯尼迪（Allan A.Kennedy）在 1982 年 7 月出版的《企业文化——企业生活中的礼仪与仪式》一书中，提出了组织文化的五个构成要素。

（1）组织环境。组织环境是形成组织文化的最重要的因素，包括竞争者、顾客、政府等综合因素组成的环境。

（2）价值观。价值观是组织的基本思想和信念，构成了组织文化的核心。

（3）英雄人物。英雄人物指的是那些体现组织文化的人物，他们把组织的价值观人格化，且他们本身也成为组织成员学习的楷模。

（4）典礼和仪式。组织有系统、有计划地处理日常事务，向职工们表明他们所期望的行为模式，培养组织的组织文化，为员工提供组织所推崇的榜样。

（5）文化网络。文化网络是组织的价值观、英雄事迹等信息的传输渠道，是体现组织价值观和英雄人物传奇故事的"运载工具"。

一般情况下，组织文化大致可分为三个层次，即精神层、制度层和物质层，如图 6.2 所示。

1. 物质文化

物质文化是组织文化的表层，是制度层和精神层的物化。它是指由组织成员创造的产品和各种设施等所构成的实物文化，是看得见摸得着的文化形态。它主要指组织形象，如组织标志、标准色、标准字、品牌、建筑（厂房、雕塑、纪念

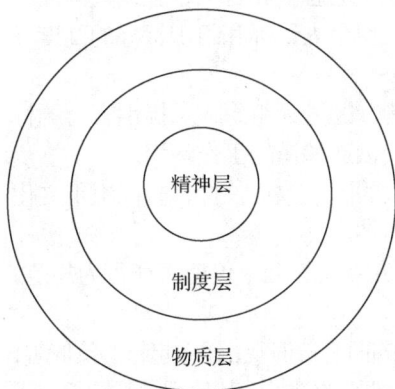

精神层

制度层

物质层

图 6.2　组织文化层次

碑等）风格、厂服、厂歌、厂徽、厂旗、产品（包括包装）等。

物质文化是组织和组织成员的理想、价值观、精神面貌的具体反映，是现代组织在社会上的外在形象的具体写照，是社会对组织进行总体评价的起点。

2. 制度文化

制度文化介于深层文化和物质文化之间，是组织文化的中间层次，包括各种规章制度、行为规范、领导风格、职工修养、人际关系等。这些内容都以成文或不成文的规定为组织所有的成员接受和执行。

没有规矩不成方圆，每一个组织都有自己的制度文化。成文的制度使组织确立良性运行机制，而那些不成文的行为规范、传统习惯、领导风格等，在某种程度上比成文的规定所起的作用还大。制度文化主要包括工作制度、责任制度、特殊制度和组织风俗四个方面，这些都是组织精神、价值观和组织目标的动态反映。

3. 精神文化

精神文化是深层的组织文化，所以又称深层文化或观念文化，是指组织的生产经营活动过程中管理者和组织成员共同信守的组织精神、组织道德、价值观、组织目标和行为准则等。它是组织文化的核心内容，是形成物质文化和制度文化的基础，是衡量一个组织是否形成自己文化的标志和标准。精神文化包括五个方面，即经营哲学、组织最高目标、组织精神、组织风气和道德。

组织文化的三个层次形成了组织文化由物质文化到精神文化的有序结构。物质文化最为具体实在，是构成组织文化的物质载体；制度文化是观念形态的转化，成为组织外在表现的支撑；而精神文化则是观念形态和文化心理，是组织文化的核心和灵魂。三个层次浑然一体，不可分割，共同构成了完整的组织文化。因此，建设组织文化，必须以这些内容为重点。

知识点三：组织文化的功能

组织文化实际上就是影响组织成员行动、将不同组织区分开的共享价值观、原则、传统和行事方式。在大多数组织中，这些共享价值观和惯例经过长时间的演变，在某种程度上决定了"事情应该如何完成"。因此，通过组织文化和组织价值观体系的建立，组织文化可以对组织的管理和发展起到以下几个方面的作用。

（1）强化组织成员对组织的认同感。组织的实践过程，实质上是组织价值观转变为全体成员价值观的过程。组织文化通过培育组织成员的认同感和归属感，建立起成员与组织之间的相互信任和依存关系，使个人的行为、思想、感情、信念、习惯以及沟通方式与整个组织有机地整合在一起，形成相对稳固的文化氛围，培养群体意识，统一全体成员的思想，增强组织的凝聚力。

（2）实现内化控制和约束作用。组织文化引导塑造和约束员工的态度和行为，强调共同的价值观体系，从而保证组织中的每一个人都朝同一个方向努力，实现个人目标和组织目标的高度一致，这是组织文化最重要也是最有用的一个功能。

（3）增强整个组织的稳定性和协调作用。组织文化像黏合剂，通过为组织成员提供言行的标准，减少组织内部各个部门之间的矛盾，把整个组织凝聚起来，创造和谐的工作环境。

（4）具有激励作用。组织文化强调非理性的感情因素，把人的因素放在首位，因而组织文化有利于最大限度地激发组织成员的工作热情、进取精神和创新精神。

（5）塑造组织形象的作用。组织文化最集中地概括和体现了组织的宗旨、价值观和行为规范，它有利于提高组织的声誉，扩大组织的社会影响力。

（6）提高组织对环境的适应性。组织文化能从根本上改变员工的旧有价值观，建立起新的价值观，使之适应组织外部环境的变化要求。组织文化具有某种程度的强制性和改造性，其效用是帮助组织指导成员的日常活动，使其能快速地适应外部环境因素的变化。组织目标与组织成员认知的结合，为组织提供了强大的认识环境、适应环境和改造环境的力量。

提示与说明

狼性文化

狼性文化，顾名思义，是一种带有野性拼搏精神的组织文化。自古以来，它似乎与中庸之道格格不入。狼性文化主要有以下三个特征：嗅觉敏锐，善于捕捉机会；富有进取心和攻击性，且不轻言失败；讲求团队精神。华为非常崇尚狼性文化，认为狼是企业学习的榜样，要向狼学习"狼性"，狼性永远不会过时。作为最重要的团队精神之一，华为的狼性文化可以用这样几个词语来概括：学习、创新、获益、团结。

任何一种文化都有其适用范围，狼性文化也一样。"残酷无情，你死我活，为达到目的不择手段，蔑视规则，无视人性"等特征极易造成组织及其员工在文化上的迷失。狼性文化对组织的长期发展而言很可能是一剂致命的毒药；但对于不拼搏则不能生存的企业来说，如面临严酷外部环境的华为，则很可能就是一剂良药！

知识点四：如何让员工学习组织文化

在早期和当下不少中小组织中，组织文化一般是在无意识中自然形成的，并深深地刻有领导人的个人印记；重视组织文化建设的现代组织，都特别重视塑造和战略匹配的组织文化，在战略转型期往往会给组织文化引入新的元素，如企业由生产型转向经营型时，会更强调合作、创新。海尔在这一过程中将"迅速反应，马上行动"升级到"人单合一，速决速胜"，向每位员工灌输"老板意识"和"自主创新意识"。

向员工灌输组织文化的方法有很多，如管理者强化对某个/类事件的关注和反应、角色示范和培训、变更奖惩制度、调整晋升及解聘制度、引进人才等，多数管理学者认为前述"硬"方法不如故事、仪式、物质象征和语言等"软"方法更有效。

（1）故事。组织的故事通常包括对重要事件或人物的叙述，诸如组织的创始人、规则破坏者，以及对以往错误的反思等。为帮助组织成员了解组织文化，组织故事以过去经历作为现在的精神支柱，为如今的各种行动提供解释，说明合理性，说明什么对组织是重要的，并且为组织目标绘制诱人的愿景。

（2）仪式。组织仪式，是表达与强化重要价值观和组织目标的一系列重复活动。

管理实践

最有名的公司仪式之一是玫琳凯公司为销售代表举行的年度颁奖典礼。玫琳凯公司每年在奖励上的花费超过5 000万美元。颁奖典礼设置在一个大礼堂中，看起来像马戏表演和美国小姐盛典的混合，大批观众在舞台前欢呼，所有的参与者身着富有魅力的晚礼服出席。完成销售目标的销售人员将获得一系列贵重的礼物，包括大屏幕电视机、钻戒、旅行和粉色凯迪拉克。当众表彰杰出销售人员的"表演"起到了良好的激励作用。另外，年度颁奖典礼所传达的观点也是对玫琳凯公司已故创始人的决心和乐观品质的强化，这些品质曾使她克服了困难，创办了自己的公司，并最终获得成功。年度颁奖典礼告诉销售人员，完成销售目标是重要的，并且通过努力工作，他们也可以取得成功。透过玫琳凯公司销售人员表现出来的热情和兴奋，很明显可以看出，这项年度颁奖典礼在建立期望的激励水平和行为期望方面发挥了重要作用，满足了玫琳凯公司的管理者对组织文化的期待。

当然，仪式不一定需要大张旗鼓，可以因事、因地、因时制宜。

（3）物质象征。当你进入不同类型的企业时，你是否会对工作环境有一种感觉——正式的、随意的、有趣的（如阿里巴巴高层管理者的"花名"等）、严肃的等。这些感觉证明了物质象征在创造组织个性方面的作用。组织中设施的陈设、组织成员的穿着、为高层管理者配备的车辆都是物质象征的例子，还包括办公室的大小、布置的优雅程度，津贴，健身中心和餐饮设施以及特定成员的预留车位等。物质象征向组织成员传达了谁是重要的以及被期望和鼓励的行为类型。

（4）语言。类似我国各地的方言，很多组织也有自己的"方言"，并将其作为识别和团结成员的方法。通过学习这种语言，成员们可以证明他们对组织文化的接受程度和他们维护组织文化的意愿。随着时间的推移，组织往往会出现一些专用术语用来描述设备、主要工作人员、供应商、顾客、流程或与组织有关的产品。新成员往往会对这些专用术语或"行话"感到不知所措，但是一段时间后这些语言也成了他们语言的一部分。一旦被习得，这些语言就会成为连接成员们的桥梁。

第三节　认识非正式组织

案例导入

阳贡公司是一家中外合资的集开发、生产、销售于一体的高科技企业，其技术在国内同行业中居于领先水平。阳贡公司拥有员工100人左右，其中的技术、业务人员绝大部分为近几年毕业的大学生，其余为高中学历的操作人员。目前，该公司员工普遍存在着对公司的不满情绪，辞职率也相当高。

员工对阳贡公司的不满始于公司筹建初期，当时公司曾派遣一批技术人员出国培训，这批技术人员在培训期间结下了深厚的友谊，回国后也经常聚会。在出国期间，他们合法获得了学习补助金，但在回国后公司领导要求他们将补助金交给公司，于是矛盾出现了。技术人员据理力争，坚决不交，双方僵持不下，公司领导便找这些人逐个反复谈话，言辞激烈，并采取一些行政制裁措施给他们施加压力。少数几个人曾经出现了犹豫，却遭到其他人员的激烈批评，最终这批人员当中没有一个人按领导的意图行事，这导致了双方矛盾日趋激化。最后，公司领导不得不承认这些人已形成了一个非正式团体。由于没有法律依据，公司只好作罢。这件事造成的公司内耗相当大，公司领导因为这批技术人员不服从上级而非常气恼，对他们有了一些成见，而这些技术人员也知道领导对他们的看法。于是，陆续有人开始寻找机会跳槽。一次，公司领导得知一家同行业的公司来挖人，公司内部有不少技术人员前去应聘，为了准确地知道公司内部有哪些人去应聘，公司领导特意安排两个心腹装作应聘者前去打探，并得到了前往应聘的人员的名单。谁知这个秘密不胫而走，前往应聘的人员都知道自己已经上了黑名单，于是很快相继辞职而去。

请问：对于公司中存在的非正式组织，阳贡公司的处理方法是否得当？如果你是管理者，你会怎么做？

> 非正式组织是相对正式组织而言的。正式组织是指为了完成组织所规定的特定目标与特定工作而产生的正式的官方组织机构，如一家企业的车间、科室等。

非正式组织是未经正式筹划而由人们在交往中自发形成的一种关于个人与社会的关系网络，这种关系网络并非由法定的权力机构所建立，也不是出于权力机构的要求，而是在人们彼此的交往联系中自发形成的。知青会、校友会、钓鱼协会、桥牌协会等，都属于非正式组织。一般而言，非正式组织可以存在于任何一个群体之中，只要群体中的成员对这种组织形式有一定的需求。

知识点一：非正式组织的基本特征

非正式组织没有正式组织机构，一般也不具备自觉的共同目标，它产生于与工作有关的联系，并由此形成一定的看法、习惯和准则，它是代表一定利益的团体。

非正式组织有以下基本特征。

（1）自发性。非正式组织中共同的个人行动虽然有时也能达成某种共同的结果，但人们并不是本着共同目的有意识地参与活动的。他们只是由于自然的人际交往（如以某种共同利益、观点和爱好为基础）而自发地产生交往行为，由此形成一种未经刻意安排的组织状态。

（2）内聚性。非正式组织虽然没有严格的规章制度来约束其成员的行为，但它通过成员的团队意识、团队固有的规范和压力以及非正式领导者的说明和影响作用而将人们团结在一起，并产生很强的凝聚力。

（3）不稳定性。由于非正式组织是自发产生、自由结合而成的，因此呈现出较强的不稳定性，它可以随着人员的变动或新的人际关系的出现而发生改变，其结构表现出动态的特征。

知识点二：非正式组织与正式组织的关系

任何正式组织中都有非正式组织的存在，两者常常是相伴而存、相促而生的。非正式组织是伴随着正式组织的运转而形成的。在正式组织开展活动的过程中，组织成员必然发生业务上的联系，这种工作上的接触会促进成员之间相互认识和了解。他们会渐渐发现在其他同事身上也存在一些自己所具有、所欣赏、所喜爱的东西，从而相互吸引和接受，并开始建立工作以外的联系。频繁的非正式联系又促进了他们之间的相互了解。久而久之，一些正式组织成员之间的私人关系从相互接受、了解，逐步上升为友谊，一些与正式组织有联系但又独立于正式组织的小群体便慢慢地形成了。这些小群体形成以后，其成员由于工作性质相近、社会地位相当、对一些具体问题的认识基本一致、观点基本相同，或者在性格、业余爱好以及感情相投的基础上，产生了一些被大家所接受并遵守的行为规则，从而使原来松散、随机性的群体渐渐成为趋向固定的非正式组织。

非正式组织形成过程和目的的不同，决定了它们的存在条件也不一样。正式组织的活动以成本和效率为主要标准，要求组织成员为了提高活动效率和降低成本而确保形式上的合作，并通过他们在活动过程中的表现予以正式的物质与精神的奖励或惩罚来引导他们的行为，因此，维系正式组织的主要是理性的原则。而非正式组织则主要以感情和融洽的关系为标准，它要求其成员遵守共同的不成文的行为规则，不论这些行为规范是如何形成的，非正式组织都有能力迫使其成员自觉或不自觉地遵守。对于那些自觉遵守和维护规范的成员，非正式组织会予以赞许、欢迎和鼓励，而那些不愿遵守规范的成员，非正式组织则会通过嘲笑、讥讽、孤立等手段予以惩罚。因此，维系非正式组织的主要是接受与欢迎、孤立与排斥等感情上的因素。

正式组织与非正式组织的成员是交叉混合的，由于人们感情的影响，感性在许多情况下要胜于理性的作用，因此，非正式组织的存在必然会对正式组织的活动及效率产生影响。

正式组织与非正式组织共存于一个统一体内，它们之间既可能是相互排斥的关系，也可能是相互促进的关系。正式组织与非正式组织的相互排斥关系表现在两者的价值准则不同。正式组织受"效率的逻辑"支配，而非正式组织则受"感情的逻辑"支配，因此，两者之间可能会产生冲突。非正式组织在某些情况下，也有利于促进正式组织目标的实现。当非正式组织意识到正式组织的目标符合他们的利益、愿望和要求，或正式组织的管理措施得到非正式组织的赞同，或者非正式组织的领导受到正式组织的重视而愿意协作时，非正式组织就能够促进正式组织目标的实现。

知识点三：非正式组织的作用

非正式组织的存在及其活动既可能对正式组织目标的实现起到积极促进的作用，也可能对其产生消极的影响。

1. 非正式组织的积极作用

（1）满足组织成员的需要。非正式组织是自愿形成的，其成员甚至是无意识地加入的，他们之所以愿意成为非正式组织的成员，是因为这类组织可以满足他们的某些需要。例如，工作中或作业间的频繁接触以及在此基础上产生的友谊，可以帮助其消除孤独的感觉，满足其"被爱"以及"施爱心于他人"的需要；基于共同的认识或兴趣，对一些共同关心的问题进行谈论甚至争论，可以满足其"自我表现"的需要；从属于某个非正式组织这个事实本身，可以满足其"归属""安全"的需要等。组织成员的许多心理需要是在非正式组织中得到满足的。而这类需要能否得到满足，对人们在工作中的情绪状态乃至工作的效率都有着非常重要的影响。

（2）增强团队精神。人们在非正式组织中的频繁接触会使相互之间的关系更加和谐、融洽，从而易于产生和加强合作精神。这种非正式的协作关系和精神如能带到正式组织中，则无疑有利于促进正式组织的活动协调进行。

（3）促进组织成员的成长。非正式组织虽然主要发展一种业余的、非工作性的关系，但是它对其成员在正式组织中的工作情况也往往非常重视。对于那些工作中的困难者、技术不熟练者，非正式组织中的伙伴往往会自发地给予指导和帮助。同伴的这种自发、善意的帮助，可以促进被帮助者技术水平的提高，从而可以对正式组织成员起到一定的培训作用，促进组织成员的成长。

（4）维护正式组织正常的活动秩序。就像对环境的评价会影响个人的行为一样，社会的认可或批评也会左右非正式组织的行为。非正式组织为了群体的利益，为了在正式组织中树立良好的形象，往往会自觉或自发地维护正式组织正常的活动秩序。虽然有时也会出现非正式组织的成员犯了错误互相掩饰的情况，但为了不使整个群体给公众留下不受欢迎的印象，非正式组织对那些严重违反正式组织纪律的害群之马，通常会根据自己的规范并利用自己特殊的形式予以惩罚。

2. 非正式组织的消极作用

（1）可能与正式组织产生冲突。非正式组织的目标如果与正式组织冲突，则可能对正式组织的工作产生极为不利的影响。例如，正式组织力图利用成员之间的竞赛以达到调动积极性、提高效率与效益的目的；而非正式组织则可能认为竞赛会导致不当竞争，会造成非正式组织成员间的不和，从而会抵制竞赛，阻碍和破坏竞赛的开展，其结果必然是影响组织竞赛的顺利开展。

（2）可能束缚组织成员的发展。非正式组织对成员一致性的要求，往往也会束缚成员的个人发展。有些人虽然有过人的才华和能力，但非正式组织一致性的要求可能使其个人才智不能得到充分发挥、对组织的贡献不能持续，这样便会影响整个组织工作效率的提高。

（3）可能影响组织的变革。非正式组织有时还会影响正式组织的变革，增强组织的惰性。这并不是因为所有非正式组织的成员都不希望改革，而是因为其中大部分人害怕变革会改变非正式组织赖以生存的正式组织的结构，从而威胁非正式组织的存在。

知识点四：正确对待非正式组织

不管我们承认与否、允许与否、愿意与否，非正式组织总是客观存在的，它对正式组织的正反两方面的作用也客观存在。要想有效实现正式组织的目标，就要充分发挥非正式组织的积极作用，努力克服和消除它的不利影响。

1. 允许存在，谋求吻合

正式组织要认识到非正式组织存在的客观必然性和必要性，允许乃至鼓励非正式组织的存在，为非正式组织的形成提供条件，并努力使之与正式组织吻合。例如，正式组织在进行人员配备工作时，可以考虑把性格相投、有共同语言和兴趣的人安排在同一部门或相邻的工位上，使他们有频繁接触的机会，这样就容易使两种组织的成员构成基本吻合。又如，在正式组织开始运转以后，可以开展一些必要的联欢会、茶话会、旅游等旨在促进组织成员间感情交流的联谊活动，为他们提供业余活动的场所，在客观上为非正式组织的形成创造条件。

促进非正式组织的形成，有利于正式组织效率的提高。人通常都有社交的需要，如果一个人在工作中或工作之余没有与别人接触的机会，则可能心情烦闷，感觉压抑，对工作不满，从而影响效率；相反，如果有机会经常与别人聊聊对某些事情的看法，谈谈自己生活或工作中遇到的障碍，甚至发发牢骚，那么就容易卸掉精神上的包袱，以轻松、愉快、舒畅的心理状态投入工作。

2. 积极引导，不断规范

正式组织要通过建立和宣传正确的组织文化来影响非正式组织的行为规范，引导非正式组织做出积极的贡献。非正式组织形成以后，正式组织既不能利用行政手段或其他强硬措施来干涉其活动，也不能任其自由发展，否则有产生消极影响的危险。因此，对非正式组织的活动应该加以引导，这种引导可以借助组织文化的力量影响非正式组织的行为规范来实现。

如果说合理的结构、严格的等级关系是正式组织的专有特征，那么组织文化则有可能被非正式组织所接受。正确的组织文化可以帮助非正式组织树立正确的价值观和对工作、生活的态度，从而有利于产生符合正式组织要求的非正式组织的行为规范。

结束语

环境在变，组织也要随之进行变革，否则就会被淘汰。组织在变革的过程中，要逐渐形成自己的软实力——组织文化。

小 结

1. 组织变革就是组织根据内外环境的变化，及时对组织中的要素进行调整、改进和革新的过程。其目的是适应未来组织发展的要求，增强组织活力，实现组织目标，并最终实现组织的可持续发展。

2. 组织再造理论认为，为适应新环境对组织生存和发展的要求，必须对组织的工艺流程、管理组织系统进行重组、再造，构建授权型、扁平化和弹性组织。

3. 学习型组织，指的是通过培养弥漫于整个组织的学习气氛，充分发挥员工的创造性思维能力而建立起来的能持续发展的组织。学习型组织的真谛体现在三个方面，即学习力、活出生命的意义和创新（核心理念）。

4. 组织文化可分为精神层、制度层和物质层三个层次，其核心是精神层面的共同价值观。

5. 正确对待非正式组织，就是要允许存在、谋求吻合，通过积极引导、不断规范，充分发挥其积极作用。

练 习 题

一、单项选择题

1. 学习型组织的核心理念是（ ）。

    A. 学习力   B. 活出生命的意义 C. 创新   D. 系统思考

2. 组织文化的核心是（ ）。

    A. 以人为本   B. 组织精神   C. 规章制度   D. 组织形象

3. 《第五项修炼》一书提出，学习型组织的形成必须建立在组织成员五项修炼的基础上。其中，第五项修炼指的是（ ）。

    A. 系统思考   B. 改善心智模式   C. 团队学习   D. 建立共同愿景

4. 员工学习组织文化有多种方式。某公司成立十几年来，每年都要组织员工学习公司优秀员工的事迹，提炼、升华公司精神。这种组织员工学习组织文化的做法，利用的是（   ）。

    A. 语言　　　　　　B. 仪式　　　　　　C. 物质象征　　　　D. 故事

二、多项选择题

1. 公司总经理发现公司中存在许多小团体，其采取的以下做法中，可取的有（   ）。

    A. 立即宣布这些小团体不正规，予以取缔

    B. 正视小团体的客观存在

    C. 只要小团体的存在不影响公司的正常运行，可以对其不闻不问

    D. 深入调查，积极引导，不断规范

2. 非正式组织具有（   ）积极作用。

    A. 满足组织成员的需要　　　　　　　　B. 增强团队精神

    C. 促进组织成员的成长　　　　　　　　D. 维护正式组织正常的活动秩序

3. 非正式组织具有（   ）特征。

    A. 自发性　　　　　　B. 内聚性　　　　　　C. 不稳定性　　　　D. 合法性

4. 非正式组织的消极作用主要体现在（   ）。

    A. 可能与正式组织产生冲突　　　　　　B. 可能束缚组织成员的发展

    C. 可能影响组织的变革　　　　　　　　D. 可能会取代正式组织

5. 组织再造理论提出，为适应环境的变化，组织的管理系统必须弹性化。这主要体现在（   ）。

    A. 企业规模适度化　　　　　　　　　　B. 倡导团队式组织形式

    C. 建立战略联盟　　　　　　　　　　　D. 扁平化

6. 与传统的金字塔式的组织结构相比，扁平化的组织结构具有（   ）特点。

    A. 管理层次减少，管理幅度增加

    B. 管理层次增加，管理幅度减少

    C. 更多的授权

    D. 自动化办公程度提高，信息传递速度加快

7. 《第五项修炼》一书提出，学习型组织的形成必须建立在组织成员五项修炼的基础上。以下属于五项修炼内容的有（   ）。

    A. 系统思考与自我超越　　　　　　　　B. 改善心智模式与建立共同愿景

    C. 团队学习与建立战略联盟　　　　　　D. 共同学习与终身学习

8. 学习型组织的真谛体现在（   ）。

    A. 学习力　　　　　　B. 活出生命的意义　　C. 创新　　　　　　D. 系统思考

9. 学习型组织的学习特点有（   ）。

    A. 学习与工作不可分离　　　　　　　　B. 组织的学习

    C. 学后要有新行为　　　　　　　　　　D. 系统思考

10. 可以减少组织变革阻力的做法有（   ）。

    A. 与反对变革者进行沟通，消除其心理顾虑

    B. 与反对变革者进行谈判

    C. 吸引反对变革者参与决策过程

    D. "收买"反对派"头头"

三、问答题

1. 什么是组织变革？为什么要进行组织变革？管理者该如何让变革得以成功？

2. 谈谈你对组织文化的认识。

四、案例分析

大企业的组织变革：破除部门墙——从分割到协同

"要推倒内部的墙。"张瑞敏在谈及组织内部变革时说，"一个传统的组织，每一个部门都要追求自己的利益最大化，所以经常会出现问题。"

千亿企业随着组织结构金字塔化，部门之间分割，壁垒加深，组织活力在内耗中丧失。曾任阿里巴巴集团执行副总裁、参谋长的曾鸣坦言，有一两年许多人叫他"拉偏架的"。他说："我原来做的很重要的工作是协调，两个 BU（业务单元）打架了，我出面判谁对谁错，经常被双方骂，但还得协调。"

为此，千亿企业都在不遗余力地打破内部壁垒，推进企业各个部门的横向协作。

阿里巴巴由其旗下的事业群的总裁组成战略决策委员会，对各个事业群之间的合作进行统管和协调。阿里巴巴还实施轮岗制度，干部保持横向流动，从而让干部的视角能够超越部门的边界。华为在 2013 年成立跨地区组织——片联，它的一项重要工作就是通过对各个地区干部的选拔与流动，打破地区和部门壁垒。海尔在其自主经营体模式中，则通过一线自主经营体的牵引来实现各个自主经营体的自发协同。"传统企业就是靠领导来协调，协调到最后，可能就是妥协。现在我们变成一个自主经营体了，不再是领导说了算，而是由用户说了算。"张瑞敏说。

在打破部门边界方面，共享平台的崛起起到了重要作用。通过共享平台，千亿企业打通了各个部门的客户数据，从而实现了针对某一客户群各个业务部门之间的协作。阿里巴巴于 2013 年成立的共享业务事业部、数据平台事业部和信息平台事业部就聚焦于客户数据与信息在各个部门的共享。再如，平安在其组织结构中专门建立了共享平台，其中包括平安科技、平安数据科技等子公司，用于实现客户资源和信息的共享等。

请问： 大企业的组织结构通常存在什么问题？应该如何变革？

第七章

领导者与领导

📺 学习重点

1. 如何提升领导者的影响力
2. 四分图理论和管理方格理论的基本原理
3. 费德勒模型、领导生命周期理论和途径-目标理论的基本内容

第一节　理解领导的作用及其影响力

〰 案例导入

　　小刘是某大学电子系的优秀毕业生，毕业后进入一家电子配件公司，成为专管两条电容器生产线的股长，下属是两位领班加 12 名员工。这家公司当时规模并不大，只有简单的作业和有限的员工数量，小刘认为人事关系应该很单纯，做主管应该比较容易。然而，小刘的股长当得却不太顺利。

　　12 名员工多数是刚毕业的大学生，有前任股长（现在升任科长）的"爱将"，也有其他部门调过来的老员工。一位领班是总经理的校友；另一位是业务经理的同乡，除了工作之外，这位领班对小刘总是爱答不理的。男作业员时常惹麻烦，还会当面顶撞小刘。3 个女员工对小刘还不错，但正常的工作关系却被流言中伤，这让小刘哭笑不得。小刘觉得这里环境太复杂，不如另谋高就，于是递交了辞呈。

　　辞呈递交上去时，科长、经理没有挽留，也没问辞职原因，只是签了字，辞呈很快交到总经理手里，对此小刘很伤心。然而，总经理却没有批准他的辞呈，专门约他谈话，讲自己的成长历程，帮他分析原因，给他指明方向。

　　小刘受到总经理的勉励、鼓舞，一下子有了信心。他决定不再逃避，勇敢地承担起这一任务。

　　"总经理，谢谢您对我期望如此之高，不管如何，我一定尽力去做。希望总经理能指示一些我今后的做法。"

　　"这很难说得明白，我只能告诉你几个原则，也就是领导者该如何发挥自己的作用。"

　　…………

　　听完总经理的一番话，小刘觉得受益匪浅，他突然明白，虽然当了股长，但自己并没有发挥自己的作用。仔细想想，这都是自己的优越感在作祟。

　　这次深谈之后，小刘下决心要做个下级的好主管、上级的好部下。

　　请问：什么是领导？如何才能成为一名优秀的领导者？学完本节之后，你觉得总经理给小刘讲的是哪些话？

知识点一：领导工作和领导者的含义

1. 领导和领导工作

一个组织在制订行动计划、安排好分工等工作之后，在实施计划的过程中，组织成员往往会出现动力不足、关系不和谐、理解出现偏差等情况，因此，就需要对他们进行激励，协调其关系，保证其团结，指导其具体工作，给其指明前进的方向，这些工作就是领导工作，简称领导。

当然，这里的领导是动词，是把领导作为一项管理工作、管理职能来看待的，通过行使该项职能，领导者能促成被领导者努力地实现既定的组织目标。

而现实生活中，"领导"一词还有作为名词的含义，即组织中确定和实现组织目标的首领，也就是领导者，即从事领导工作的人。

> 在具体的语境中，我们很容易对"领导"的词性进行辨析。例如，当动词用时有"您领导我们去干吧""我完全服从您的领导"；当名词用时有"您是我们的领导，当然得听您的"。

2. 领导工作的含义

那到底什么是领导工作呢？国内外的管理学家对此有不同的解释和表述。例如，领导是影响人们自发为实现组织目标而努力的一种行为；领导是上级促使其部属充满信心，满怀热情地完成他们任务的艺术；领导是对组织内群体或个人实施影响的活动过程；领导是影响一个集体实现目标的能力；领导是关于影响别人来完成某项目标所发生的两个人或更多人之间相互关系的过程等。

名家观点

领导是一种影响力，是一种对人们施加影响的艺术和过程，从而使人们心甘情愿地为组织目标努力。
——哈罗德·孔茨

从上述对领导的定义中，可以概括出领导的三层含义。

（1）领导一定得有领导者与被领导者，否则就不称其为领导。

（2）领导本身是一个活动过程，这个过程是由领导者、被领导者和所处环境之间的相互作用构成的。

（3）领导的目的是指引和影响个体或群体完成组织所期望的目标。

因此，我们把领导工作定义为：领导就是影响个体或群体来完成组织目标的各种活动过程。这一过程包括通过沟通和激励调动下级的积极性和能力，指导他们的活动、推动他们的工作，协调下属的行为、解决下级之间的冲突。在一定意义上可以说，凡是通过指导、激励和协调来影响他人心理或行为的活动都是领导工作。

提示与说明

因为领导是管理的四大职能之一，所以，所有的管理者都是领导者。我们将从管理的角度来研究领导者和领导。但是仍然要意识到组织中经常会出现非正式领导（不是管理者的领导者）。这些非正式领导（者）可以影响其他人，但并不是大多数领导理论研究的焦点，也不是本章要研究的领导类型。

3. 领导者的含义

与领导工作的定义相对应，领导者指的就是那些能够影响（指导、协调、激励）别人的人。领导者有两种类型。一种是居于管理职位的人，即组织任命的管理者，他们是实现组织目标的管理者，如部门经理、科室主任等，这些人总是不可避免地要通过职位权力对下级进行指导、激励和协调，这是他们的法定职责。另一种是没有处于正式的管理岗位，但能对他人心理和行为产生影响的人，如德高望重的教授、在某一领域有特殊造诣的专家等，他们虽不在管理岗位上，但他们的言行总是会对身边的人产生这样或那样的指导、激励和协调作用。

知识点二：领导者的作用

有研究表明：管理工作中的预测、决策、计划、人事、控制等工作可以激发组织成员60%的才智，而领导工作则可以激发其余的40%的才智。领导工作有赖于领导者，领导者在一个组织或群体中充当着重要的角色，在带领和指导组织成员为实现共同目标而努力的过程中，起着关键作用。领导者的作用主要体现在以下几个方面。

（1）指导作用。人们在集体活动中，需要头脑清晰、胸怀全局、高瞻远瞩的领导者帮助自己认清所处的环境，明确活动的目标和实现目标的途径。因此，领导者有责任指导组织各项活动的开展，即在把握全局的同时对组织成员的行为进行技术上和方法上的指导，使他们具有完成任务的能力，帮助并引导组织成员认识并适应组织和环境正在发生和将要发生的变化。

（2）协调作用。在集体活动中，即使有了明确的目标，但由于每一位成员的能力、性格、地位等的不同，加上各种外部因素的作用，个体在思想上产生各种分歧、行动上出现偏离目标的情况也是不可避免的。因此，领导者需要协调组织内成员之间的关系，解决相互间的冲突，使各成员之间保持和谐的关系，共同为实现组织的目标而努力工作。

（3）激励作用。在一个组织中，人们的需求是多种多样的，工作动机也是不同的，而满足人们需要的条件和手段总是有限的。每个成员不可能每时每刻都以极大的热情、百分之百的潜力投入工作。因此，领导者需要用高超的领导艺术来激发、鼓励其成员，调动其积极性，使其为实现组织目标而努力工作。

提示与说明

领导者的作用可归结为两类：一是类似于领头羊的作用，即调动组织成员的积极性，协调并引导他们自觉、自愿地为实现组织的目标而努力工作；二是类似于教练员的作用，即对组织成员的行为进行技术上和方法上的指导，使他们具有完成任务的能力。

知识点三：领导者的影响力

管理学认为，一个领导者要实现有效的领导，关键在于具有相应的影响力。

领导工作的实质，就是领导者通过自己的影响力影响一个群体，使其尽其所能地实现目标。

> 领导就是影响，影响力就是领导力。

所谓影响力，就是影响他人的能力，即一个人在与他人的交往中，影响和改变他人心理和行为的能力。领导者的业绩大小取决于他的影响力大小。依据构成领导者影响力的要素的不同，可以把影响力分为权力性影响力和非权力性影响力两种。

1. 权力性影响力

权力性影响力也称职权影响力，指的是领导者依靠他所拥有的职位权力来影响他人的能力。也就是说，领导者对他人进行指导、激励和协调靠的是职位权力。职位权力是组织赋予某个职位完成岗位职责所必需的权力，是这个职位所具有的合理的、合法的、正式的权力，又称法定权力。职位权力一般包括以下几种。

（1）决策权，是指领导者在其职权范围内就某项工作做出决策和实施决策的权力。领导者如果没有决策权或缺乏相应的决策权，就会出现事事（向上级）请示、件件（向上级）报告的现象，这将直接影响组织的办事效率和应变能力，影响组织目标的实现和组织的生存。

（2）人事权，是指领导者根据工作计划和目标的需要，对机构设置、权力分配、岗位分工、人员挑选和录用等做出安排的权力，也叫人事组织权。例如，规定必要的组织纪律，确定合适的人员编制，进行人员的挑选、录用、培养、调配、任免等。

（3）指挥权，是指领导者向其下级下达命令、指示，要求他们为实现目标和任务而进行各项活动的权力。指挥权是领导者实施决策或计划的必要保障。如果没有这种保障，领导者便无法完成职责和使命。

（4）奖惩权，是指领导者根据下级的功过表现或业绩大小进行奖励或惩罚的权力。其中，奖励权是给予奖励、报酬，以鼓舞组织成员的权力。这一权力建立在下级追求满足需要的期望之上，即下级感到领导者有能力奖赏他，使他觉得愉快或使他的某些需求得到满足。惩罚权（或强制权）则是指通过精神、情感或物质上的威胁，强迫下级服从的权力，它建立在下级的畏惧感之上。惩罚权对那些能认识到不服从命令就会受到惩罚的下级是最有效的。

由于以上四种职位权力都是与组织中的某个职位联系在一起的，都来自领导者所担任的职务，因此，谁有了这个职务，谁就拥有这些法定的权力。这些权力是实现组织目标所必需的，是管理者实施领导行为的基本条件；没有这些职位权力，管理者就难以有效地影响下级，从而也就无法实现真正的领导。

因此，作为拥有一定职位权力的管理者，要想提升自己的权力性影响力，就要树立正确的权力观，要牢记权力是用来为事业服务而不是牟取私利的；要遵循行使权力的原则，凡事做到公平公正；要科学地运用权力，合理授权。这样才能发挥权力性影响力的作用。

然而，由这四种权力构成的权力性影响力，都不是领导者的现实行为造成的，而是外界赋予的。这种影响力通过正式渠道发挥作用，对下级的影响带有强制性和不可抗拒性。它来自并属于领导者所拥有的职务，对被领导者的作用主要表现为被动的服从。而且，不同的组织或同一组织中不同的管理岗位，职位权力的构成和大小也不同。所以，它对人的心理和行为的影响作用是有限的。因此，领导者仅仅依靠权力性影响力是不够的，还必须借助于非权力性影响力。

> 仅仅依靠权力性影响力进行管理，容易出现下级口服心不服的现象。

2. 非权力性影响力

非权力性影响力是与权力性影响力相对应的，它既没有正式的规定，也没有组织授予的形式，所以，非权力性影响力属于自然性影响力，是领导者依靠自身的威信和以身作则的行为来影响他人的能力。构成非权力性影响力的因素主要有以下几种。

（1）品德因素。高尚的品德会给领导者带来巨大的影响力。正所谓"德高望重""人格的力量是无穷的"。人们常说，无"德"是危险品，无"智"是次品，无"体"是废品。由此可见人们对"德"的重视。

（2）才能因素。领导者的才干、能力是影响其影响力大小的主要因素。才能不仅反映在领导者能否胜任自己的工作上，更重要的是反映在工作是否成功上，它是通过实践来表现的。一个有才干领导者会将事业引向成功，使人们对他产生敬佩感。敬佩感是一种心理磁力，它会吸引人们自觉地去接受相关人员的影响。

（3）知识因素。"知识就是力量"，一个领导者更需要这种力量。知识丰富的领导者容易取得人们的信任和信赖，这样一来，其影响力必然大。

提示与说明

亚伯拉罕·林肯说："一位好的领导者是不会停止学习的。"管理心理学定义的"学习"是"行为的改变"，这与一般定义的学习（只是去上课、了解或认识一些理论）有很大不同。因为行为的改变只在思想观念改变之后才能发生，而且，只有行为改变，命运才会随之改变，所以我们要终身学习。

（4）感情因素。人与人之间感情关系的好与坏，与其相互间的影响力成正比。一个领导者能否与下级建立融洽的关系、保持良好的感情，直接影响领导者影响力的大小。所谓"以情动人""以情感人"，都说明了感情因素的力量。

由品德、才能、知识、感情等因素构成的非权力性影响力来自并属于具有这个影响力的人自身，依赖于领导者自身的品质与行为，这种影响力是巨大的、持久的。在现实生活中，一些人往往不听正式任命的管理者的领导，反而听命于一个普通的人，就是因为这个普通的人具有非权力性影响力。例如，我们可能不愿听班长的指挥，却愿听另一个学习成绩好、对人又友好的普通同学的劝解；我们可能不服从学习委员的指令，却非常愿意接受某位好友的建议。

一个人，要提升自己的非权力性影响力，就必须培养高尚的道德品质和健全的心理素质，做到自重自省、慎独自律、性情开朗、意志坚定、胸襟开阔、气度博大；塑造良好的外在形象，做到着装得体规范、外表干净整洁、举止文雅有礼；进一步提升工作能力，提高科学的决策能力、知人善任的用人能力、开拓进取的创新能力、恰当得体的表达能力；构建合理的知识结构，包括学习政治理论知识、学科专业知识、领导业务知识以及相关领域的科学文化知识；和下级建立良好的人际关系。

提示与说明

权力性影响力来自并属于某个职位，不管谁在这个职位上都具有这些权力，一旦离开这个职位，这些影响力就会消失；而非权力性影响力来自并属于具有这个影响力的人自身，不管他在哪里都能发挥出来，别人夺不走。因此，要想成为一个有效的领导者，必须同时拥有和善用权力性和非权力性影响力。一个优秀的领导者，不仅要正确、有效地运用权力性影响力，而且要努力提高自身素质，提高自己的非权力性影响力。

知识点四：领导者的特质理论

领导者是一个组织中的关键人物，对组织目标的实现起着决定性作用。从前面的介绍中可以发现，不是什么样的人都能成为领导者，领导者要发挥其影响力，必须具备一定的素质。那么，什么样的人能够成为领导者？领导者与其他人有什么不同？成功的领导者应具备什么样的素质？领导者的特质理论就是研究这些问题的理论。

（一）西方早期的领导特质理论

如果你问一问走在大街上的普通人：你心目中的领导者应该是什么样的？你可能会得到一系列的品质特征，如智慧、热情、正直、自信、公正等。这些回答反映出的是领导的特质理论的本质。领导特质理论试图识别领导者的某些共同特质。

20世纪20年代和30年代的领导研究集中在提炼领导者区别于非领导者的特质，或者说特点。这些研究包括生理状况、外貌、社会阶层、情绪稳定性、语言流利程度和社交能力。从事这些研究的学者一直把领导者个人品质特征作为描述和预测其领导成效的因素，他们着重于探索有效领导者和无效领导者之间、高层领导者与基层领导者之间的个人品质差异。有的管理学家甚至认为，领导者的素质与生俱来，领导者是天生的"伟人"，不具有领导才能的人，就不能成为有效的领导者。所以，这一时期的特质理论又称为"伟人论"，这一理论的研究者的观点也不尽相同。比如，吉布（Gibb）认为，天才的领导者应具备下列品质：善言、外表潇洒、智力过人、具有自信心、心理健康、具有较强的支配欲、外向而敏感。

斯托格迪尔（Stogdill）比较了成功的领导者与被领导者之间的差异，认为成功的领导者更自信、坚毅、顽强，社会性和责任心更强。

自我评测

罗伯特·洛德（Robert Lord）按重要程度对领导者的12项特质进行了排列，具体如下：聪明、外向、体谅、有条理、积极、果敢、勤劳、善关怀、明断、投入、教化、穿着得体。

对照以上依据领导特质理论而列出的领导者特质，你认为自己已经拥有哪些特质？还有哪些方面需要改进？

（1）驱动力。领导者表现出较高的努力程度。他们具有较强的成功欲望，积极进取，精力充沛，对自己所从事的工作坚持不懈，而且表现出较强的主观能动性。

（2）领导欲。领导者有很强的欲望影响和领导他人。他们乐于承担责任。

（3）诚实与正直。领导者通过诚实可靠和言行一致来与下级建立信任关系。

（4）自信。下级认为领导者不应该自我怀疑。因此，领导者需要用自信来向下级暗示他们的目标和决策是正确的。

（5）智慧。领导者需要足够的智慧来收集、整合以及分析大量的信息，而且他们还要能够创造愿景，解决问题，做出正确的决策。

（6）与工作相关的知识。有效领导者在组织的管理、技术问题方面有着较高的知识水平。渊博的知识可以让领导者做出正确的决策，并且理解这些决策的意义。

（7）外向性。领导者是精力充沛、充满活力的人。他们善于交际、坚定果断，很少沉默寡言或孤僻离群。

（8）自我内疚倾向。自我内疚倾向之所以对领导效果有积极影响，是因为它会使人产生一种强烈的对他人负责的感觉。

提示与说明

领导特质理论认为领导者的特质是天生的，这种观点受到越来越多的人的怀疑和否定。但是，领导特质理论所描述的一些领导者应具备的特质对我们进行自我培训、提升自己的领导特质是有一定的积极作用的。

（二）现代领导者的特质理论

20世纪70年代以来，国外一些学者在对领导者的特质进行研究时，虽然否定了领导特质理论的观点，但认为成功的领导者必须具备一定的素质，只不过这些素质不是天生的，而是在实践中逐步形成和积累起来的，可以通过教育进行培养。此外，选择领导者需要有明确的标准，对领导者的培养也需要有具体的方向和内容。比较有代表性的观点有以下两种。

1. 德鲁克的观点

德鲁克认为，要成为一个卓有成效的领导者，必须具有以下五项习惯：①要善于处理和利用自己的时间，把弄清自己的时间花在什么地方作为起点；②注重贡献，确定自己的努力方向；③善于发现和利用人之所长，包括自己的、上级的和下级的长处；④能分清工作的主次，把精力集中于少数主要的领域；⑤能做有效的决策，知道一项有效的决策必是在"议论纷纷"的基础上做出的判断，而不是在"众口一词"的基础上产生的。

德鲁克还多次强调，诚实正直的品格是对领导者的绝对要求。只有具备好的品质才能树立好的榜样，人们才会去效仿。缺乏正直的品质，则不适合担任领导者。

2. 鲍莫尔的十大条件论

美国普林斯顿大学教授威廉·J.鲍莫尔（William J.Baumol）提出了企业领导人应具备的十大条件，这十大条件的具体内容如下。

（1）合作精神——愿与他人一起工作，能赢得人们的合作；对人不是压服，而是感动和说服。

（2）决策能力——依赖事实而非想象进行决策，具有高瞻远瞩的能力。

（3）组织能力——能发掘部属的才能，善于组织人力、物力和

视野拓展

领导特质分析实例

财力。

（4）精于授权——能独揽大权，分散小权。

（5）善于应变——机动灵活，善于进取，而不抱残守缺，墨守成规。

（6）敢于求新——对新事物、新环境和新观念有敏锐的感受能力。

（7）勇于负责——对上级、下级和产品、用户及整个社会抱有高度的责任心。

（8）敢担风险——敢于承担组织发展的风险，有创造新局面的雄心和信心。

（9）尊重他人——重视采纳别人意见，不盛气凌人。

（10）品德高尚——品德为社会和组织成员所敬仰。

提示与说明

不同的研究者对领导者特质的描述各不相同，领导者的特质不是天生的，而是在社会实践中逐步培养锻炼而形成的。因此，对领导者特质的要求不是静态的，而是同领导者所处的环境相关的，必须适应时代的要求。所以，我们必须根据时代的要求，努力培养、锻炼自己的领导特质。

第二节　了解领导行为理论

案例导入

ABC 公司是一家中等规模的汽车配件生产企业。最近，该公司对三个重要部门的经理进行了一次有关领导类型的调查。

1. 韦毓

韦毓对他所在部门的产出感到很自豪。他总是强调对生产过程、产量控制的必要性，坚持下级人员必须很好地理解生产指令，以得到迅速、完整、准确的反馈。当韦毓遇到小问题时，会放手交给下级去处理，但若是问题很严重，他就会委派几个有能力的下级人员去解决问题。通常情况下，他只是大致规定下级人员的工作方针、完成期限及完成后如何写出工作报告。韦毓认为只有这样才能形成更好的合作，避免重复工作。

韦毓认为对下级人员采取敬而远之的态度，对一个经理来说是最好的方式，所谓的"亲密无间"会使纪律松懈。他不主张公开谴责或表扬某个员工，并相信他的下级人员都有自知之明。据韦毓说，在管理中的最大问题是下级不愿意接受责任。他谈到，他的下级人员原本可以有机会做更多事情，但以前他们并不是很努力地去做。他不能理解他的下级人员过去是如何与一个毫无组织能力的前任经理相处的。他说，上司对他们现在的工作运转情况非常满意。

2. 张强

张强认为每个员工都享有人权，他偏重于管理者有义务和责任去满足员工需要的学说。他说，他常为他的员工做一些小事，如给员工两张下月在杭州举办的艺术展览的入场券。他认为，每张门票才 80 元，但对员工及其妻子（丈夫）来说，其价值远远超过 80 元。这种方式也是对员工过去几个月工作的肯定。

张强说，他每天都要到工厂去一趟，与至少 25% 的员工交谈。

张强不愿意为难别人，他认为韦毓的管理方式过于死板，韦毓的员工也许并不那么满意，但除了忍耐别无他法。张强说，他已经意识到在管理中有不利因素，但大都是由于生活压力造成的。他的想法是以一种友好、粗线条的方式对待员工。他承认尽管在生产效率上不如其他部门，但他相信他的员工有高度的忠诚度和激昂的士气，并坚信他们会因他的开明领导而努力工作。

3. 吴刚

吴刚说他面临的基本问题是与其他部门的职责分工不清。他认为不论是不是他们的工作任务，领导都安排给他的部门，上级似乎并不清楚这些工作应该由谁来做。吴刚承认他没有提出异议，他说这样做会使其他部门的经理产生反感。尽管他们把吴刚看成朋友，而吴刚却不这样认为。吴刚说，过去在不平等的分工会议上，他感到很窘迫，但现在已适应了，其他部门的领导也习以为常了。

吴刚认为纪律就是使每个员工不停地工作、预测将会发生的各种问题。他认为一个好的管理者，没有时间像张强那样握紧每一位员工的手、告诉他们正在从事一项伟大的工作。他相信，如果一个经理为了决定员工将来的提薪与晋职而对员工的工作进行考核，那么员工会更多地考虑他们自己，并由此产生很多问题。

吴刚主张，一旦给一个员工分配了工作，就让他们以自己的方式去做，取消任何工作检查，他相信大多数员工知道自己把工作做得怎么样。如果存在问题，那就是在生产过程中员工的工作范围和职责混淆不清。吴刚的确想过，希望公司领导叫他到办公室听听他对某些工作的意见。然而，他并不能保证这样做会使情况有所改变。他正在考虑这些问题。

请问： 这三个部门经理的领导方式有什么不同？哪一种方式更有效？

研究者们最终发现，单靠领导特质没办法充分识别有效领导者，因为单纯依靠特质的解释忽略了领导者与团队成员的互动以及情景因素。拥有合适的特质，仅仅说明一个人有可能成为一名有效的领导者。因此从 20 世纪 40 年代后期到 60 年代中期的领导研究，聚焦在领导者表现出来的偏好的行为方式。研究者们想知道有效领导者们做了什么特有的事——换句话说，想知道他们的哪些行为起到了关键的作用。这一系列研究得出的理论被称为领导行为理论。这种理论主要研究什么样的行为是最有效的领导行为，并认为有效领导与无效领导的区别在于领导者的行为，有效的领导行为在任何环境中都是有效的。

知识点一：勒温的领导风格理论

美国社会心理学家库尔特·勒温（Kurt Lewin）通过实验研究不同的工作风格对下级行为的影响，把领导者在领导过程中表现出来的极端的工作风格分为三种类型，即专制型、民主型和自由放任型。

（1）专制型风格，又称独裁型，是指规定具体的工作方法、单方面制定决策、限制员工参与决策的领导风格。具有专制作风的领导者在工作中多以权压人，即依靠权力和强制命令让人服从。这种类型的领导者个人决定一切，所有的制度、步骤、工作分配、奖惩等均由领导者自己决定，并要求下级绝对服从和执行，领导者就像拥有全部职权的独裁者。

（2）民主型风格，是指让员工参与决策制定、向员工授权，并且把反馈作为教导员工的机会的领导风格。具有民主作风的领导者在工作中更注重以理服人、以身作则。这种类型的领导者愿意针对有关决策同下级磋商、集思广益、发扬民主，经集体讨论后再做决定，领导者与被领导者共享职权，领导者给下级一定的工作自由度，依靠个人的权力和威信使下级服从，上下级关系较为融洽。

（3）自由放任型风格，是指让团队做决策，用任何合适的方法完成任务的领导风格。自由放任型作风的领导者，工作事先无布置、事后无检查，权力完全下放给下级，不讲规章制度。这种类型的领导者极少运用其权力，对员工放手不管，工作全赖于下级自己负责。

勒温在 1939 年做了一个实验，比较了专制、民主、自由放任三种领导方式下各实验小组的效率与群体氛围。尽管他试图说明民主型风格更有助于提升工作的效率和质量，但答案却没有那么简单。结果表明，不同的领导或管理方式对组织的凝聚力和绩效水平有不同的影响。从员工满意度来看，实行民主领导方式的小组比实行专制和自由放任领导方式的小组，成员间更友爱、更活跃、更团结，组织成员有较强的参与意识，因而组织的凝聚力更强，成员对组织显示出了较高的满意度。从绩效水平来看，有些情境下民主型领导比专制型领导能带来更高的绩效水平，但在有些情境中却不一定如此。

提示与说明

不同的环境需要不同类型的领导方式。我们不能片面地说民主型领导方式是最好的领导方式。领导者必须运用权变方法，根据组织的管理目标、任务、环境、对象以及自身因素，灵活选择领导方式。简单地说，最适应组织状况的领导方式才是最好的领导方式。

例如，对于自觉性和能力都很差的下属，专制型领导方式的作用可能会大些；对于自觉性和能力都很强的下属，在较短时间内采用自由放任型领导方式也可以说是一个好的选择。

知识点二：领导者行为连续统一体理论

针对勒温提出的三种较为极端的领导方式，一些学者则认为，领导方式是多种多样的，从专制型到自由放任型，存在着多种过渡类型。美国学者罗伯特·坦南鲍姆（Robert Ttannenbaum）和沃伦·施密特（Warren Schmidt）于1958年提出了领导者行为连续统一体理论，如图7.1所示。

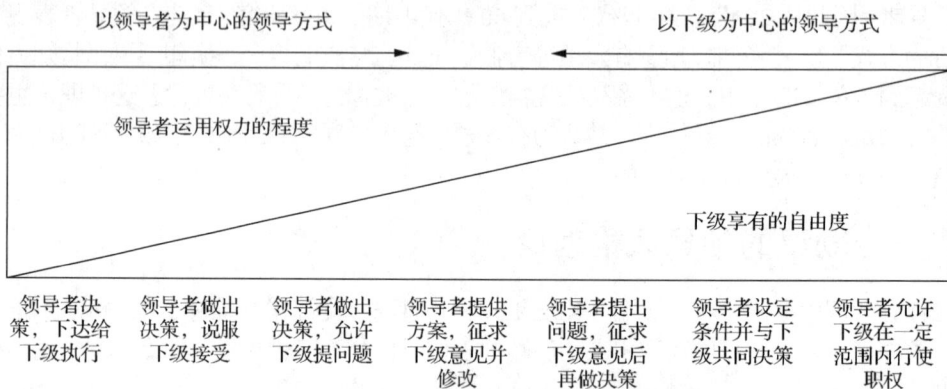

图 7.1　领导者行为连续统一体理论模型

模型的最左边是一种以领导者为中心的领导方式——专制型，即领导者做决策，下达给下级执行。随着向右移动，授予下级的权力相应增加，模型最右端是一种以下级为中心的领导方式——自由放任型。从左至右，领导者对权力的运用程度越来越低，下级的自由度越来越高。

领导者可以从这些行为中做出自己的选择，而且可以改变原有的行为和作风，但在确定采用何种领导行为之前，应当考虑影响下级行为的许多因素：下级有无独立自主的要求；下级是否做好了承担责任的准备；下级是否理解所规定的目标和任务。如果答案是"有"或"是"，那么领导者就应该给下级较大的自主权。

知识点三：四分图理论

四分图理论是由美国的一些领导行为研究者提出来的，其中最有名的有俄亥俄州立大学根据"关怀"和"定规"两个维度而画的领导行为坐标，以及密歇根大学根据"员工导向"和"生产导向"两个维度而画的领导行为坐标。四分图理论的具体内容如下。

（1）"定规"和"生产导向"维度。俄亥俄州立大学研究团队提出的"定规"维度，是指领导者为实现组织目标而对自己以及组织成员的角色进行界定的程度。密歇根大学的研究团队设定生产导向的领导者更关注工作的任务层面。

（2）"关怀"和"员工导向"维度。俄亥俄州立大学研究团队提出的"关怀"维度，是指领导者与团队成员建立工作关系，相信和尊重成员想法和感受的程度。具备高关怀的领导者会帮助团队成员解决个人问题，友善且容易亲近，对所有团队成员一视同仁。这样的领导者更关心下属的感受、健康、状态和满意度。密歇根大学研究团队将员工导向的领导者描述为强调人际关系，关心下属的需求。

研究发现，无论是"关怀"和"定规"维度，还是"员工导向"和"生产导向"维度，均存在高低两种状态，由此，可以用两个坐标的平面组合将领导者分为四种基本类型，这就是所谓的领导行为四分图，如图 7.2 所示。

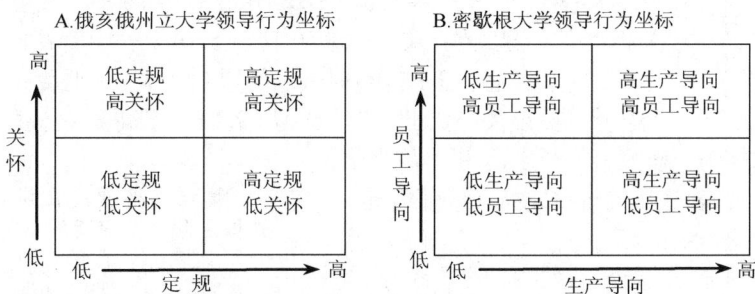

A.俄亥俄州立大学领导行为坐标

低定规 高关怀	高定规 高关怀
低定规 低关怀	高定规 低关怀

纵轴：关怀（低→高）；横轴：定规（低→高）

B.密歇根大学领导行为坐标

低生产导向 高员工导向	高生产导向 高员工导向
低生产导向 低员工导向	高生产导向 低员工导向

纵轴：员工导向（低→高）；横轴：生产导向（低→高）

> 可能有的读者会问，为什么图 7.2 中要把定规和生产导向设为横坐标。编者认为这是由于管理者首先要考虑的是实现组织任务，因此必须把关心生产或工作任务的实现放在第一位。

图 7.2 领导行为四分图

从图 7.2 中可以看出，领导行为组合有四种结果：高"生产导向"高"员工导向"，低"生产导向"高"员工导向"，低"生产导向"低"员工导向"，高"生产导向"低"员工导向"。通过领导行为四分图，可以区别领导者的类型。

（1）高"生产导向"高"员工导向"型领导者。这种类型的领导者注重严格执行规章制度，建立良好的工作秩序和责任制；同时也重视人际关系，关心爱护下属，经常与下属交流信息，想方设法调动成员的积极性，在下属心目中可亲可敬。俄亥俄州立大学的研究发现，这种类型领导者有时会实现高的团队任务绩效和高的团队成员满意度，但并非总是如此。

（2）低"生产导向"高"员工导向"型领导者。这种类型的领导者重视人际关系，但不采用严格的控制方式，所以组织内规章制度不严、工作秩序不佳。这是一种相对仁慈的领导者。和其他研究不同，密歇根大学的研究者们总结认为，高员工导向的领导者能够获得高的团队生产率和高的团队成员满意度。

（3）高"生产导向"低"员工导向"型领导者。这种类型的领导者注意严格执行规章制度，建立良好的工作秩序和责任制；但是不注意关心爱护下属，很少与下属交流信息，与下属关系不融洽。

（4）低"生产导向"低"员工导向"型领导者。这种类型的领导者不注意关心爱护下属，不与下属交流信息，与下属关系不融洽，而且也不注意执行规章制度。

> 必须要说明的是，这四种领导行为的效果只是相对而言的。在实际工作中，领导者应该根据组织的实际情况来选择相应的领导行为。

知识点四：管理方格理论

罗伯特·布莱克（Robert Blake）和简·S.穆顿（Jane S.Mouton）在俄亥俄州立大学所提出的领导行为四分图理论的基础上，于 1964 年就组织中的领导行为方式提出了管理方格理论（Management Grid Theory）。

该理论设计了一个管理方格图，横坐标是"关心生产"维度，表示领导者对生产的关心程度，也就是领导者对生产任务、工作绩效等事项的关心程度，诸如对组织目标的实现、政策决议的质量、程序与过程、研究工作的创造性、职能人员的服务质量、工作效率和产量等的关心程度；纵坐标是"关心员工"维度，表示领导者对员工的关心程度，也就是领导者对组织成员的关心程度，如对工作环境状况、人际关系状况、信息沟通状况等的关心程度。

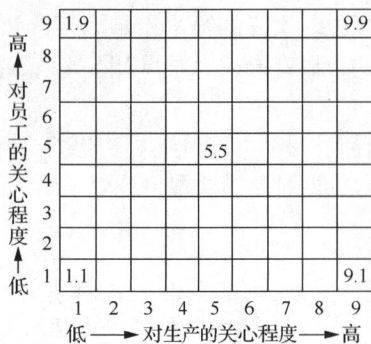

图 7.3 管理方格图

管理方格图的横、纵坐标都划分为 9 个尺度，表示领导者做出这些行为的程度。纵横交叉就形成了一个共有 81 个小方格的管理方格图，每个小方格代表一种领导方式，如图 7.3 所示。

虽然该理论有 81 种领导风格的潜在分类，但研究者们只选取了其中的五种风格加以命名：①贫乏型（1.1）——低度关心生产，低度关心员工；②任务型（9.1）——高度关心生产，低度关心员工；③中庸型（5.5）——中度关心生产，中度关心员工；④乡村俱乐部型（1.9）——低度关心生产，高度关心员工；⑤团队型（9.9）——高度关心生产，高度关心员工。在这五种风格中，研究者们断定运用团队型领导风格时，管理者的绩效最好。但并没有实质的证据支持在任何情况下团队型领导风格都是最有效的这一结论。

布莱克和莫顿认为团队型的领导方式是最有效的，领导者应该客观地分析组织内外的各种情况，努力创造条件，将自己的领导方式转化为团队型，以求得最高的效率。

> 管理方格理论在识别和区分领导者管理作风方面是一个非常有用的工具，可用来指导和调整领导者的领导方式。

第三节　掌握领导权变理论的基本思想

案例导入

张强是一名复员军人，在部队担任过连职干部，在带兵上很有办法。其复员后到某中职学校工作，学校根据他的情况，安排他担任了今年的新生班级——会计 3 班的班主任。

张强非常热爱这个工作，下决心要把会计 3 班带成省级优秀班集体。为此，他全身心投入工作，结合在部队的经验，制定了班级管理的相关规定，并严格实施，从内务到学习，从晨跑到就寝等都有规范，而张强自己也是亲力亲为，以身作则。

但是，事与愿违，不到一个月，学生就通过各种途径向学校反映张强的工作方法有问题，同时，也出现了很多的不配合现象，管理效果也不尽如人意。学校分管学生工作的领导及时找张强谈话，首先肯定了张强在工作上的努力和付出，并分析了学校和部队、学生和士兵的不同。张强自己也有所感悟，在充分听取学生意见的基础上，马上对班级管理规定和工作方法进行了调整。

由于新的班级管理规定和工作方法与学校和学生的实际情况相吻合，得到了学生的认可和配合，管理效果也逐步显现。会计 3 班在张强的带领下，被评为省级先进班集体，几年后张强也被学校提拔为学生管理科科长。

请问：张强在部队取得成功的领导策略，为什么在学生管理中没有得到学生的认可？

现实中，像张强这样由于没有理解工作情景变化而未获得成功的案例不胜枚举。正因为如此，领导领域的研究者们发现，要想对成功的领导进行预测，要设计更复杂的工具，仅仅列出几个领导特质和可取行为是不够的。他们开始研究情景的影响，具体而言，比如什么样的领导风格可能适用于哪种情景，有哪些不同的情景等，这就形成了领导权变理论。领导权变理论认为，研究领导效能不能脱离人们的动机和态度以及当时所处的环境，不能认为某一种领导方式可以普遍适用于所有的情况和所有的人群；必须把环境因素、人员的动机与态度等因素同时加以考虑。

下面介绍几种有代表性的领导权变理论。

知识点一：费德勒模型

美国管理学家弗雷德·费德勒（Fred Fiedler）经过长期的调查研究提出了一个著名的"有效领导的权变模式"，简称"费德勒模型"（Fiedler Contingency Model）。该模型认为，任何领导类型都不可能十全十美，也不会一无是处，关键是要与环境相适应。该模型基于不同领导风格适用于不同情景这一前提，指出领导成功的关键在于：确定领导风格和不同的情境种类；识别出领导风格和情境的匹配组合。

（一）确定领导风格

费德勒提出，领导者个人的领导风格是领导获得成功的关键因素之一，领导风格可以是任务导向型或者关系导向型。

为了确定领导者的领导风格是任务导向型还是关系导向型，费德勒设计开发了最难共事者（Least-Preferred Co-Worker，LPC）问卷。这份问卷由 16 组相对照的形容词构成（如快乐-不快乐、高效-低效、开放-防备、助人-敌意）。问卷回答者被要求回想他们共事过的所有同事，然后描述一位他们最不喜欢与其共事的同事，并给每对形容词从 1 至 8 进行打分（8 代表积极的形容词，1 代表消极的形容词）。

如果一个领导者用相对积极的词汇来形容最不喜欢的同事（高 LPC 得分），那么该领导者很注重与同事保持好的个人关系，其领导风格就被称为关系导向型。相反，如果看到对最不喜欢的同事的形容是相对消极的词汇（低 LPC 得分），则表明该领导者注重生产效率和把工作做好，因此，这种领导风格被称为任务导向型。费德勒指出，有一小部分人处于这两种极端风格的中间，没有明确的领导风格。费德勒还假设个人的领导风格是固定不变的，不会随着情境的变化而变化。换言之，如果你是关系导向型领导者，在任何情景下，你都是关系导向型的；如果你是任务导向型领导者，在任何情境下你都是任务导向型的。

自我评测
费德勒模型之最难共事者问卷

（二）确定权变因素，界定情境

在确定了个人领导风格之后，应该评估情境以便对领导风格和情境进行匹配。

1. 三大情境变量

费德勒的实验揭示了用以界定领导者效力的关键情境的三大权变因素，即职位权力、任务结构和领导者与被领导者的关系。

（1）职位权力，指领导者对某些工作活动的影响程度，用强或弱来描述。职位权力由领导者对其下属的实有权力（如雇佣、解聘、训诫、晋升、加薪等）所决定。职位权力强，即领导者所处的职位能提供的权力和权威明确、充分，在上级和整个组织中所得到的支持有力，对雇佣、解聘、纪律、晋升和加薪的影响程度高，组织成员将会更服从他的领导，有助于提高工作效率。

（2）任务结构，指工作任务规范化和程序化的程度，用高或低来描述。任务结构高，即工作任务本身十分明确，组织成员对工作任务的理解也很清楚并对任务负责，那么，领导者对工作过程方便控制，整个组织完成工作任务的方向就更加明确。

（3）领导者与被领导者的关系，即上下级关系，指下级对其领导者的信心、信任和尊重程度，用好或差来描述。领导者与被领导者的关系对履行领导职能是很重要的，因为职位权力和任务构成可以由组织控制，而领导者与被领导者之间的关系是组织无法控制的。

费德勒指出，上下级关系越好，任务结构化程度越高，职位权力越强，则领导者拥有的控制力和影响力也越强。

2. 八类可能的情境

费德勒指出，任何领导情境都可以用这三个情境变量来评估，它们结合起来构成了对领导者有利或不利的八类可能情境，见表7.1。情景 Ⅰ、Ⅱ 和Ⅲ被认为对领导者高度有利，情境Ⅳ、Ⅴ、Ⅵ被认为对领导者适度有利，情境Ⅶ、Ⅷ被认为对领导者高度不利。

（三）领导者与情境的匹配

表 7.1 费德勒对领导方式与绩效的调查总结表

环境类型	高度有利			适度有利			高度不利	
	I	II	III	IV	V	VI	VII	VIII
上下级关系	好	好	好	好	差	差	差	差
任务结构	高	高	低	低	高	高	低	低
职位权力	强	弱	强	弱	强	弱	强	弱
领导方式	任务导向型			关系导向型			任务导向型	

在确定了领导风格变量和情境变量之后，费德勒开始界定领导效率的一些特定情况。他研究了 1 200 个团队，在八类情景中对关系导向型领导风格和任务导向型领导风格进行了对比后，发现任务导向型的领导者在高度有利（情境 Ⅰ、Ⅱ、Ⅲ）和高度不利（情境Ⅶ、Ⅷ）的情境中有较好的表现，而关系导向型的领导者在适度有利的情境（情境Ⅳ、Ⅴ、Ⅵ）中表现较好。

（四）模型的应用

由于费德勒认为个人领导风格是固定不变的，所以仅有两个途径可以提升领导效率。第一，找到一个能与情境更适配的新领导者。例如，如果一个团队的工作情境是高度有利的（适合采用任务导向型领导风格），但由关系导向型领导者所管理，将其替换为任务导向型的领导者，整个团队的绩效就能有所提升。第二，改变情境使之与领导者匹配，这可以通过多种方式来实现，如对任务进行重构，提高或降低领导者对加薪、晋升、惩处等活动的影响力，改善领导者与成员间的关系。

当然，如果抛开费德勒"领导风格不变"的观点，也就是一个人如果能够改变他的领导风格的话，那么还有第三个途径——领导者可以而且也应该改变他的领导风格以适应情景。例如，当领导者处于高度有利和高度不利的情境之中时，应采取任务导向型领导方式，以工作为中心；而当他处于适度有利情境中时，就应该调整自己的行为，转而采取关系导向型领导方式，以员工为中心。实际上，高效的领导者可以而且正在改变他们的领导风格。

知识点二：领导生命周期理论

费德勒模型告诉我们，不同的情境中需要采用不同的领导方式。那当领导者面对不同的下属时，又该如何选择不同的领导方式呢？领导生命周期理论（Situational Leadership Theory，SLT）可以为我们提供答案。

领导生命周期理论也叫领导寿命循环理论、情境领导理论，是聚焦于下属的成熟度的权变理论。该理论是由美国心理学家卡曼（Karman）首先提出来的，后由保罗·赫塞（Paul Hersey）和肯·布兰查德（Ken Blanchard）予以发展。

（一）权变因素

领导效率中对下属的重视反映的是下属在认可或反对领导者这一现实。不管领导者做了什么，团队的效率都取决于下属的行为，这一点在大多数领导理论中都被忽视或者轻视了。

赫塞和布兰查德将成熟度（maturity）定义为：员工完成特定任务的能力和意愿的程度。它包括两项要素：工作成熟度和心理成熟度。其中，工作成熟度包括员工的知识和技能；心理成熟度指的是员工做某事的意愿和动机。工作成熟度高的员工拥有足够的知识、能力和经验，他们完成工作任务不需要别人的指导；心理成熟度高的员工不需要太多的外部鼓励，他们靠内部动机激励。

（二）与不同情境相匹配的四种领导方式

研究发现，工作行为、关系行为与成熟度之间是一种非线性关系。领导者对处在不同阶段的被领导者应采取不同的领导方式，图7.4中的曲线反映了这种关系，四个象限对应命令式、说服式、参与式和授权式四种基本的领导方式。

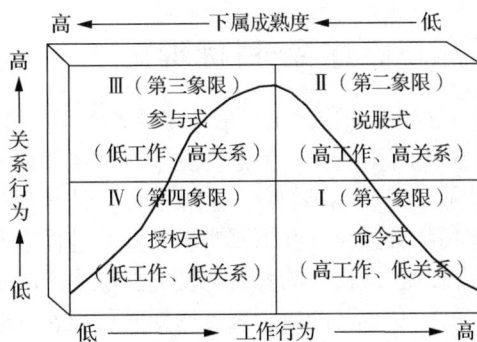

图7.4　领导生命周期理论

1. 命令式领导方式

第一象限（Ⅰ）：高工作、低关系，即领导者高度重视工作，而不怎么注重关系。

处于这一象限的下属还不成熟：没有能力也不愿意为事情负责，也可以说是无能或者缺乏自信的。

领导者必须采用命令式领导方式（也称为"告知型领导方式"），即给予下属明确而具体的指导，同时还要严格要求他们：设定工作角色，对不同的任务下达明确的指示、命令，告诉下属应该干什么、怎么干以及在何时何地去干。

2. 说服式领导方式

第二象限（Ⅱ）：高工作、高关系，即领导者既高度重视工作，又高度重视关系。高工作行为能弥补下属能力的欠缺，高关系行为则能让下属体会领导者的意图。

处于这一象限的下属初步成熟：没有能力却愿意完成必要的工作任务，也就是有积极性，但缺乏适当的技能。

此时，领导者不能再用命令式领导方式，而应该采用说服式领导方式（也称为"推销型领导方式"），即领导者同时表现出指挥性和支持性的行为：在加强管理和指导的同时，与下属双向沟通，关心、支持、激励下属。

3. 参与式领导方式

第三象限（Ⅲ）：低工作、高关系，即领导者不必花太多精力关注工作，却要很重视关系。

处于这一象限的下属比较成熟：有能力却不愿意做领导者想让他们做的事。

这时，领导者应采取参与式领导方式，即领导者和下属共同进行决策制定，领导者主要关心下属，与下属进行双向沟通，实行民主管理，吸引下属参与决策过程，并为下属提供便利条件，激发下属的工作热情。

4. 授权式领导方式

第四象限（Ⅳ）：低工作、低关系，即领导者既不必太关心工作，也不必太关心关系。

处于这一象限的下属大都达到了成熟水平：有能力并且愿意做领导者要求他们做的事。

对于这样的下属，领导者可采取授权式领导，即很少提供指导和支持：通过授权给被领导者，让其自主行使权力，用高度的信任来调动下属的积极性，领导者只起总体控制作用，下属也完全能做到自我控制、胜任工作。

（三）领导生命周期理论的应用

领导生命周期理论充分说明了：对不同成熟程度的下属，只有采用不同的领导方式，才能获得最为有效的领导效果。该理论将领导者-被领导者的关系看作父母与孩子的关系，就像当孩子变得更成熟和更负责任后，父母应该放手一样，领导者也应该这么做，即当下属达到更高的成熟度后，领导者不仅应该降低对他们行为的控制度，也应该减少关系行为。

领导生命周期理论指出了下属的重要性，理论的构建基础是领导者可以弥补下属在能力和积极性上的不足。

知识点三：途径-目标理论

途径-目标理论是由加拿大多伦多大学教授罗伯特·豪斯（Robert House）于1971年提出的。该理论认为领导者的任务是协助下属实现他们的目标，并提供所需的指导和支持确保他们的目标与团队或组织目标相契合。也就是说，领导者一方面要对下属阐明任务和目标，另一方面还要指明实现目标的途径，在下属实现目标的过程中不断满足他们的需要，为他们的发展提供机会，帮助下属排除实现目标的障碍，使之能顺利达成目标。

"途径-目标"的概念来自这样一种理念，即有效的领导者通过指明实现工作目标的途径来帮助下属，并为下属清理过程中的各种障碍和陷阱，从而使下属顺利达成目标，真正体现了"领导就是服务"的管理理念。

提示与说明

费德勒模型提供的参考是：面对什么环境采用什么领导方式。

领导生命周期理论提供的参考是：面对什么样的员工采用什么样的领导方式。

途径-目标理论提供的参考则是：面对不同环境下的不同员工，应该采用不同的领导方式。

1. 领导行为

为了达到上述目标，领导者必须采用不同类型的领导行为以适应特殊环境的要求。途径-目标理论确定了四种领导行为，可供同一领导者在不同环境下选择使用。

（1）指导（又称"指挥"）型领导。该类型的领导者有严格的计划、工作标准，他们让下属了解领导对他们的期望是什么，安排工作日程，提出怎样完成任务的具体建议，并强调下属要遵守标准和规则。这种情况下，下属人员的参与性差。

（2）支持型领导。该类型的领导者对下属较为关心、态度友好、平易近人，注意与下属的感情联络，但不太重视通过工作使员工满意。

（3）参与型领导。这一类型的领导者在做决策时注意征求下属的意见，认真考虑和接受下属的建议，并相信员工的参与对实现组织目标大有益处。

（4）成就导向型领导。该类型的领导者向下属提出具有挑战性的目标，希望下属最大限度地发挥潜力并相信他们能达到目标，而且不断制定新的目标，使下属经常处于被激励状态。

与费德勒认为的领导者不会改变其行为的观点相反，途径-目标理论认为领导者是有灵活性的，可以根据情境表现任何或者全部的领导风格。

2. 权变因素

途径-目标理论提出了影响领导行为-绩效关系的两个权变因素：环境因素和下属个人特质。

（1）环境因素，指的是在下属自己可控制范围之外的环境变量，包括工作团队的性质、权力结构、任务结构等。环境因素决定在确保下属绩效最大化时的领导行为类型。

（2）下属个人特质，包括下属的领悟能力、受教育程度、对成就的需求、对独立的需求、愿意承担责任的程度等。下属个人特质决定其如何理解工作环境和领导行为。

不难发现，该理论提出的两个权变因素实际上是综合了前两个理论提出的变量因素。

3. 引申假设

途径-目标理论认为，如果领导者的行为与环境结构提供的资源重合或者与下属的特质不协调，就是无效的领导行为。以下是途径-目标理论的一些预测结果。

与高度结构化和安排合理的情况相比，当任务模糊不清或者压力更大时，指挥型领导能带来更高的满意度。下属不清楚自己要做什么，所以领导者需要给他们一些指示。

当下属从事结构化的任务时，支持型领导能够带来高的员工绩效和满意度。在这种情境下，领导者只需为下属提供支持，不用告诉他们要做什么。

对于理解能力好或者经验丰富的员工，指挥型领导似乎是多余的。因为这些员工很能干，不需要领导者告诉他们怎么做。

正式权力关系越清晰，领导者越应该表现出更多的支持型行为，减少指挥型行为。员工已经从组织情境中了解到应该做什么，所以领导者应单纯地提供支持。

当工作团队中存在重大冲突时，指挥型领导可以带来更高的员工满意度。在这种情境下，下属需要一个能负责的领导。

内控型的下属（把所发生的事情看作由他们自己控制和影响的人，即相信自己可以掌握命运的人）更喜欢参与型领导风格。这些下属认为他们可以掌控自己的工作，所以更喜欢参与决策。

外控型的下属（把所发生的事情看作由外在环境的力量控制和影响的人）更喜欢指挥型领导风格。这些下属认为在他们身上发生的事都是外部环境导致的，所以更喜欢一个告诉他们怎么做的领导者。

当任务结构模糊不清时，成就导向型领导会提高下属的预期，使他们相信付出努力可以获得更好的绩效。领导者设定有挑战性的目标，下属就能明白领导者对他们的预期是什么。

对途径-目标理论进行检验并不容易。相关的研究的结果并不一致。但总结该模型可以得出，当领导者选择能弥补员工或工作环境不足的领导风格时，能正向影响员工的工作绩效和工作满意度。然而，当领导者花时间解释已经很清楚的任务或者当下属有能力和经验在无干涉的情况下处理好工作时，下属会觉得指挥型行为是多余的甚至是无礼的。

总之，根据途径-目标理论，对于一个领导者来说，没有什么固定不变的领导方式，一定要根据下属的不同特点及环境因素的变化选用适当的领导方式。

结束语

要成为一名优秀的领导者，不仅要具备一定的素质，还应该根据环境及下属的不同采用不同的领导方式。

小 结

1. 领导就是影响个体或群体来完成组织目标的各种活动过程。领导者指的就是那些能够影响别人的人，其作用体现在三个方面：指导作用、协调作用和激励作用。

2. 领导者的影响力是指领导者影响和改变下属心理和行为的能力。依据构成领导者影响力的要素的不同，可把影响力分为权力性影响力和非权力性影响力两种。

3. 美国社会心理学家勒温把领导者在领导过程中表现出来的极端的工作作风分为三种类型，即专制型、民主型和自由放任型，其中，民主型领导方式有利于提高团队成员的满意度。

4. 四分图理论根据"员工导向"（"关怀"）和"生产导向"（"定规"）两个维度而绘制的领导行为坐标平面组合将领导者分为四种基本类型：高"生产导向"高"员工导向"，低"生产导向"高"员工导向"，低"生产导向"低"员工导向"，高"生产导向"低"员工导向"。研究发现，高生产导向、高员工导向型领导者通常会实现高的团队任务绩效和高的团队成员满意度，但并非总是如此。

5. 管理方格理论归纳出了五种典型的领导方式：贫乏型、任务型、乡村俱乐部型、团队型、中庸型，并认为团队型领导方式是最有效的。

6. 费德勒模型确定了三项情境变量，即职位权力、任务结构、上下级关系。在高度有利和高度不利的两种情况下，以任务导向型领导者取得的效果最好；只有处于适度有利情境中，关系导向型领导者才表现得更好。

7. 领导生命周期理论认为存在四种领导风格，即命令式、说服式、参与式和授权式。领导者选择何种风格取决于下属的工作成熟度和心理成熟度。

8. 途径-目标理论指出有两类权变因素：环境因素和下属个人特质。领导者依据这两个变量的不同所选取的领导风格有指挥型、支持型、参与型和成就导向型。

练 习 题

一、单项选择题

1. 某公司副总经理根据文件规定，在自己的职权范围内给予两名保卫公司财产的部门经理各1万元的奖励，这一举动激发了公司员工"爱厂如家"的热情。该副总经理在此利用的是（　　）。
　　A. 权力性影响力　　　B. 非权力性影响力　　C. 金钱影响力　　　　D. 行为影响力

2. 通过人格魅力来影响和改变下级的做法，利用的是（　　）。
　　A. 权力性影响力　　　B. 非权力性影响力　　C. 职位影响力　　　　D. 行为影响力

3. 美国社会心理学家勒温用实验证明，相对于其他几种领导方式，更有利于提高成员满意度的领导方式是（　　）。
　　A. 专制型
　　B. 民主型
　　C. 自由放任型
　　D. 工作与人际关系并重型

4. 四分图理论认为，相对高效成功的领导者类型应该是（　　）。
　　A. 高"工作导向"高"关系导向"型　　　B. 低"工作导向"高"关系导向"型
　　C. 低"工作导向"低"关系导向"型　　　D. 高"工作导向"低"关系导向"型

5. 管理方格理论认为，最有效的领导方式是（　　）。
　　A. 1.1　　　　　　B. 1.9　　　　　　C. 9.1　　　　　　D. 9.9

6. 按照费德勒模型，当组织内上下级关系好、任务结构高、职位权力强时，应选择的领导者类型是（　　）。
　　A. 任务导向型
　　B. 关系导向型
　　C. 工作与人际关系并重型
　　D. 以领导者为中心型

7. 领导生命周期理论提出的变量因素是（　　）。
　　A. 下属的成熟度　　　B. 任务结构　　　　C. 上下级关系　　　　D. 职位权力

8. 按照领导生命周期理论，对那些有能力但积极性不高的被领导者，宜采用（　　）。

    A. 参与式领导　　　B. 授权式领导　　　C. 说服式领导　　　D. 命令式领导

9. 根据途径-目标理论，对那些喜欢把所发生的事情看作由外在环境的力量控制和影响的员工，最合适的领导方式应该是（　　）。

    A. 指挥型　　　　　B. 支持型　　　　　C. 参与型　　　　　D. 成就导向型

10. 根据途径-目标理论，对高成就需要的员工，比较合适的领导方式应该是（　　）。

    A. 指挥型　　　　　B. 支持型　　　　　C. 参与型　　　　　D. 成就导向型

二、多项选择题

1. 构成非权力性影响力的因素主要有（　　）。

    A. 品德因素　　　　B. 才能因素　　　　C. 感情因素　　　　D. 知识因素

2. 在带领、引导和鼓舞下级为实现组织目标而努力的过程中，领导者的具体作用有（　　）。

    A. 指导作用　　　　B. 协调作用　　　　C. 激励作用　　　　D. 凝聚作用

3. 费德勒模型确定的变量因素有（　　）。

    A. 下属的成熟度　　B. 任务结构　　　　C. 上下级关系　　　D. 职位权力

4. 四分图理论从两个维度划分领导行为，这两个维度分别代表两种领导风格，分别是（　　）。

    A. 生产导向　　　　　　　　　　　　　B. 员工导向

    C. 关系、任务并重型　　　　　　　　　D. 支持型

三、问答题

1. 什么是影响力？它有哪些类型？领导者应如何提升自身的影响力？

2. 有学者将领导方式归结为"集权""分权""权变"三种。所谓集权领导方式，是指领导者个人决定一切，下级只管执行。这种领导者要求下级绝对服从命令，并认为决策是自己个人的事。分权领导方式是指领导者将权力完全下放给下级，为下级提供信息并与企业外部进行联系，以有利于下级开展工作。权变领导方式是指领导者根据情境来确定与之相适宜的领导方式。请在简要分析上述概念的基础上将这三种领导方式分别与 X 理论、Y 理论、超 Y 理论对应起来。

四、案例分析题

皮具公司老总的烦恼

张先生是一家手工皮具公司的创始人，公司业务早期以代工为主，后来创立了自己的品牌。自有品牌产品主要通过京东、天猫、亚马逊等网店销售，营业额已占公司总收入的半壁江山，张先生希望未来三年能提升到 80%。负责网店业务的员工主要是年轻人，负责网店业务的李经理管过生产也管过营销，很受张先生器重，常常抱怨员工不好管，希望调回生产部。

其实不用李经理抱怨，张先生仔细观察了很久，深感这批年轻员工和老一代的员工不一样：自由散漫，迟到早退是常事，也不把罚款放心上；奖金多少无所谓，想让他们加班很难；离职率比较高，无理由辞职的已有多位；知识面似乎都挺宽，网店引流、搜索引擎优化、打造 IP、国内国际大事，都能说说，但具体事项落实下去，不能说没效果，但给人眼高手低之感；对众多名牌手工皮具品质很是看不上，对本公司代工的某品牌更加鄙视，虽说如此，却羡慕他们拥有巨大的品牌溢价；公司提供免费午餐，部分人浪费严重，还有几位感觉不合胃口就点外卖……

请问：假如你是张先生，你给李经理出点什么主意？

第八章

激　励

1. 激励的基本步骤及如何提高激励的效果
2. 六大经典激励理论的内涵及其对管理实践的启示

第一节　理解激励的基本内涵与步骤

案例导入

李娜是一家管理咨询公司的老板。公司成立五年后，取得了非常可喜的业绩，她决定让员工共享公司的成功。夏季来临，她宣布，在 6 月、7 月、8 月三个月中，星期五也成为公司休息日，大家一周只上 4 天班，且不扣工资。刚宣布的那一刻，员工们报以热烈的掌声。

在新制度实施一个月后，李娜最信赖的一位员工找到了她，说，由于市场不会因为公司休息而休息，因此大家不是每个周五都能正常休息，大家更愿意得到加薪而不是额外的休息时间。

李娜十分惊讶，因为公司大多数员工不到 35 岁，而年收入已达三四十万元，这是当地平均工资的数倍。假如她有这个收入水平，会毫无疑问选择多休息，她以为公司的员工也会如此。不过李娜还是在接下来的大会上召集了所有员工，问他们："你们是希望每周多休息一天，还是希望加薪？"结果大多数人选择加薪。

请问：为什么会这样？李娜该如何激励员工？

如何激发员工产生高绩效是组织重点关注的问题，而管理者也一直坚持不懈地寻求答案。本章在解决这个问题上能提供一些帮助。

知识点一：什么是激励

激励就是设法让被管理者发自内心地愿意去做某件事。用管理学的语言来讲，激励实际上就是管理者运用各种管理手段（外部刺激），引起被管理者的某种需要从而激发其动机，促使其产生组织所需要的行为的过程。

在激励的过程中，有外部刺激、需要、动机和行为四个基本要素，它们相互作用，构成了对员工的激励。

提示与说明

美国心理学家的研究表明：一个人在没有任何激励的情况下，其潜力只能发挥出 20%～30%，而一旦有了正确的激励，就能发挥出 75%～90%的潜力。

可见，正确的激励能激发每一个人的积极性、潜力，提高工作业绩，从而提高组织的整体绩效。

激励最主要的作用是通过动机的激发调动被管理者的工作积极性和创造性，使其自觉自愿地为实现组织目标而努力，其核心作用是调动员工的积极性。也就是说，激励就是设法让被管理者发自内心地愿意去做某件事。

1. 外部刺激

外部刺激是激励的条件。外部刺激是指在激励过程中，管理者为实现组织目标而对被管理者采取的各种管理手段及相应形成的管理环境。管理者通过刺激，可以激发被管理者的需要。

例如，老师组织一个有奖品的小游戏，奖品就是外部刺激（物）。老师可能通过告诉大家"站起来回答问题的人能得到一个奖品（如成绩加分）"来刺激大家产生想获得奖品的需要。

2. 需要

需要是激励的起点与基础。需要是人们对一定的客观事物或某种目标的渴求或期望。通常情况下，人们是在外部条件刺激下（诱因）产生强烈的内在需要（内驱力）并产生动机的。由此可看出，人的需要是人们积极性的源泉和实质。

需要是在外部条件刺激下产生的。在奖品的刺激下，游戏参与者产生了未被满足的需要（如想加分），但在没站起来回答问题的情况下这种需要就无法满足。

3. 动机

动机是构成激励的核心要素。动机是一种推动人们从事某项活动的心理动力，动机驱使人们向满足需求的目标前进。需要产生动机，而动机则是需要的表现形式。

> 动机就是行为开始之前的主观愿望、想法和打算。《现代汉语词典》（第7版）中动机的解释为"推动人从事某种行为的念头"。
>
> 我们在分析一个人为什么会出现某种行为时，总是会先问他的动机是什么，也就是他的内心是怎么想的。

如果在游戏中能获得奖品，并且奖品是参与者想要的，那他就会朝着满足这一需要的方向前进，产生"站起来回答问题"的动机。因此，管理者应该充分激发被管理者希望满足某种需要的动机，使其产生有助于组织目标实现的行为。

关于动机，还要把握三个关键要素：努力、方向和坚持性。

受到激励的员工会努力地工作。然而，不仅是努力的强度，努力的质量也需要考虑。高强度的努力不一定会带来好的工作绩效，除非这种努力朝着有利于组织目标实现的方向。朝着组织目标并与之一致的努力是管理者期望从员工身上看到的。动机还包含坚持性，管理者希望员工能够为实现组织目标而不懈努力。

4. 行为

有什么样的动机，就会产生什么样的行为，行为是激励的目的。

例如，上述游戏中大家为了得到奖品，在动机的驱使下就产生了"站起来回答问题"的行为。

管理的最终目的是实现组织的目标，而组织目标的实现得益于人们被动机驱使所采取的实现目标的一系列动作。因此，我们说行为是激励的目的，也是激励能否取得成效及成效大小的衡量标准。

知识点二：如何进行激励

1. 激励的基本步骤

激励他人的典型步骤就是找到别人的需要，然后在他完成组织所需要的行为之后满足他的需要。具体包括以下三个步骤。

第一步，分析被管理者的需要。

第二步，用被管理者的需要激发其动机并引发其实施组织所需要的行为。

第三步，满足完成任务的行为者的需要（奖励）或对未完成任务者不满足其需要（或惩罚）。

奖励的目的就在于让员工知道他的行为是组织所需要的；惩罚的目的就在于让员工知道他的行为是组织所不认可的。

心理学研究表明：需要激发动机，动机引发行为。因此，管理者要想让下属产生组织所需要的行为，就必须激发下属的动机；而要想激发动机，就必须找到下属的需要。当找准了员工的需要并让员工清楚地知道满足需要的条件时，员工就会为了满足自己的需要而付出努力。

2. 激励的简单模式

通过上面的分析不难发现，激励的具体过程表现为：在各种管理手段与环境因素的刺激下，被管理者产生了未被满足的需要，从而造成心理与生理紧张；寻找能满足需要的目标，并产生要实现目标的动机；由动机驱使，被管理者采取努力实现上述目标的行为；目标实现，需要被满足，紧张心理消除，激励过程完成。

简单来讲，激励过程实际上就是一个由需要开始到需要得到满足为止的连锁反应。首先是感觉到有需要，由此产生要求（要达到的目标），造成心理紧张（未满足的欲望），于是采取行动以达到目标，最后需要得到满足。当一种需要得到满足后，人们会随之产生新的需要，作为未被满足的需要，又开始了新的激励过程，这就是激励的简单模式，如图8.1所示。

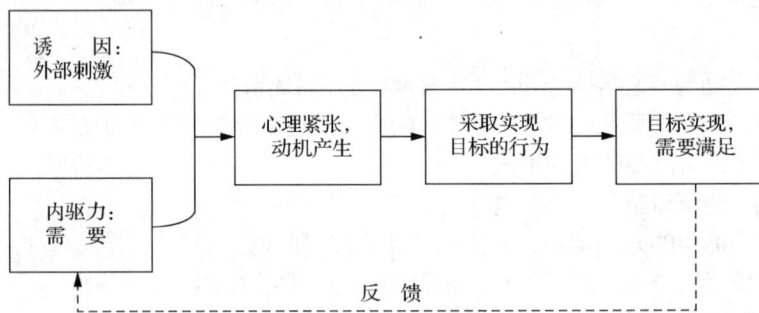

图 8.1　激励的简单模式

第二节　掌握六大经典激励理论及其启示

案例导入

助理工程师黄大佑毕业于一所重点大学，毕业后工作已八年了，于四年前应聘到一家工厂的工程部负责技术工作，他工作勤恳负责，技术能力强，很快就成为厂里颇有口碑的"四大金刚"之一，排名仅在厂技术总管陈工之后。然而，黄大佑的工资却同仓管人员差不多，一家三口尚住在初来公司时的那间平房中。对此，他心中时常有些不平。

黄厂长是一个有名的识才老厂长，"人能尽其才，物能尽其用，货能畅其流"，这句孙中山先生的名言，在各种公开场合不知被他引述了多少遍，实际上，他也是这么做的。四年前，黄大佑来报到时，门口用红纸写着的"热烈欢迎黄大佑工程师到我厂工作"几个气宇不凡的颜体大字，这是黄厂长亲自吩咐人秘部主任落实的，并且他还特意交代要把"助理工程师"的"助理"两字去掉。当时黄大佑确实感动不已，工作非常卖劲。

两年前，工厂有申报工程师指标，黄大佑属有条件申报之列，但名额最后却给了一个没有文凭、业绩平平的老同志。黄大佑想问一下原因，谁知，他没去找厂长，厂长却先来找他了："黄工，你年轻，机会有的是。"去年，他想反映一下工资问题，这问题确实重要，来这里工作其中一个目的不就是想工资高一点，提高一下生活待遇吗？但是几次想开口，都没有勇气讲出来，因为厂长不仅在生产会上大夸他的成绩，而且，曾记得，有几次外地厂家来取经，黄厂长当着客人的面赞扬他："黄工是我们厂的技术骨干，是一个有创新的……"哪怕厂长再忙，路上相见时，也总会拍拍他的肩膀说两句，诸如"黄工，干得不错""黄工，你很有前途"。这的确让黄大佑兴奋，觉得黄厂长的确是一个伯乐。前段时间，黄厂长还把一项开发新产品的重任交给黄大佑，大胆起用年轻人。

最近，厂里新建好一批职工宿舍，听说数量比较多，黄大佑决心要反映一下住房问题，谁知黄厂长又先找他，还是像以前一样，笑着拍拍他的肩膀："黄工，厂里有意培养你，我当你的介绍人。"他又不好开口了，结果房子没有换成。

深夜，黄大佑对着一张报纸上的招聘栏出神。第二天一早，黄厂长办公桌上压着一张小纸条。纸条上写着：

黄厂长：

　　您是一个懂得使用人才的好领导，我十分敬佩您，但我决定走了。

黄大佑于深夜

请问：黄工程师为什么要走？你认为黄厂长该如何做才能留住黄工程师？

正如前文所述，激励首先需要弄清楚别人的需要。那么，人的需要到底有哪些？管理者该如何抓住人们的需要进行有效的激励？对于这些问题，管理学家、心理学家们经过长期调查研究，最终总结形成了许多理论。这些经典的激励理论表明可运用什么样的方式方法来激发人们的动机，我们可以根据这些理论，在现实生活中依据权变原理加以灵活应用。

知识点一：马斯洛的需要层次理论

（一）理论内涵

1943 年，美国心理学家亚伯拉罕·H.马斯洛在《人类动机理论》一文中提出了著名的需要层次理论。马斯洛认为人类的需要从低到高可分为五个层次，分别是：生理需要、安全需要、社交需要（也译为归属与爱的需要、社会需要）、尊重需要和自我实现需要。之后，马斯洛对自我实现需要进行了深入研究，他相信人类都渴望自我实现。

1. 五个层次的需要

（1）生理需要。生理需要是指维持人类自身生存的基本需求。如衣、食、住、行等的基本需要。生理需要在所有需要中占绝对优势。具体说，假如一个人在生活中所有需要都没有得到满足，那么满足生理需要而不是其他需要最有可能成为他的主要动机。一个同时缺乏食物、安全、爱和尊重的人，对食物的渴望可能最为强烈。对于一个十分饥饿的人，除了食物，其他任何东西都不能引起他的兴趣了。这时，就可以客观地说，整个机体的特点就是饥饿，因为意识几乎完全被饥饿所控制。此时机体的全部能力都被投入解决饥饿的活动。

任何生理需要同时起着疏导其他需要的作用。例如，一个认为自己饿了的人也许实际上更多的是正在寻求安慰和依赖，而不是在寻求蛋白质和维生素；他也有可能通过其他活动，如喝水等来部分地解除饥饿感。

（2）安全需要。如果生理需要相对充分地得到了满足，接着就会出现一系列新的需要，我们可以把它们大致归纳为安全类型的需要，如：安全、稳定、依赖、保护、免受恐吓和混乱的折磨、对体制的需要、对秩序的需要、对法律的需要、对界限的需要以及对保护者实力的要求等。概言之，安全需要就是人们保护自己现在和将来免受人身、财产及情感、心理威胁或伤害的需要。

社会中的人，一般更喜欢一个安全、可以预料、有组织、有秩序、有法律的世界。这个世界是他可以依赖的。在这个世界中，出人意料、无法应对、混乱不堪的事情或者其他有危险的事情是不会发生的；而且在这个世界里，无论遇到了什么情况，也会有强大的保护者使他免于受难。

在世界上寻求安全和稳定的努力还体现在一些范围更广的方面，这些方面常表现为极为常见的偏爱：偏爱熟悉的事物而不是不熟悉的事物；或者偏爱已知的事物，而不是未知的事物。那种想用某一世界观把宇宙和宇宙中的人组成某种令人满意的、和谐的、有意义的整体的倾向，多少也是出于对安全的寻求。

（3）社交需要。社交需要指人们希望与人交往、避免孤独的需要，包括友谊、爱情、工作归属感等。这说明，人们希望在一种被接受的情况下工作，希望属于某个群体而不希望在社会中成为离群的孤独者。

如果生理需要和安全需要都很好地得到了满足，爱、感情和归属的需要即社交需要就会产生并且以此为中心。对爱的需要包括感情的付出和接受。如果这个需要不能得到满足，个人会空前强烈地感到缺爱。这样的一个人会渴望同人们建立一种关系，渴望在他所处的团体和家庭中有一个位置，他将为达到这个目标而付出努力。爱的需要既包括给予别人的爱，也包括接受别人的爱。

（4）尊重需要。尊重需要包括自我尊重和受人尊重两方面。自我尊重指自尊、自爱、自强、自主及成就感；受人尊重指地位、认可和关注等，也就是自己做出贡献后能得到他人的承认。

马斯洛指出，除了少数病态的人之外，社会上的人都有一种获得对自己稳定的、牢固不变的、通常较高的评价的需要或欲望，即一种对自尊、自重和来自他人的尊重的需要或欲望。这种需要可以分为两类：第一，对实力、成就、权能、优势、胜任以及面对世界时的自信、独立和自由等的欲望；第二，对名誉或威信（来自他人对自己的尊敬或尊重）的欲望，对地位、声望、荣誉、支配、公认、注意、重要性、高贵或赞赏等的欲望。

尊重需要的满足带来自信，使人觉得自己在这个世界上有价值、有力量、有能力、有位置、有用处和必不可少。然而这些需要一旦受到挫折，就会产生自卑、弱小以及无能的感觉。这些感觉又会使人丧失基本的信心，使人要求补偿或者产生神经质倾向。

自尊的必要基础之一，来自别人的尊敬和赞许，特别是在年轻时期。真正的自尊是以下所有事情：做行动的发起者；能自我决定；能掌握自己的命运；能决定行动；能够计划、执行并获得成功；能预期成功；愿意承担责任，至少在某种程度上愿意承担责任，尤其是为自己；是积极的而不是消极的；是一个人而不是一个物；自我决策的体验；自主权；首创精神；主动精神；才能得到其他人的承认。

（5）自我实现需要。自我实现需要是指使人能最大限度地发挥潜能，实现自我价值和抱负的欲望。马斯洛说："一位作曲家必须作曲，一位画家必须绘画，一位诗人必须写诗，否则他始终无法安静。一个人能够成为什么，他就必须成为什么，他必须忠实于他自己的本性。这一需要我们可以称为自我实现的需要。"自我实现指的是人对自我发挥和自我完成的欲望，也就是一种使人的潜力得以实现的倾向。这种倾向可以说成一个人越来越成为独特的那个人，成为他所能够成为的一切。在满足这一需要所采取的方式上，人与人是完全不同的。有的人可能想在体育上大显身手，还有的人可能想绘画或创造发明。在这一层次上，人与人之间的差异是非常大的。自我实现需要的共同之处在于，它们的显现，通常要依赖于前面所说的生理、安全、社交和尊重需要的满足。

2. 五个层次需要之间的关系

（1）以上五个层次的需要是呈金字塔形从低到高排列的，生理和安全需要属于较低层次的需要，社交、尊重和自我实现需要则属于较高层次的需要。低层次需要的满足主要来源于外部因素，而较高层次需要的满足则来源于内部因素。一般情况下，当同时存在的几种需要都受到挫折时，第一层次的需要以各种可以被证实的方式支配着机体。在这个意义上，生理需要强于安全需要，安全需要强于社交需要，社交需要又强于尊重需要，而后者又强于自我实现的需要。当然，也有一些例外，比如有些人把自尊看得比社交需要更重要；还有些人宁可穷困潦倒也不为五斗米折腰；有些人为追求个人理想和价值，可以放弃优渥的生活（这就是坚定的理想信念的作用）。

马斯洛指出，需要的层次越高，心理治疗就越容易，并且越有效。而在最低级的需要层级上，心理治疗几乎没有任何效用。例如，心理治疗不能止住饥饿。

（2）不同层次的需要可并存，但其中总有一种需要占主导、支配地位，人的行为主要受这种需要的驱使。而且，只有低层次的需要得到基本满足之后，较高层次的需要才成为主导需要。

（3）虽然不存在完全获得满足的需要，但满足那些获得基本满足的需要的行为也不再具有激励作用。任何需要的满足所产生的最根本的后果是这个需要被满足，一个更高级的需要出现。

> 马斯洛指出，一个需要得到满足，另一个需要相继产生，并不是说要等一个需要百分之百地被满足了，下一个需要才会出现。例如，如果低层次需要 a 仅被满足了 10%，那么较高层次需要 b 可能还杳无踪迹。然而，当需要 a 被满足了 25% 时，需要 b 可能显露出 5%，当需要 a 被满足了 75% 时，需要 b 也许显露出 50%。

（二）对管理实践的启示

根据马斯洛的需要层次理论，管理者在管理实践中应该做到以下两点。

（1）正确认识被管理者需要的多层次性和多样性，对被管理者的需要应进行科学分析并加以区别对待。同一个人在不同时期的需要不同，不同的人在同一时期的需要也不相同，因此，管理者需要在科学分析的基础上，找出受时代、环境及个人条件差异影响的主要需要，然后有针对性地加以激励，以收到预期激励效果。

为了激励员工，管理者需要了解不同员工的需要处于哪一需求层次，并聚焦于满足该层次或以上层次的需要，根据不同员工的不同需要来激励员工为满足自身需要而努力工作。员工需要层次分析如表 8.1 所示。

表 8.1 员工需要层次分析

需要层次	需要表现	满足需要的内容
生理需要	吃、穿、住、行	基本的工作、住宅设施、福利设施
安全需要	保障职位、防止意外	安全的工作条件、雇佣保证、退休金制度、健康保险、意外保险
社交需要	友谊、友爱、团体的接纳	和谐的工作小组、同事间的友谊、团体活动制度、互助制度、娱乐制度、教育培训制度
尊重需要	地位、权力、责任、尊重、认可	考核制度、晋升制度、资金制度
自我实现需要	成长、成就、进步与发展	挑战性工作、创造性工作、工作成就、相应的决策参与制度

（2）努力将本组织的管理手段、管理条件同被管理者各层次的需要联系起来，适时地、最大限度地满足被管理者的需要。

知识点二：赫茨伯格的双因素理论

（一）理论内涵

美国心理学家弗雷德里克·赫茨伯格（Fredrick Herzberg）于 20 世纪 50 年代提出了著名的双因素理论（Motivator-hygiene Theory）。该理论将员工的需要归结为保健因素和激励因素两类，因此又被称为激励-保健理论，认为内在因素与工作满意度相关，而外在因素与工作不满意度相关。

赫茨伯格想要知道什么时候人们会对自己的工作感到特别好（满意）和特别差（不满意）。他通过研究发现，当人们对自己的工作感到满意时，往往会提到一些来源于工作本身的内在因素，如工作成就、认可、责任、晋升、成长等。当人们对工作感到不满意时，他们往往会提到来源于工作情景的外在因素，如公司政策与管理、人际关系、工作条件、工资、个人生活、地位、工作保障等。

赫茨伯格的研究还表明了满意的反面并不是传统所认为的不满意。消除了工作中的不满意特征并不一定会使员工对工作更加满意（或者受到激励）。由此，赫茨伯格提出存在一个二维连续体：满意的反面是没有满意，而不满意的反面是没有不满意，也就是在不满意和满意之间还有一个中间状态——既没有不满意，也没有满意。

1. 保健因素

导致对工作不满意的外部因素称为保健因素，当人们得不到这些方面的满足时，会感到不满意，从而影响工作；但当人们在这些方面得到满足时，不会感到不满意，但是也不会感到满意（或受到激励）。因为只是消除了不满，却没有调动工作积极性，即不起明显的激励作用。

这些因素之所以称为保健因素，是因为它同卫生保健对人们身体的影响相似：加强了，可以预防疾病、保护健康，但不能治病；削弱了，就会增加生病的可能性。

2. 激励因素

为了激励员工，赫茨伯格建议应该强调激励因素，也就是增加员工满意度的内在因素。

当人们得不到这些方面的满足时，工作缺乏积极性，但不会产生明显的不满情绪；当人们得到这些方面的满足时，会对工作产生浓厚的兴趣，产生很大的工作积极性，起到明显的激励作用。

（二）对管理实践的启示

（1）要善于区分管理实践中存在的两类因素。一方面，对保健因素给予基本的满足，以消除下属的不满。例如，不断改善工作条件、提高福利待遇等，可以保持下属的工作热情。管理者设法消除导致工作不满意的那些因素，能够使员工不会感到不满意，但不一定能够激励他们。所以，还要抓住激励因素，进行有针对性的激励。对员工最有效的激励就是使其对所从事的工作本身满意，因此，管理者应该运用各种手段，诸如调整分工、增加工作的挑战性、实现工作内容丰富化、提升发展空间等来增加员工对工作的兴趣，千方百计地使员工满意自己的工作，从而达到有效激励的效果。

（2）正确识别与选择激励因素。能够对员工积极性产生重要影响作用的激励因素在管理实践中不是绝对的，它受到社会阶层及个人的经济状况、社会身份、文化层次、价值观念、个性、心理等诸多因素的影响。在不同国家、不同地区、不同时期、不同阶层、不同组织乃至每个人，最敏感的激励因素是各不相同的，有时差别还很大。因此，必须在分析上述因素的基础上灵活地确定激励因素。例如，高薪对于事业心很强、精力充沛的年轻人来说具有很强的激励作用，为此他们甚至可以牺牲正常的休息时间；而对于年龄较大的员工来说，他们宁可少拿点钱也要保证足够的休息时间。

管理实践
识别与选择激励因素案例

（3）从双因素理论看薪酬管理。基本待遇（长期不变的固定工资、福利等）属于保健因素，它属于薪酬体系的基础部分，是保障员工基本生活与工作需要的部分，它应该保持基本稳定，否则会导致员工的不满意，影响其工作积极性。改善基本待遇，能消除"不满意"，但不能带来"满意"，可能使员工处于既没有"不满意"，也没有"满意"的中间状态；而奖金、绩效工资（中短期的浮动工资）由于是对员工成绩的认可，因此属于激励因素，要在考核的基础上加大比例，以真正提高员工对工作的满意度，提高其工作业绩。这部分工资应该处于变化之中，否则会转化为保健因素，失去激励作用。一句话，管理者应不断满足员工的基本需要（如改善工资待遇、工作条件、人际关系等），在此基础上论功行赏，改善工作本身，让员工感觉到受重视、工作有前途，从而提高员工的积极性。

知识点三：麦克莱兰的三种需要理论

（一）理论内涵

美国著名心理学家戴维·麦克莱兰（David McClelland）在 1955 年对马斯洛需要层次理论的普遍适用性提出了挑战。麦克莱兰经过多年的研究，于 1969 年出版了《激励经济成就》一书，在该书中将人的需要归纳为三大类，即成就需要、权力需要和归属需要，从而形成了三种需要理论（Three-needs Theory）。麦克莱兰认为，人的这三种需要不是与生俱来的，而是在后天的工作和生活中习得的。

1. 成就需要

成就需要是指想要达到标准、追求卓越、获得成功的愿望。高成就需要者有强烈的内驱力想要将事情做得更好，使工作更有效率，以获得更大的成功，但他们追求的是个人的成就感而不是成功之后所获得的奖励，这种内驱力被称为成就需要。

成就需要较高的员工始终致力于追求个人成就，而不是成功所带来的奖励。他们不喜欢凭运气获得的成功。他们愿意接受困难的挑战，并能承担失败的后果，但他们不愿使结果受运气或他人左右。他们渴望将事情做得比以前更好、更高效，他们偏好这样的工作：能够独立解决问题的工作；能够获得及时、明确的绩效反馈以告诉他们是否有所改进的工作；目标难度适中的工作。

高成就需要者会尽量避免他们认为过于容易或者过于困难的工作任务。在自己感到成败机会各半的工作中，也就是成功可能性在 50% 的工作中，他们表现得最为出色。他们喜欢设定通过自身的努力才可达到的奋斗目标。对他们而言，成败可能性均等，才是一种能从自身的奋斗中体验成功的喜悦与满足的最佳机会。

2. 权力需要

权力需要是指想要使他人听从自己的指挥以某种特定方式行事的期望，包括影响和控制他人或不受他人控制两个方面。

具有高权力需要的人热衷于承担责任，努力影响他人，喜欢竞争性强和重视地位的工作环境。与有效的绩效相比，他们更关心自己的威望和获得对他人的影响力。

3. 归属需要

归属需要是指想要建立友好、亲密的人际关系的愿望，也就是寻求被他人喜爱和接纳的一种愿望。

高归属需要者渴望友谊，喜欢合作而不是竞争的环境，希望彼此之间友好沟通与理解。

（二）对管理实践的启示

三种需要理论告诉我们，管理者只有搞清楚每个人的需要属于哪种类型，才能进行有针对性的激励。

（1）高成就需要者喜欢能独立负责、可以获得信息反馈和中度冒险的工作环境。在这种环境下，他们可以被高度激励。不少证据表明，高成就需要者在经营自己的公司、管理大公司中的一个独立部门及处理销售业务等方面会颇有建树。对于高成就需要者，可以通过给他想干的、有挑战性的工作或满足他的工作需要来进行激励。

（2）高成就需要者并不一定能够成为一名优秀的管理者，尤

有些人有能力但不愿意当"官"，一些企业喜欢把那些工作出色的员工提拔为管理者，结果发现，这个人当了"官"之后，并没有带来预期的结果，而这个人自己也在苦恼，为什么担任这个职位，总是感到很别扭，就是这个道理。

其是对规模较大的组织而言。例如，一名高成就需要的推销员并不一定能成为优秀的销售经理，一位优秀的教师不一定能成为一名优秀的校长。因为高成就需要者重视他们自身的成就，而优秀的管理者应该重视帮助其他人实现目标。

（3）归属需要与权力需要和管理的成功密切相关。优秀的管理者往往具有较高的权力需要和较低的归属需要。对于权力需要者，可以通过职位的晋升和授权来进行激励；对于归属需要者，可以通过给予尊重和认可、营造良好的人际氛围来激励。

（4）可以通过训练员工来激发成就需要。如果某项工作需要高成就需要者，那么管理者可以通过直接选拔的方式找到一名高成就需要者，或者通过培训的方式培养自己的下属。麦克莱兰认为可以通过培训来激发员工的成就需求，如为他们营造个人负责、自我反馈和中度冒险的工作情境。

知识点四：弗鲁姆的期望理论

期望理论（Expectancy Theory）是美国心理学家维克托·H.弗鲁姆（Victor H.Vroom）于1964年提出来的，弗鲁姆通过人们的努力行为与预期结果之间的因果关系来研究激励的过程。

（一）理论内涵

期望理论认为，个体趋于表现出某种特定行为是因为预期该行为会带来特定的结果，以及所得结果对该个体具有吸引力。也就是说，人们对某项工作积极性的高低，取决于他对这项工作能满足其需要的程度及实现可能性大小的评价。通俗地讲，一个人只有预期某种行为会给他带来具有吸引力的结果时，他才会采取积极的行动。具体而言，当员工认为努力会带来良好的绩效评价时，他就会受到激励，进而付出更大的努力；良好的绩效评价会带来组织奖励，如奖金、加薪或晋升；组织奖励会满足员工的个人目标。因此，这一理论着眼于三种关系，如图8.2所示。

个人努力 —①→ 个人绩效 —②→ 组织奖励 —③→ 个人目标

1. 努力-绩效关系；2. 绩效-奖励关系；3. 奖励-个人目标关系

图 8.2 期望理论

1. 努力-绩效关系

努力-绩效关系，是指个人认为通过一定程度的努力会达到一定绩效水平（组织给员工设定的目标或规定的任务）的可能性。例如，如果我付出了最大的努力，能否实现组织期望的目标？需要付出多大努力才能达到某一绩效水平？我是否真的能达到这一绩效水平？达到这一绩效水平的概率有多大？在其他因素正常的情况下，仅从这一角度来讲，员工觉得达到绩效水平的可能性越大，其积极性就会越高。

2. 绩效-奖励关系

绩效-奖励关系，即个人对达到一定工作绩效后即可获得期望的奖赏的信任程度。例如，当我达到这一绩效水平后，会得到自己所期望的奖励吗？同样，觉得获得期望的奖励的可能性越大，个人的积极性就会越高。

提示与说明

当学生重视成绩，并知道只要坚持听讲就能获得好成绩时，就会非常努力、坚持听讲。但当学生努力之后并没有实现预期目标（也就是考砸了）时，可能就不再努力了。但如果学生坚持来上课是为了认识更多的朋友，而老师却以为他希望获得好成绩，那学生考砸了的时候，伤心的就只有老师一个人了。

医生的期望能够极大地影响新药或新的医疗方法的功效，产生被医学专业称为"安慰剂效应"的结果，即"预言导致预言的实现"。

3. 奖励-个人目标关系

奖励-个人目标关系，即所获得的实际奖励对个人的重要性程度和吸引力。例如，这一奖励是不是我需要的？对我有多大好处？一般来说，如果员工觉得给予的奖励对自己很重要，其积极性就会高。如果员工努力工作以期获得晋升，但得到的却是加薪；或者员工希望得到一个比较有挑战性的工作，但得到的却是几句表扬的话。在这两种情况下，奖励对员工的激励就达不到预期效果。

（二）对管理实践的启示

期望理论可以总结为以下几个问题：为了实现某一特定的绩效水平，我应该付出多大程度的努力，并且我是否真的能够达到这一水平？达到这一绩效水平可以为我带来什么奖励？该奖励对我的吸引力如何，是否有助于实现我的个人目标？在任何时候，员工是否受到激励而付出努力（即努力工作）取决于员工是否认为达成某一特定绩效水平对实现目标必不可少——只有当一个人觉得自己通过努力能够完成组织规定的任务（或绩效），而且完成任务后能够获得应有的奖励，这一奖励刚好又是自己最想要的奖励的时候，他的积极性才会空前高涨。

1. 目标激励与悬赏激励相结合

目标激励与悬赏激励相结合，也就是通过设定一定的目标来进行激励。这是基于第一种关系（努力-绩效关系）来讲的。

（1）目标不宜过高，也不能过低。凡是能起广泛激励作用的目标，都应是大多数人经过努力能实现的，这样就可以通过增大实现概率来增强激励作用。如果一个人通过努力有较大可能获得好成绩，他就会信心十足地去做好工作；如果工作太难或是目标定得太高、可望而不可即，他就会丧失信心，就不会有积极性。因此，一方面，要通过指导和培训来提高员工的能力，以保证员工有能力完成某项工作任务，同时应根据每个人的能力特长来分配、安排工作；另一方面，制定的工作目标必须切实可行，并尽可能排除那些可能会干扰员工完成任务的不利因素。

提示与说明

只有经过一定的努力能实现的目标才具有激励作用。例如，篮球架如果太高，再怎么努力也够不着，就会让人失去信心；如果太低，伸手就能够得上，就会让人觉得没意思。所以，进行目标激励时，设定的目标既不能过高（超出被激励者的能力范围），也不能过低（过低会导致被激励者的才干无法充分施展）。激励的艺术在于让员工充满信心，使他们感到自己是胜任这项工作的，只要更加努力，目标是完全可以实现的。

（2）针对不同的人应设立不同的目标。不同的人由于工作能力等不同，对同一目标是高是低也会有不同的感受。而且，在一个组织中，对于许多人来说，做好工作并不是他的终极目标，人们总是希望在取得好的成绩后，获得适当的奖励或报酬。如果只有一个目标，或是奖酬与工作成绩之间没有关联，那他的工作干劲就很难保持下去，因此，可以设立不同的目标进行悬赏激励，即通过设立奖励等级，把奖励内容与工作成绩挂钩。

2. 兑现诺言

兑现诺言在现实生活中非常重要。一些组织的领导者，在工作开始之前，为了激发员工的积极性，总是许诺工作完成之后进行奖励，可一旦工作完成，领导者往往又会因为受奖励的人员太多而压缩奖励内容甚至不进行奖励，从而引发员工的不满。

提示与说明

期望理论是以"经济人"假设为基础的。基于东西方文化的差别，一方面，我们不能完全照搬这一理论。按照这一理论我们无法理解"明知山有虎，偏向虎山行"，无法理解见义勇为等利而为的义举。另一方面，我们又不能回避一般人都有的趋利避害心理。例如，人们不一定专挑有好处的事去做，但明知没有好处的事一般不会去做。再比如，一些人见义勇为不一定是为了得到什么奖励，但许多人不见义勇为是因为觉得一旦见义勇为而不成功太划不来。因此，正确运用期望理论的做法应该是：我们一定要在全社会范围内形成一种风气，让见义勇为者得到好报，这样才会有更多的人见义勇为。

因此，管理者一旦承诺进行奖励，就必须兑现诺言，只有当员工觉得自己该获得奖励就能获得奖励的时候，激励效果才能长久。这是基于第二种关系（绩效-奖励关系）来说的。

3. 按需激励

按需激励也就是要根据员工的需要来进行激励，即选择员工感兴趣、评价高，也就是对员工吸引力最大的激励手段。这是基于第三种关系（奖励-个人目标关系）来说的。

如果不从实际出发，不考虑员工的实际需要，只从管理者本人或上级的意志或兴趣出发，推行对员工来说重要性不高、吸引力不大的项目，是不可能起到激励作用的。员工总是希望通过努力使所得到的奖励能满足自己的需要，如果人们所获得的奖励不是他们所需要的，那这样的奖励就起不到较好的激励作用。由于人与人之间在年龄、资历、社会地位、经济条件等方面存在着差异，反映在需要上也就有明显的个体差异，同一形式的奖励，对不同的人们所能体现的效果不同，激励作用也不同。因此，奖励要因人而异、内容丰富、形式多样、奖人所需，只有这样，才能真正发挥奖励的作用。

知识点五：亚当斯的公平理论

大量的事实表明，人们经常将自己的付出与所得和他人、自己的过去相比，而由此产生的不公平感将影响到此人以后的努力。有学者通过对一事实的研究提出了公平理论（Fair Theory）。

（一）理论内涵

公平理论是美国心理学家亚当斯（Adams）于1965年提出的，亚当斯重点研究了个人做出的贡献与所得报酬之间关系的比较对激励的影响。公平理论认为，人的工作积极性不仅受其所得绝对报酬（自己的实际收入或所得报酬）的影响，更重要的是受其相对报酬（自己的收入或所得报酬与自己的付出之比值）的影响。

> 人们经常都在自觉不自觉地比较，与不同时期的自己比，与他人比。如果自己对比较的结果感到公平，就会继续努力；否则，便会产生不良情绪，影响正常的工作、学习和生活。

公平这一术语指的是与你行为表现方式相似的个体相比，你是否获得公正和平等的待遇。研究表明，员工会拿自己与其他人进行比较，而不公平感会影响员工努力的程度。员工首先思考自己收入与付出的比率，然后将自己的"收入/付出"与那些与自己有关系的人的"收入/付出"进行比较，如果员工感觉自己的比率与他人的相同，则认为是公平的；如果感到二者的比率不相同，则产生不公平感，也就是说，他们会认为自己的收入过高或过低。这种不公平感出现后，员工们就会试图去纠正它。公平理论也被称为"社会比较理论"。

1. 付出与报酬

付出指的是一个人自己觉得付出的劳动量的多少、效率的高低和质量的好坏，还指其所感受到的能力、经验、资历、学历投资等贡献的高低或多少，如体力和脑力消耗、技术水平高低、工龄长短、工作态度等。

收入（或所得报酬）指的是一个人主观认识到的工作、劳动后所得到的回报，如工资、奖金、赞赏、表扬、名誉、地位升高甚至自己体会到的成就感等。

相对报酬指的是个人的收入与付出的比值，即"收入/付出"。

2. 比较

公平理论认为，员工所选择的与自己进行比较的参照对象主要有以下四种。

（1）内部的自我。员工会把自己在当前组织中不同职位上的"收入/付出"进行比较。当（收入/付出）$_{职位2}$≥（收入/付出）$_{职位1}$时，员工才会选择从职位1调至职位2。

（2）内部的他人。员工会把自己的"收入/付出"和本组织中从事相似工作或能力相同的其他人的"收入/付出"进行比较。当（收入/付出）$_{自己}$≥（收入/付出）$_{他人}$时，员工才有公平感甚至优越感。

> 这两种比较称为内部比较，体现了内部公平。

（3）外部的自我。员工会把自己目前的"收入/付出"和在以前的组织中相同职位上的"收入/付出"进行比较。当（收入/付出）$_{当前}$≥（收入/付出）$_{过去}$时，员工才会对现在的工作表示满意。

（4）外部的他人。员工会把自己目前的"收入/付出"和其他组织中相同职位或相同能力的人的"收入/付出"进行比较。当（收入/付出）$_{自己}$≥（收入/付出）$_{他人}$时，员工才有公平感甚至优越感。

> 这两种比较称为外部比较，体现了外部公平。

员工是否感到公平，所依据的就是相对报酬比较的结果。相对报酬如果相等，员工就会感到公平，否则就会感到不公平。

基于公平理论，员工获得公平感受时，会感到心情舒畅，努力工作；员工得到不公平感受时，就会出现心理上的紧张、不安，从而采取行动以消除或减轻这种心理紧张状态。通常情况下他们可能会采取以下几种做法：改变自己的投入（如不再那么努力）；改变自己的产出（如领取计件工资的员工通过追求数量、降低质量以提高工资）；改变自我认识（如原来认为自己付出的不够，但现在觉得自己比其他人都努力）；改变对其他人的看法（如认为某某的工作不像以前认为的那样令人满意）；选择其他参照对象进行比较（如比上不足、比下有余）；离开当前工作场所（如辞职）。

（二）对管理实践的启示

公平理论告诉我们，组织中的员工不仅关心自己努力后所得的绝对报酬，而且还关心自己的报酬与他人的报酬的比较关系。他们将自己不同时期的"收入/付出"以及自己的"收入/付出"和别人的"收入/付出"进行比较，做出判断。因此，公平理论对管理实践具有重要的指导作用。

（1）管理者必须高度重视相对报酬。员工就自己的报酬进行外部、内部比较是必然的。管理者如果不加以重视，很可能出现"增收"的同时亦"增怨"的现象。中国自古就有"不患寡而患不均"的说法，所以管理者必须始终将保持相对报酬公平作为有效激励的方式来加以运用。

提示与说明

应对"工资低"的抱怨不一定非得加工资，有时员工抱怨工资低是因为相互比较后产生了不公平感，只要通过调整工作内容、改变工资制度就能改变。从经济学的角度来讲，工资涨到一定程度后，旅游休闲的奖励对劳动者的激励可能更大，继续增加工资可能不会使员工付出更多，反而会使其减少劳动供给。

（2）要尽可能从制度上实现相对报酬的公平性。例如，通过外部薪资调查，保持本组织的竞争优势，实现外部公平，这样有利于吸引人才。再如，在内部薪资管理上，将报酬与工作表现、业绩挂钩，多劳多得，鼓励先进，鞭策落后，实现内部公平，有利于留住人才。

公平理论最开始聚焦于分配公平，即人们认为报酬数量以及报酬分配的公正程度。近年来，越来越多的研究聚焦于程序公平，即用来确定报酬的程序所具有的公正程度。研究表明，分配公平比程序公平更能影响员工的满意度，而程序公平往往会影响员工对组织的承诺、对上级的信任以及辞职的意愿。这对管理者而言有什么意义呢？他们应该考虑将信息公开化，遵循稳定、公正的程序，并采取措施以提高员工对程序公平的认同感。提高员工对程序公平的认同感后，他们即使对报酬、晋升或者其他个人所得不满意，也可能会积极地看待他们的上级和组织。正如法律上所讲的，程序正义是对实体正义的保障，是实体正义实现的手段。只有程序公平得到保障，实体正义才可能实现。

（3）当出现不公平现象时，要做好思想工作，积极引导，防止负面作用发生，并且通过管理的科学化，消除不公平，疏导不安心理。

知识点六：斯金纳的强化理论

1. 理论内涵

强化理论（Reinforcement Theory）是美国哈佛大学心理学教授B.F.斯金纳（B.F.Skinner）提出的。斯金纳在巴甫洛夫条件反射（经典条件反射）理论的基础上，提出了"操作条件反射理论"（即"强化理论"）。强化理论认为，行为是结果的函数，人们通过学习知道如何行事以获得自己想要的东西或者避开自己不想要的东西。操作性行为是一种自觉行为或习得行为。这种重复习得行为的倾向会受到该行为导致的结果是否得到强化或缺乏强化的影响。行为结果得到强化会使得该行为也得到强化，并提高该行为重复的可能性。而行为结果缺乏强化会导致该行为的弱化，并降低该行为重复的可能性。简单地讲，就是人们为了达到某种目的，就会采取行为作用于环境。当行为的结果有利时，这种行为就重复出现；不利时，这种行为就减弱或消失。

在管理实践中，常用的强化手段有正强化、负强化、惩罚和自然消退四种类型。

（1）正强化。当某一行为出现之后，给予某些令人愉悦的诱因，例如，因为某项工作的出色表现而表扬一名员工，这种方式称为正强化。正强化提高了期望行为重复出现的可能性，又称积极强化，如奖励，通常做法就是奖励那些符合组织需要的行为，以使这些行为得到进一步加强并经常出现，从而有利于组织目标的实现。正强化的刺激物包括奖金等物质奖励，还包括表扬、晋升、改善工作条件等非物质奖励。正强化包括制度化的奖励和根据员工表现所进行的不定期、不定量的奖励。

（2）负强化。通过消除或撤销某些不愉快的诱因来强化某种行为则是负强化。当管理者说："如果你准时上班，我就不会扣你的工资了"，这就是典型的负强化——通过撤销某些不愉悦的东西（扣工资）来鼓励期望行为（员工准时上班）。负强化实际上是在事先指出那些不符合组织需要的行为，并说明这些行为的危害以及将要对这些行为采取的惩罚措施，从而使这些行为减少甚至不发生，从而保证组织目标的实现，所以负强化又称消极强化，即事先警告。这种强化方式能从反面促使人们重复符合要求的行为。例如，员工得知不努力工作就会受到批评，而努力按时完成任务，就可以避免领导的批评，于是员工就一直按时努力完成任务。员工之所以努力完成任务，是为了避免领导的批评。

提示与说明

所谓强化，是指当对一种行为给予肯定或否定时，这种行为的结果就可以在一定程度上影响或控制该行为的重复出现。当行为的结果有利于个人时，这种行为就可能重复出现。比如，员工因工作努力取得了较好的成绩而获得了一定的奖励，那这名员工就可能会进一步努力工作。反之，当行为的结果不利于个人时，这种行为就会减弱或消失。例如，员工因为迟到而被扣发工资时，迟到这种行为就会减少或消除。这一过程中，对行为有强化作用的手段叫作强化物。

（3）惩罚。惩罚就是惩处那些不符合组织需要的行为，以使这些行为减少甚至消失。例如，有的员工工作没有做好时，管理者就会对员工进行处罚，如警告、记过、降职、罚款、开除等，其目的在于杜绝以后再出现类似情况。惩罚一定要维持其连续性，即每一次出现不符合需要的行为时都要及时进行惩罚，从而消除员工的侥幸心理，减少直至完全消除这种行为重复出现的可能性。

（4）自然消退。消除维持某一行为所需的所有强化称为自然消退。当一种行为得不到强化时，这种行为就会逐渐消失。

自然消退有两种方式。一是对某种行为不予理睬，以表示对该行为的轻视或某种程度的否定，使其自然消退。比如，在开会时，如果管理者不希望员工一直提出一些无关紧要的或是分散注意力的问题，他可以在这些员工举手发言时忽略他们以消除这种行为。不久，这种行为就会消失。再比如，对于那些喜欢打小报告的人可以采取故意不理会的态度，以使这类人自动放弃这种行为。但这种消失的行为在没有良好的行为置换时可能会死灰复燃，所以最好与其他方式结合使用。二是取消正强化，也就是对原来用正强化手段鼓励的有利行为由于疏忽或情况改变，不再给予正强化，使其逐渐消失。例如，企业原来对超额完成任务都给予较高的奖励，但现在由于管理者更换或政策改变不再有此项奖励了，那么员工超额完成任务的积极性就会逐渐消退。

提示与说明

让人发自内心地去做某件事是激励，让人发自内心地不去做某件事也是激励。所以，我们可以采用逐渐加大奖励幅度的做法来促使所需要的行为不断出现，也可以采用逐渐减少奖励幅度的做法也就是自然消退的方式来减少甚至消除一些所不需要的行为。

门房旁边放了一张旧钢丝床，接连几天一些小朋友放学后就来蹦蹦跳跳，严重影响了王大爷的休息，可是不管他怎么说，这些小家伙就是不走，反而和王大爷玩起了老鹰抓小鸡的游戏。王大爷拿他们真是没办法。小张给王大爷支了一招。第一天，小张拿出一个大苹果对小朋友们说："你们比赛蹦床，谁蹦得最高，这个苹果奖给谁。"小朋友一看玩耍还有奖品，蹦劲十足。最后，蹦得最高的小朋友果真得到了大苹果。结束时，小张又对他们说，明天你们还来吧，照样有奖品。第二天，小张给予的奖品是一个棒棒糖，比第一天的苹果的诱惑力小了许多，小朋友们本着"既来之，则安之"的想法，又蹦了一阵子。第三天，小张拿出了一个小玻璃球，小朋友们一看，没意思，一哄而散，再也没兴趣蹦了。

2. 对管理实践的启示

强化理论对管理实践有重要的指导作用。

（1）要明确组织所需要的行为和不需要的行为。员工只有知道了组织需要什么，才能表现出满足需要的行为。对组织需要的行为，一定要进行奖励；而对组织所不需要的行为，则一定不能进行奖励。

（2）奖励与惩罚相结合，"以奖为主，以罚为辅"。斯金纳认为，如果人们的某种行为得到了正面的强化，那么他们可能会更加乐于实施这种期望的行为。而且如果在发生这种期望的行为之后立即得到了期望的回应，奖励效果最为显著。得不到奖励或者是受到惩罚的行为，重复发生的可能性会有所降低。所以，对正确的行为也就是组织所需要的行为、对做出成绩的员工或团队要给予适当的奖励；对于不良行为也就是一切不利于组织工作的行为，则要给予处罚。大量实践证明，奖惩结合的方法优于只奖不罚或只罚不奖的方法。强调奖励与惩罚并用，并不等于奖励与惩罚并重，而是应以奖为主，以罚为辅。过多运用惩罚会带来许多消极的作用，在运用时必须慎重。

（3）及时而正确地进行强化。所谓及时强化，是指让人们尽快知道其行为结果的好坏或进展情况，并尽快地予以相应的奖励。而正确强化就是要"赏罚分明"，即当良好行为出现时就给予适当的奖励，而不良行为出现时就给予适当的惩罚。及时强化能给人们以鼓励，使其增强信心并迅速激发工作热情，但这种积极性的效果是以正确强化为前提的；相反，乱赏乱罚不会产生激励效果，甚至会产生消极作用。

（4）奖人所需，形式多样。要使奖励成为真正强化因素，就必须因人而异地进行奖励。每个人都有自己的特点和个性，其需要也各不相同，因而他们对具体奖励的反应也会大不一样。所以奖励应尽量不搞一刀切，应该奖人之所需，形式多样化，只有这样才能更好地起到奖励的效果。

📚 管理实践

在服务行业工作，难免遇到糟心事。2023年3月26日晚，超市品牌胖东来一度登上微博热搜榜第一。据《大河报》报道，当日，网传的一张胖东来薪资待遇表引发广大网友关注，其中提到，按正常流程工作受到委屈，会给予"委屈奖"。对此，胖东来办公室回应称，公司对员工确实设有"委屈奖"，意在鼓励员工做正确的事。如员工制止某些不文明行为被投诉、遭到辱骂恐吓等，胖东来就会以公司名义进行奖励，但奖励标准并非网传的5 000~8 000元，而是根据不同的情况，奖金从500元到5 000元不等。

（5）循序渐进地塑造员工。正强化和负强化都强化了期望行为，并且提高了期望行为重复出现的可能性。惩罚和自然消退是通过弱化达不到期望的行为和降低这种行为出现的频率来实现的。这就告诉我们，如果管理者只在该员工表现出期望行为时才予以强化，那么强化这种行为的机会出现的频率可能会过低，员工改进就显得比较慢，甚至会被弱化。因此，管理者通常会循序渐进地指导员工学习以努力塑造员工。比如，如果一位长期迟到半小时的员工仅仅迟到了20分钟，我们就可以强化这一改进。随着员工越来越接近期望行为，强化程度也应该加强。换句话说，虽然员工的行为表现与组织所期待的行为还有差距，但如果他一直在改进，管理者还是要给予正强化，比如及时的肯定和支持。这一方法也可用在家庭教育、学校教育等方面。

🧑‍🏫 提示与说明

惩罚的目的不应该是为了惩罚某个人，而应该是制止某种不需要的行为；同样，奖励的目的也是为了提倡某种需要的行为。

某超市老板规定，凡是营业员所负责的柜台有商品丢失现象，则扣除该营业员当月的全部奖金。结果，超市商品丢失的现象不仅没有减少，反而变多了。原来，营业员每个月在商品第一次丢失之后就不再认真看守柜台了，因为丢了一次和丢了多次的结果都一样——当月奖金被扣光。

管理顾问给老板支了一招：凡是柜台商品丢失，营业员当月奖金全部扣除，但如果不再发生商品丢失现象，则当月奖金返还50%，如果当月无商品丢失，则当月奖金增加50%。结果，营业员积极性大增，商品丢失现象很少再发生。

第三节　了解一些激励实务性知识

案例导入

小学生打扫卫生的时候，老师经常会将一个班的同学分成好几个组，各组有各组的任务。一次，小明所在的小组成员约好放学后一起去玩，所以就快速地完成了老师布置的任务。原以为任务完成了就可以提前放学，可是老师却说："你们没看到其他小组的任务还没有完成吗？快去帮帮他们。"自那之后，小明他们再也不敢提前完成老师布置的劳动任务，因为这样做的话，不仅不能提前放学，还要完成更多的任务。

你是不是也曾遇到过这类情况？

其实，一些企业也存在这一类似的现象。例如：企业都希望员工能主动承担工作、能取得更好的成果，但承担工作最多的人总是那些工作效率最高的人，受到责备或批评、惩罚最多的人，也总是那些工作做得最多的人，而那些会抱怨且光说不做的人和那些看起来最忙碌的人，却总是因为失误少和"没有功劳，也有苦劳"的原因得到了更多的奖励。其结果是，人人都不愿意承担责任、不愿意提高工作效率，组织里充满着一群似乎非常忙碌的所谓的"敬业者"。

每个组织都需要创新，需要有创意的人，但一些单位却总是把担子压在那些提出新建议、新方案的人的肩上（谁提出谁负责），惩罚那些敢于标新立异的人，处罚未能成功的创意提出者，而奖励那些墨守成规、唯唯诺诺的行为。其结果是，没有人敢提新建议、新方案。

请问：为什么会出现这些情况呢？问题究竟出在哪里？

知识点一：激励的误区与对策

（一）激励的误区

尽管现实生活中，管理者采用了大量的激励政策，但员工往往不能按管理者所希望的、要求的、渴望的方式行事。现在看来，不是激励失效，而是激励错了——正确的行为被忽视或被惩罚，而错误的行为却被奖励，这就是一些管理者经常陷入的误区。

（二）对提高激励效果的几点建议

结合前面的案例和那些经典的激励理论，可以得出以下一些提高激励效果的方法。

1. 需要什么行为，就奖励什么行为；奖励的越多，得到的越多

我们得到的，往往不是我们所希望的、要求的、渴望的或是请求的，而是我们所奖励的。在任何情况下，人们（包括其他动物）都会做对自己最有利的事。员工表现不佳，并不是因为无知、愚蠢或懒惰，他们只是按照各种奖励制度（有显性的文字规章制度，也有隐性的、约定俗成或是逐渐形成的群体规范或是领导的口头承诺、会议发言等）去做。所以，想要员工做出什么行为，就应该奖励什么行为，奖励的越多，员工的积极性就会越高。

要注意：奖励要新颖、诚恳（不刻意）、特别（像是专门针对某一个人）、与行为的重要性相称、具体确切、即时（一出现就立刻表扬）。

2. 不需要什么行为，就制止什么行为，更不能去奖励它

在尝试着要做正确的事情时，很容易陷入这样的误区，即奖励错误的行为，而忽视或惩罚正确的行为。结果是，我们希望得到 A，却奖励了 B，而且还在困惑为什么会得到 B。因此，在实际的管理过程中，虽然我们无法控制每个人的行为，然而，由于大多数人都会去做受到奖励的事情，所以我们必须也只能够把握一点——奖励政策。重新审视奖励政策，首先确定什么行为是我们所需要的，然后对我们所需要的行为进行奖励。凡是应该受到奖励的就必须进行奖励；相反，凡是应该受到惩罚的就应该立即加以惩罚。

3. 区分各个对象的差异，以满足员工的需要奖励员工

所有的激励需求理论都揭示一个共同的命题——每一个激励的对象都是一个独特的、与众不同的个体，他们的需求目标、处世态度都具有个性特征，因而要对症下药，绝不能奢望用一张处方治好所有的病人。比如，在同一时期、同一地点，对不同的人应采用不同的激励手段；而对同一个人，在不同的时期也需要用不同的方法才能起到更好的激励效果。

4. 设定恰当的目标，将奖励与绩效挂钩

根据期望理论和公平理论，设定恰当的目标，将奖励与绩效挂钩，能增强激励的效果。

有研究认为，具体的工作目标会提高工作绩效，与容易的目标相比，困难的目标一旦被员工接受，将会产生更高的工作绩效。关于目标设置的研究表明，明确具体且富有挑战性的目标提供

> 此处提出困难的目标能够使激励效果最大化，而前述难度适中的目标能够激发成就动机，这两者其实并不矛盾。此处针对的是那些接受并致力于实现这些目标的人。因为困难的目标只有在被接受的情况下才会带来更高的绩效。而此处的建议是基于高成就需要者提出的。

了极强的激励力量。相比于泛化的目标，明确具体且富有挑战性的目标能够产生更好的效果。目标本身的具体性也是一种内在激励。当然，目标的设定必须结合员工的特长，如果目标定得太高，员工对达到目标没把握，他就会降低努力程度，目标就发挥不了激励作用。管理者进行激励的技巧是必须保证员工充满信心，使他们感到自己是能胜任这项工作的，只要更加努力，目标是完全可以实现的，以此来激发员工内在的强大动力。

实施奖励要与绩效相统一。由于每个员工的需求不一样，工作的动机与效果也不一样，管理者应该根据员工的成绩差异，给予他们有差别的奖励。实行奖励的差别化，并增加奖励的透明度，消除薪金的保密性，代之以公开员工的工资及加薪数额，以此激励员工更加努力地工作。

提示与说明

如果勉强合格的员工都能获得薪酬奖励和晋升，那么他们还会努力吗？而当高产出的员工在看到勉强合格的员工也能够获得奖励之后可能会改变自身的行为——变得不再那么努力和高产出。如果管理者期望看到行为 A，却奖励了行为 B，他们就不应该为员工学习行为 B 而感到惊讶。同样，管理者也应该预料到员工会将他们视为模仿对象，管理者如果上班迟到或者提前下班或者将公司的办公物品挪为己用，就应该预料到员工会读懂他所传递的信息，并模仿相关行为。

5. 尽可能保持分配的公平合理

有关公平的理论，已经把这一个问题阐述得很清楚了。人们生活在群体之中，而不是生活在真空里，人们的追求会受到其所在的客观环境的影响，环境有时会唤起人的激情，而一些时候也会压抑人们的动机。所有的员工都认为自己的付出与所得应当是对等的，也就是说，他的知识、能力、努力等方面的付出应当在自己的收入所得方面得到体现。然而，在体现公平性的问题上，客观存在着许多付出与所得的项目，而且不同的人对每个项目的重要性的认识是有明显差异的，这些差异意味着组成"公平感"的实际内涵不一样，对某些人来说具有公平感的奖励，其他人不一定认为其有公平感。所以最理想的奖励系统，应当能够分别测量每一项工作的投入量，并给予相应的合理的奖励。

知识点二：十种需要奖励的行为

前面讲过，激励的关键就是要对那些组织所需要的行为进行奖励，而对那些不利于组织目标实现的行为进行惩罚。那么哪些行为需要进行奖励，哪些行为必须进行惩罚呢？以下列出了十种需要奖励的行为，与其对应的就是不能奖励甚至需要惩罚的行为。

1. 彻底解决问题的行为，而不是"特效药"行为

彻底解决问题和"特效药"之间最根本的差别在于前者是以未来做投资，而后者是以未来做抵押。企业的发展应该是长期的，但现在，一些浮躁的企业经营者往往追求短期利润，所以那些为公司长远发展着想的人和行为往往不能得到重视和奖励，反而是那些应急式的、只顾眼前利益的人和行为得到重用和奖励。

因此，一个明智的管理者应该从本单位或本部门的长远利益出发，奖励从根本上解决问题的、有利于长远发展的行为，并抑制以牺牲长远利益为代价的"特效药"行为，即要有可持续发展的眼光。具体的做法有以下两种。

（1）找出一两个对长期发展十分重要的因素，并奖励致力于改善这些因素的员工。例如，如果质量的改进最为重要，那就奖励那些对提高质量有重大贡献的员工；如果团队合作很重要，就奖励那些有助于发展内部团结的员工；如果你要的是市场占有率，就奖励能为公司提高市场占有率的员工。

（2）对能够做出明智的长期性决策的人员给予奖励与肯定，对于那些只为今天打算的人就可以不予理睬，甚至需要对其进行批评和惩罚。

> 要注意的是：应该及早告诉每一位员工，这一两个关键因素是什么。让大家明白什么是组织所需要的，什么是组织不需要的。

2. 承担有风险的行为，而不是规避有风险的行为

优秀的组织会鼓励员工进行有益尝试，给他们犯错误的余地，同时也会体谅明智的错误，这是员工与组织在成长过程中所必须付出的代价。

我们都有规避风险的倾向，现在让我们正视它！失败确实会造成损失。每当我们尝试新事物的时候，就要面对失败的风险；但更具讽刺意义的是，不冒风险却会给任何个人和组织带来最高的风险——失去活力，最终走向失败。事实上，正如人们常说的"风险与收益成正比"，即风险越大，收益就会越大。

把规避风险转变为勇于承担风险的办法，就是营造一种气氛，让它能促进、奖励和支持明智冒险的行为，而且给予员工从错误中学习的机会，让员工无须担心受到惩罚。

提示与说明

成功要庆贺，挫折也要庆贺。很明显，最高的奖励和颂词是颁给敢于冒险的成功者。我们把握机会、付出一切却一无所获时，最需要的是支持和鼓励。所以，对于挫折与失败，要用乐观的态度去对待，这有助于营造一种积极的气氛，使置身于其中的员工继续勇于尝试，从中学习和成长。

3. 善用创造力的行为，而不是愚蠢盲从的行为

在注重创新的今天，对任何一个行业来说，最重要的资本不是金钱、建筑物或设备，而是创意。爱因斯坦说：想象力比知识更重要。莎士比亚说：想象力使人成为万物之灵。

创新能力需要细心培养，然而，一些组织对创造力和创新能力的培养仍停留在只说不动的境地。他们会征求新创意，但很快就会将之丢弃。而且，当新创意确实被采纳的时候，出主意的人却极少得到与该创意的价值相当的奖励。如果奖励和新创意之间没有合理匹配起来，任何组织都难以有效地推动创新。创新与奖励存在很大的关联：你要它，也奖励它，就可以得到它。记住：要创造一种鼓励创意的气氛，并让创意成为每个人工作的一部分。具体来说，要做到以下几点。

（1）容忍失败。要不断地尝试，要明白成功者比失败者要经历更多的失败，因为成功者从不终止尝试。在爱迪生为电灯找到可用的灯丝之前，他已经失败过 6 000 多次，但是成功带来的收益就远远超出失败的成本。成功者成功的原因在于他爬起来的次数比跌倒的次数多了一次；失败者失败的原因是他跌倒的次数比爬起来的次数多一次。

（2）创造一个轻松、非正式的工作环境。不同的员工适合在不同的环境中进行工作。所以，弹性工作制对脑力工作者来讲非常适合。

（3）对成功的创意给予奖励，对失败的创意进行鼓励和支持。只要创意可以赚钱或是省钱，就把赚来或省下来的部分钱奖给提出创意的人。对于失败的创意，要和创意提出者一起探讨失败原因，提出改进的方法，而不是粗暴废弃或批评。

（4）奖励竞争。竞争可以增加50%以上的创造力。团队内部的良性竞争（团队竞争、合作基础上的竞争、为了共同利益的竞争）是激励创新的一个好方法。

4. 采取果断的行为，而不是只说不做

在任何组织里都可以发现，愿意分析、发言、表达意见的人并不欠缺甚至很多，但果断行动的人却很少。

没有果断的行动，组织就没有生命力。奖励果断的行为，就能得到更多果断的行为。

5. 多动脑筋，而不是一味苦干

能吃苦是员工必备的素质，但这不等于只是苦干而不动脑筋。事实上，许多企业奖励员工，不是因为他们的工作成绩，而是因为他们表现得十分忙碌。一旦奖励工作时间长而且表面看十分忙碌的人，员工就会养成各种浪费时间的行为模式。最有讽刺意义的是，一般来讲，在人们不知道自己想要实现的目标是什么的时候，恰恰就是他们看起来最忙碌的时候——瞎忙。于是，忙碌成了填补空虚的代用品，忙碌成了工作任务重的借口，忙碌有时掩盖了工作能力的低下。所以，要奖励那些思维忙碌（多动脑筋）的人，而不是行为忙碌的人。

为此，管理者要做的工作有：确保所用的人与工作相匹配；赋予员工完成工作所需要的工具（包括权力）；界定工作的范围；对事倍功半的员工要给予关心和帮助；对于事半功倍的员工则一定要奖励；如果员工做完了自己的工作，就让他们自由支配剩余的时间。

6. 简化，而不是坚持不必要的复杂化的行为

简化工作、简化程序、简化结构，删除不必要的事情，将复杂的事情简单化，有利于节约成本。因此，要奖励善于简化的员工。让员工分享由于简化而省下来的经费，而且给他们足够的肯定和其他适当的奖励。

有这么一种说法："对能够找出办法免除自己现有工作的员工给予奖励或更好的工作。"这的确值得企业思考和借鉴。

7. 沉默而有效率，而不是喋喋不休的行为

每个组织都需要有幕后英雄——那些了解自己的工作，而且默默地把工作做好的员工。

（1）用心辨认优良的表现。列出一份员工清单，同时也记下你对他们所作所为有何满意之处，在恰当时机，就明确告诉每一个下属，你为何对他们的工作感到满意，并鼓励他们做得更好。优良的表现很珍贵，所以不能把它们视为理所当然。

（2）找出幕后英雄（可靠的员工），而且抽出时间来鼓舞、奖励他们。可靠的员工与那些喜欢喋喋不休的人相比，更容易被领导所忽视，但事实上他们却是任何成功组织的核心。

（3）使幕后英雄继续保持动机的另外一种奖励方式，是对他们保持真诚的关怀——不单是把他们当成员工（下级），而且将他们视为特别的人。倾听并了解他们的希望、恐惧、爱憎、喜悦和挫折，不管是工作上的还是工作之外的；随时准备并且诚心地帮助他们解决问题；在他们自我怀疑时给他们以信心。

（4）对喋喋不休者保持戒备，而且不要讨好他们。由于在日常工作中，我们往往很容易忽视良好的行为而去关心一些恶劣的行为，所以要特别注意：不要去关注那些只知道喋喋不休的人，只要把重点放到那些你所希望的行为上，那些你不希望的行为就会逐渐自行消失。

提示与说明

以下13个问题将有助于你找到团队需要的可靠的人。

（1）谁很少缺席？

（2）谁在压力下仍表现优秀？

（3）谁总是高质量地完成工作？

（4）当团队需要时，谁愿意付出努力？

（5）当缺少人手时，谁值得你信任并委以重任？

（6）谁不厌烦别人老是给他建议和指导？

（7）谁能沉默、谦虚到除了他的优异工作之外，你根本不知道他在哪儿？

（8）上司不在时，谁能做得和上司在时一样好？

（9）谁解决的问题总是比他制造的问题多？

（10）谁帮助别人把工作做得更好？

（11）谁经常努力改进自己的工作？

（12）谁协调了冲突，加强了合作，并且振奋了同事的士气？

（13）每当你需要时，谁总是在你的左右支持着你？

8. 做高质量的工作，而不是草率的行为

一次性把事情做好就等于节约成本。对明天所做的最好准备，就是把今天的工作做得更好。管理者要带头重视质量，同时对那些重视质量的行为进行奖励，而对草率的行为加以规避。

9. 忠诚，而不是跳槽的行为

每个组织都需要忠诚，却很少奖励它。要得到别人的忠诚和认可，必须先给他们忠诚和认可。例如，提供工作保障，不能以辞退相威胁；开放沟通渠道，保持畅通，以建立信任感；从内部提拔员工；在员工的成长和发展上投资（继续教育、培训）；待遇公平；以你希望被对待的方式对待员工。

10. 团结合作，而不是进行不良竞争的行为

团结有利于生产的进步和员工的身心健康。以下这些行为在企业里是必须坚决制止的：试图抬高自己工作的重要性，而贬低其他人的工作；在他人需要帮助时，拒绝伸出援助之手；把许多时间用在彼此攻击、背后诽谤、互相批评指责和玩弄权术上；拉帮结伙，窝里斗。

知识点三：十种奖励优良工作的方法

1. 金钱

尽管不能说有钱就有一切，但不可否认的是，金钱至今仍然是一种非常好的奖励手段。这里所说的金钱，不仅包括工资、奖金、股权、各种津贴，还包括各种福利、奖品，如汽车、住房等（当然也必须是组织能提供的东西）。这些对员工的吸引力越大，就越能发挥激励作用。

2. 认可

金钱可能是一种有力的外部刺激，但被上级认可的激励可能更有力。认可就是对员工的重视以及对出色的工作表现给予关注、赞扬和感谢。因为大部分人可能不在意努力工作的艰辛，但他们却在意自己的努力被视为理所当然，这会使他们觉得沮丧、被利用、没有被重视。当这种事情发生后，他们就会停止努力或从事妨碍生产的行为来反击。

提示与说明

常用的表示认可的方法有如下一些。

（1）本月英雄榜，可以用来奖励最高的销售成绩、最好的产品质量，最有进步，最少缺席，或其他重要的表现；用证书、奖状、奖章来奖励完成重要目标的人。

（2）出风头的机会，如在内部平台上对其事迹进行报道。

（3）职务头衔的改变。

（4）公开表扬做得好的工作。

（5）公开宣布红利和晋升。

（6）高级主管表示特别赞誉和关注。

（7）在宴会或大会上颁授荣誉或奖励。

（8）杰出工作或杰出人员图片展。

3. 休假

休假可能是一项非常大的诱惑，特别是对于那些希望拥有从事其他活动自由的年轻员工来说，而且它也是防止员工浪费时间的好方法。以下三种情况下可以把休假当作奖励。①在工作允许的情况下，实行弹性工作制。也就是规定一个时间范围，只要在这个范围内完成任务就可以了，剩余的时间归员工自己支配。②在工作清闲的时候补偿加班所占用的假日。③可以用带薪假奖励质量、安全、团队合作方面的优秀者，或是你认为重要的其他任何表现。

提示与说明

带薪旅游已成为许多组织的一项福利，但只有少数企业把它用来奖励那些工作优秀的员工。实际上，按照赫茨伯格的双因素理论，企业完全可以把带薪旅游从一项不具有激励作用的福利，变成能激发员工工作积极性的奖励措施：只要将享受带薪旅游的员工范围由全体员工变成那些为企业做出过重要贡献或成绩显著的员工就可以了。

4. 行动参与权

一个非常简单、实际的观念（员工变成老板后，做事就像老板了）告诉我们，应该给员工一定的行动参与权，即以让下级参与管理为诱导手段，调动下级的积极性与创造性。下级参与管理，有利于集中员工的意见，以防决策的失误；有利于下级受尊重心理的满足，从而受到激励；有利于强化下级对决策的认同感，从而激励他们积极自觉地去推进决策的实施。

提示与说明

越来越多的企业采用了一种叫开卷管理的方式。开卷管理，就是企业与员工共享信息，使得员工更积极地做出有利于工作的行动，更好地理解自己的工作内容和工作方式对企业的意义，最终影响企业利润。一旦员工具备了相应的知识，管理者就应定期与他们共享信息，使员工认识到他们的努力、绩效水平与运营业绩之间的联系，这样员工就会以主人翁意识来思考问题。

5. 喜欢做的工作

由于员工从事自己喜欢的工作时能发挥其特长、提升工作热情，因此可以把员工喜欢做的工作更多地分配给他们，作为对其良好表现的奖励。当然，也可以以免除他们不喜欢的工作作为奖励。

6. 晋升

对于有较高权力欲望的员工，可以给予行政管理职务的晋升；而对于那些热衷专业技术提升、具有较高成就需要的员工，可以从技术职务上予以晋升。

7. 自由

在控制严格的工作中，自由和自主可以成为非常有效的奖励手段。因为人们出于自尊和自我实现需要的心理，期望独立自主地完成工作，而自觉或不自觉地排斥外来干预，不愿意在别人的指使或强制下被迫工作。这就要求管理者能尊重下级的这种心理，通过目标管理等方式，明确目标与任务，提出规范与标准，然后大胆放权，让下级独立运作、自我控制。工作成功了，成果归功于下级的自主运作，下级将受到巨大激励，会对由自己自主管理的工作高度感兴趣，并以极大的热情全身心投入，以谋求成功。

对管理者而言，只要结果正确，不要在意被管理者如何去做；如果工作性质允许，甚至还可以准许员工在工作场所以外的地方做部分工作。

8. 自我成长

让员工有一个自我成长的空间和目标，在一定范围内也是一个调动员工积极性的方法。这实际上是以目标为诱因，通过设置适当的目标激发员工的动机。员工在工作中的自觉行为，都是追求目标的过程，正是一个个目标，引导着员工去采取一个又一个行动，因此，追求目标是满足需要的可行途径，目标是管理激励中极为重要的诱因。可以用作激励的目标主要有工作目标、个人成长目标和个人生活目标，管理者可通过对这三类目标的恰当选择与合理设置，有效调动员工的积极性。

自我成长这项奖励有两种基本方式：给予员工能够激发他们创造力，而且能够获得自信和成长的工作；提供接受培训和受教育的机会。

9. 乐趣

工作的性质和特点如果与从事工作的员工的条件与特长相吻合，就能充分发挥其优势，引起员工的工作兴趣，从而使他们对工作高度满意。管理者要善于研究员工与工作的性质与特点，用人所长，科学调配与重组，实现人与事的最佳组合，尽可能地使下级对工作感到满意。

10. 关怀

"以人为本"要求管理者不能只关心员工的工作，还应该在生活上对员工给予关心、帮助——把员工当作一个正常的人而不只是员工，这样不仅能使员工获得物质上的利益和帮助，而且能使其获得尊重，从而可以产生巨大的激励作用——我们对待别人的态度往往决定了别人对待我们的态度。

管理实践

某企业经理根据公司文件的规定，决定给员工小赵发放 1.2 万元的年终奖。当小赵来到经理办公室后，经理拿出了 1 万元交给小赵，说"这是公司对你的奖励，好好努力"，小赵感激地接过奖金。就在他正要转身离去的时候，经理喊住了他，并请他坐了下来，对他说，"这一年，你大部分时间都花在公司工作上，很少花时间陪你爱人和小孩吧？"小赵有些难过地低下了头，"是呀，一直答应儿子带他去动物园玩，一直没有时间。"这时，经理取出了 1 000 元递给小赵，"这是公司对你爱人和小孩的奖励，感谢他们理解、支持你的工作，这等于支持公司的工作，你就拿这钱好好陪他们玩一玩。"手里拿着这笔钱，小赵感动得不知道说什么好。就在小赵要表示感激的时候，经理又说话了，"你这一年里也没好好陪陪父母吧？"小赵的眼圈开始红了。经理又取出了 1 000 元递到小赵的手中，"用这笔钱为你父母买一些衣服，陪陪老人家，感谢他们为公司培养了你这样一个优秀的员工。"最后，小赵流着感激的眼泪离开了经理办公室。

在这十种奖励方法中，金钱和认可往往被认为是两种最有力的奖励方法。

在许多时候，人们还常常将这十种奖励方式划分为物质激励（如金钱）、精神激励（如认可）、工作激励（如休假、行动参与权、喜欢做的工作、晋升、自由、自我成长、乐趣等）、情感激励（如关怀）四类。

> **结束语**
>
> 激励的过程是复杂的，但在复杂之中又有着规律可循。只有尊重员工的需要，并将员工的需要与组织的需要结合在一起的激励，才是有效的激励。

小　结

1. 激励就是管理者运用外部刺激，引起被管理者的某种需要，从而激发其动机，促使其产生组织所需要的行为的过程。简单来讲，激励就是设法让被管理者发自内心地去做某件事。构成激励的要素主要包括动机、需要、外部刺激、行为。激励的核心作用是调动人的积极性。

2. 激励过程可具体分为三步：第一步，分析被管理者的需要；第二步，用被管理者的需要激发其动机并引发其实施组织所需要的行为；第三步，进行奖励或惩罚。

3. 马斯洛的需要层次理论假设每个人都有五个层次的需要，从低到高依次为：生理需要、安全需要、社交需要、尊重需要和自我实现需要。

4. 赫茨伯格的双因素理论将员工的需要归结为与工作环境或条件相关的保健因素以及与工作本身相关的激励因素两大类。

5. 麦克莱兰的三种需要理论将人的需要归纳为三大类：成就需要、权力需要和归属需要。

6. 弗鲁姆的期望理论认为，只有当一个人预期某种行为会给他带来具有吸引力的结果时，他才会采取积极的行动。其关键在于三种关系：努力-绩效关系、绩效-奖励关系、奖励-个人目标关系。

7. 亚当斯的公平理论认为，人的工作积极性不仅受其所得绝对报酬（自己的实际收入）的影响，更重要的是受其相对报酬（自己的收入与自己的付出之比值）的影响，而且其还关心自己的相对报酬与他人的相对报酬的比较关系。

8. 斯金纳的强化理论指出，常用的强化手段有正强化、负强化、惩罚和自然消退四种类型。

练 习 题

一、单项选择题

1. 激励的核心作用在于（　　　）。
   A. 加强领导　　　　B. 提高组织效率　　　C. 调动人的积极性　　D. 满足人的需要

2. 马斯洛于1943年提出的需要层次理论将人的需要由低到高划分为（　　　）。
   A. 生理需要、安全需要、社交需要、尊重需要、自我实现需要
   B. 尊重需要、安全需要、社交需要、自我实现需要、生理需要
   C. 自我实现需要、尊重需要、安全需要、社交需要、生理需要
   D. 自我实现需要、尊重需要、社交需要、安全需要、生理需要

3. 按照马斯洛的需要层次理论，人们寻求同事支持的需要属于（　　　）。
   A. 心理需要　　　　B. 尊重需要　　　　C. 社交需要　　　　D. 生理需要

4. 按照双因素理论，那些能够导致员工对工作不满意的因素，诸如管理政策、福利待遇等属于（　　　）。
   A. 保健因素　　　　B. 激励因素　　　　C. 工作因素　　　　D. 制度因素

5. 按照麦克莱兰的三种需要理论，渴望建立亲密友好的人际关系的愿望属于（　　　）。
   A. 归属需要　　　　B. 工作需要　　　　C. 权力需要　　　　D. 成就需要

6. 按照三种需要理论，对于高成就需要者，最好的奖励办法是（　　　）。
   A. 给他喜欢做的工作　　　　　　　　B. 晋升
   C. 给予关心和支持　　　　　　　　　D. 公开表彰

7. 亚当斯的公平理论认为，人的工作积极性不仅受其所得绝对报酬的影响，更重要的是受其相对报酬的影响。这里所说的相对报酬指的是（　　　）。
   A. 自己不同时期的报酬比值　　　　　B. 自己与别人的报酬比值
   C. 自己所获报酬与付出的比值　　　　D. 自己与别人的付出比值

8. 按照斯金纳的强化理论，通过不予理睬来减弱某种不良行为的强化方式是（　　　）。
   A. 惩罚　　　　　B. 正强化　　　　C. 自然消退　　　　D. 负强化

9. 按照斯金纳的强化理论，通过事先警告来减少某种不良行为的强化方式是（ ）。

    A. 惩罚   B. 正强化   C. 自然消退   D. 负强化

10. 有两次，当小王到经理面前打小报告的时候，经理都装作没听见，不予理会，结果小王还是有事没事跑来说三道四。经理没办法，只好告诉小王，如果再这样，将会辞退他。小王害怕被辞退，不得不管住自己的嘴。经理对付小王打小报告的行为，先后采用的做法是（ ）。

    A. 自然消退和惩罚   B. 自然消退和正强化

    C. 自然消退和负强化   D. 负强化和自然消退

二、多项选择题

1. 麦克莱兰的三种需要理论认为个体在工作情境中主要的动机或需要可归结为（ ）。

    A. 成就需要   B. 权力需要   C. 归属需要   D. 安全需要

2. 弗鲁姆提出的期望理论认为，人们工作积极性的高低，取决于他对这种工作能满足其需要的程度及实现可能性大小的评价。其关键在于三种关系，即（ ）。

    A. 努力-奖励关系   B. 努力-绩效关系

    C. 绩效-奖励关系   D. 奖励-个人目标关系

三、问答题

1. 简述马斯洛的需要层次理论及其对管理实践的启示。

2. 简述弗鲁姆的期望理论及其对管理实践的启示。

3. 什么是激励？如何进行激励？谈谈如何提高激励效果。

4. 一些管理者认为："我们已经为员工所做的工作支付了薪水，为什么我们还要激励他们呢？"你对此有何看法？

四、案例分析题

拉面馆老板与师傅的矛盾

在北京某公交车中转站旁有一家拉面馆，老板拥有资金，但不懂技术，只好雇了一个会做拉面的师傅。大家都知道，拉面馆全靠师傅的手艺吸引到更多的顾客。开始的时候老板为了调动师傅的积极性决定按销量分成，每售出一碗面，师傅提成 0.5 元。一时间，小店的生意非常红火，在这里转车的人大多会选择在这里吃上一碗拉面，点一两个小菜，只需 10 元就能解决好肚子问题，省得回家再麻烦，这样既经济又实惠。经过一段时间后，老板发现人越来越多，当然师傅的收入也越来越多，可是，老板的利润并没有增加。原来，师傅用在每碗拉面里放超量的牛肉的方法来吸引回头客。老板想，一碗面才 4 元，做拉面生意本来就是靠薄利多销，师傅在每碗面中再多放几块牛肉，赚的一点钱差不多都用于给师傅提成了。

于是，老板就和师傅商量改变分配方式，由提成工资改为每月发放固定工资。老板想即使工资给高点也无所谓，这样师傅就不至于多加牛肉了，因为客多客少和他没关系。

结果如何呢？

拉面馆的生意一落千丈，顾客明显减少，就连一些常客也都抱怨小店的拉面远不如从前了。经了解，老板才知道，这次师傅在每碗拉面里少放了许多牛肉，顾客都被他给赶走了。道理很简单：牛肉的分量少，顾客不满意，回头客就少，生意肯定就清淡，师傅也乐得清闲。师傅才不管老板赚不赚钱呢，因为他只拿固定的工钱，巴不得店里天天没顾客呢。

请问：拉面馆老板与师傅的矛盾在哪里？如何化解他们之间的矛盾？

第九章

沟　通

学习重点

1. 沟通的基本过程
2. 常见的四种沟通方式
3. 正式沟通与非正式沟通的基本类型
4. 如何克服沟通障碍、提高沟通效果

第一节　理解沟通的基本过程

案例导入

20 世纪末 21 世纪初，摩托罗拉曾和诺基亚并称手机行业 "双雄"，虽然二者进入智能机时代后双双没落（2014 年 10 月，联想从谷歌手中收购了摩托罗拉移动业务），但它们曾经的辉煌仍值得我们研究。

在摩托罗拉手机的黄金时期，为了各员工在人格上的平等，摩托罗拉公司要求每一个高级领导人员与普通操作工人之间建立起一种兄弟姐妹般的关系。"对员工保持充分的尊重" 是公司的文化。最能体现其管理特点的是它的 "open door" 理念。"所有管理者办公室的门都是敞开的，任何员工在任何时候都可以直接进来，与任何级别的上级平等交流。每个季度的第一个月的第一天，中层都要同自己的下属和自己的主管进行一次关于职业发展的对话，回答 '你在过去三个月里受到尊重了吗' 之类的六个问题。这样的对话是一对一和随时随地进行的。"

摩托罗拉的管理者还为每一个被管理者提供了敞开式表达意见的途径。

（1）我的建议。每一名员工都可以以书面形式对公司各方面提出意见和建议，全面参与公司管理。

（2）畅所欲言。这是一种保密的双向沟通渠道。如果员工针对某现实问题进行评论和投诉，应诉人必须在三天内对不署名的投诉信给予答复，整理完毕后由第三者按投诉人要求的方式反馈给本人，全过程必须在 9 天内完成。

（3）总经理座谈会。座谈会每周四召开，大部分问题可以当场答复，7 天内公司对有关问题的处理结果予以反馈。

（4）每日简报。每日简报可让员工方便快捷地了解公司和各部门的重要事件和通知。

（5）员工大会。由经理直接传达公司的重要信息，有问必答。

（6）一年一度的教育日。大家以分组会议的形式重温公司文化、历史、理念和有关规定。

（7）墙报。

（8）热线电话。任何人遇到问题时都可以打这个电话反映，热线电话 24 小时有人值守。

（9）职工委员会。职工委员会是职工与管理层直接沟通的桥梁，职工委员会主席由员工关系部经理兼任。

（10）589 信箱。当员工的意见使用以上渠道仍无法得到充分、及时和公正的反馈时，可以直接写信给天津市 589 信箱，此信箱钥匙由摩托罗拉中国区人力资源总监亲自保管。

可以看出，摩托罗拉公司上下级沟通的方式是多种多样的，采取的这些方式取得了惊人的效果。为此，他们总结出："抱怨是一件积压已久的事，如果每星期、每天都有与老板对话的机会，任何潜在的不满和抱怨还没有来得及充分积蓄，就都已经化解和烟消云散了。"

请问：什么是沟通？摩托罗拉公司采用了哪些有效的沟通方式？

知识点一：沟通的定义

沟通就是信息交流，又称沟通联络，是信息凭借一定符号载体，在个人或群体之间从发送者到接收者进行传递并获得理解的过程。

对于这一定义，可以从以下两方面加以理解。

（1）沟通具有双向交流的特点。沟通过程中信息被传递，但这种传递不是单向的，不只是从发送者到接收者，而是双向的，是在发送者和接收者之间相互传递的。如果说话者没有听众、写作者没有读者、发出的信没有被收到，那么这些就都不是沟通。

（2）沟通的关键是传递的信息被理解。组织没有沟通就无法存在，成员之间要相互传递信息，更重要的是信息还必须被理解。从这个意义上讲，如果一个外国人向你问路，你用他听不懂的语言回答，这也不能算作沟通。

可见，沟通包括两个方面，即信息的传递与被理解。

提示与说明

沟通双方通常会错误地认为，良好的沟通应该是对信息达成一致意见，而不是清楚地理解这些信息。如果某人对我们的观点表示不同意，我们会认为这个人没有完全理解我们的立场。换句话说，很多人会将良好的沟通定义为使别人接受我们的观点。这是不对的，因为我能够清晰地理解你的意思，却不一定要同意你的观点。

知识点二：沟通的作用

据统计，除去睡眠，人们将有近70%的时间在沟通。管理者所开展的一切工作都涉及沟通。在缺乏信息的情况下，管理者无法进行决策。信息必须通过沟通获得。一旦制定了某项决策，沟通必定会再次发生。缺乏充分沟通，就无法形成最好的创意、最具创造性的建议、最好的方案或者最有效的工作再设计。因此，沟通与管理绩效息息相关，这一点毋庸置疑。沟通的作用主要体现在以下三个方面。

（1）有效沟通可以降低管理的模糊性，提高管理的效能。组织内外存在大量模糊的不确定信息，沟通可以澄清事实、交流思想、倾诉情感，从而降低信息的模糊性，为科学决策奠定基础。

（2）良好的沟通可以改善组织内的工作关系，调动员工的工作积极性，增强集体凝聚力。

（3）沟通是组织与外部环境之间的桥梁。组织间的沟通可以降低交易成本，实现资源的有效再配置，提高组织的竞争力。可以毫不夸张地说，沟通就是把各项管理职能统一起来的手段，它也是一种改变行为、实现变革、使信息发挥积极作用和达到目标的手段，因此，无论是工商企业、家庭还是个人，有效的沟通有助于协调系统、改善关系。

知识点三：沟通的过程

沟通过程模型包括七个要素：信源、编码、信息、通道、信宿、解码、反馈，具体如图 9.1 所示。

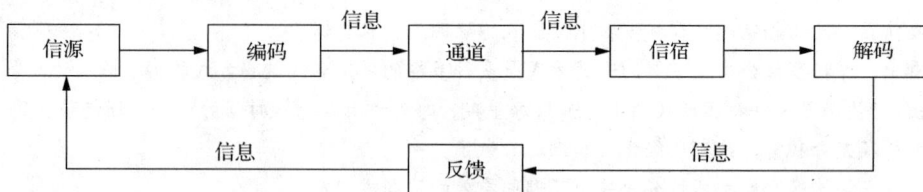

图 9.1　沟通过程模型

1. 信源

信源即信息源，也就是信息的发送者。在沟通过程中，信息发送者居于积极主动的地位，往往由他来决定信息传播的方式、内容。因此，信息发送者的素质及沟通经验是决定信息传递能否取得预期效果的首要因素。当然信源可以是个人，也可以是组织。

2. 编码

编码即信息发送者把自己头脑中的想法转化（加工）成接收者能够理解的一系列传送符号的过程。常见的传送符号有语言、文字、图表、照片、手势等。

被编码的信息受到以下四个条件的影响。

（1）技能。例如，教师如果缺乏必要的听、说、读、写和逻辑推理能力，就很难用有效的方式把知识传递给学生。

（2）态度。态度影响行为，我们对许多事情有自己习惯性的想法及态度（即固有思维模式和习惯），这些态度影响着我们的沟通。例如，如果学生内心很不喜欢某个老师，那么他与这个老师的沟通就很难顺利进行。

（3）知识。沟通活动还受到人们在某一具体问题上所掌握的知识范围的限制。我们无法传递自己不知道的信息；反过来，如果我们的知识极为广博，则接收者又可能不理解我们的信息。于是我们就能理解为什么知识面窄的老师上课学生听着没意思，造诣太高的老师上课学生又觉得听不懂了。

（4）价值观。与态度影响行为类似，价值观也影响着沟通。如今，一些学生和家长、老师之间很少进行有效的沟通，在一定程度上就是因为受到价值观不同（所谓的代沟）的影响。

3. 信息

信息源把想表达的想法进行编码，就产生了信息。所以，信息实际上就是经过编码后的传播沟通的内容。例如，当我们说话的时候，说出的话就是信息；当我们书写的时候，写出的内容就是信息；当我们绘画的时候，画出的图画就是信息；当我们做姿势的时候，肢体动作、面部表情就是信息。

4. 通道

通道也叫信道，是指传送信息的媒介物，它由信息源选择。如面对面聊天的通道是口语，书面交流的通道是纸张，网上聊天的媒介是互联网。

5. 信宿

信宿即信息的接收者，是信息指向的客体，是信息传播的目标，他们虽没有传播信息的主动权，却有接收信息的决定权。沟通效果很大程度上取决于接收者的社会背景、文化水平和性格特征。

6. 解码

在信息被接收之前，接收者必须将通道中加载的信息翻译成他理解的方式，这就是对信息的解码，即信息接收者依据自己的理解，对传送符号所负载的信息内容做出解释。

与编码相同，解码同样受到接收者的技能、态度、知识和价值观的影响。

7. 反馈

反馈就是接收者把接收到的或理解的信息再返回发送者那里。发送者通过反馈对信息的传送是否成功以及传送的信息是否符合自己的意图进行核实。反馈构成了信息的双向沟通。

反馈可以是发送者主动询问，也可以是接收者主动反馈。如部队首长下达命令时，接受命令的人总会把指令大声复述一遍，以确认指令是否被准确接收。

综上所述，沟通过程就是发送者把自己的想法加工成能够传递出去的各种符号，并通过某种途径发送出去，接收者接收信息后形成自己的理解，再把接收到的或理解的信息返回发送者的一个过程。这一过程包括七个要素：信源、编码、信息、通道、信宿、解码和反馈。

必须说明的是，在信息的传递和接收过程中，发送者和接收者都可能会遇到各种干扰，我们把这些干扰因素统称为噪声。对意思的理解造成干扰的任何因素都可以称为噪声，并且噪声能够在沟通过程中的任何一个环节导致信息的失真。因此，在沟通过程中，发送者和接收者还必须尽可能避开或减少噪声的干扰，以提高沟通效果。

知识点四：常见的沟通方式及其特点

常见的沟通方式可按多种方式划分，如直接沟通和间接沟通，面对面沟通和异地沟通，口头沟通、书面沟通和非语言沟通。如今，许多沟通都通过网络进行，下面简要介绍口头沟通、书面沟通、非语言沟通和网络沟通的特点。

1. 口头沟通

口头沟通就是运用口头表达的方式进行面对面的信息传递和交流，包括讨论、谈话、开会和演讲等。口头沟通的优点是：信息传递快，信息量大，接收者能感受到发送者的真挚感情，并且信息发送者能立即得到反馈，能了解所传达的信息是否被正确理解。口头沟通是一种双向沟通，它使得参加沟通的双方既是发送者又是接收者。口头沟通最大的缺点是：如无准备，沟通内容不方便记录；且信息经多人传递易失真，难以核实。

2. 书面沟通

书面沟通就是运用书面形式进行的信息传递和交流，书面形式包括备忘录、信件、报告、计算机文件和其他书面文件。其优点在于：信息具有清晰性和准确性，不容易在传递过程中被歪曲，可以长时间保留，接收者可以根据自己的时间和阅读速度详细阅读以求理解。其缺点在于：信息反馈慢，接收者可能不能完全理解信息，而且在相同的时间内，书面沟通没有口头沟通传递的信息量大。

3. 非语言沟通

非语言沟通即非口头、非书面形式的沟通，也就是用语言以外的非语言符号进行的信息沟通，非语言符号包括衣着、动作、表情、手势等体态语言，警笛，红绿灯，谈话的语调、音量，手语，旗语，有特殊含义的物品或行为等。

提示与说明

人际沟通的一个重要部分是非言语沟通，即不通过语言进行的沟通。有些有意义的沟通并非口头沟通，也不是书面沟通。当一位大学老师在授课过程中发现学生在课堂上看手机时，无须任何言语他就能判断出学生的注意力并不在课堂上。与此类似，当学生们开始收拾他们的课本时，其传达的信息也很明确：下课时间到了。在各式各样的非言语沟通形式中，最为人所知的就是肢体语言和语调。肢体语言指的是传达意义的手势、面部表情和其他肢体动作。语调指的是个体为了表达一定的语气和情感而对一句话里的语音进行高低、轻重、快慢的处置。

研究表明，在面对面的交流中，55%的信息来自肢体语言，38%的信息来自语调，只有7%的信息来自词汇。因此，管理者应该记住的是，进行沟通时，非言语成分往往会带来更大的影响。沟通的关键并不在于你说了什么，而是你应该如何说。也就是说，在某种意义上，怎么说比说什么更重要，恰当地使用非语言沟通形式可以提高沟通的效果。

非语言沟通的优点是内涵丰富。其缺点在于：由于人的个性差异、国家的文化差异，有时沟通也会造成误解；此外，非语言沟通的范围有限，只能在面对面沟通时使用。

对于信息接收者来说，关注沟通中的非语言信息是十分重要的，尤其要注意发送者发出的语言信息和非语言信息之间的矛盾之处。例如，无论一个人怎么说，如果他不停地看表，就意味着他希望结束交谈。如果我们通过言语表达信任的情感，而非言语却传递出了与之矛盾的信息，无疑会使人产生误解。在很多情况下，人们更倾向于相信自己所接收到的非语言信息。

📖 视野拓展

南亚地区人们头部
动作的含义示例

体态语言的差异

涉外交往中，衣着、动作、表情、手势等体态语言特别容易引起误会，以我们熟悉的竖大拇指为例，我国和其他很多国家都表示称赞，有"顶呱呱"的意思，而美国和欧洲部分地区有人在路边竖大拇指则通常表示要搭车，我们的近邻日本则可能代表男性，在中东可能被视为挑衅。差异有这么大吗？真的很大！可以扫描二维码，看看能否明白南亚地区点头、摇头的含义。

4. 网络沟通

网络沟通，即以网络为载体通过电子邮箱、即时通信软件、网络会议系统或其他网络平台进行的文本、音频、视频沟通或文件交换。

当前，很多人已经习惯通过微信/QQ等即时通信软件、腾讯会议等平台进行沟通。组织与外部的沟通渠道也越来越丰富，如官网、微博官方账号、微信公众号、新闻平台官方账号、短视频平台官方账号等，这大大提高了沟通效率、扩展了沟通范围。

前面三种沟通形式基本都能通过网络实现，但和线下相比有了一些变化，如音视频沟通和面对面沟通相比更不容易观察到对方的神情/更容易隐藏自己的情绪，网络沟通可实现信息即时或延时送达/接收，网络沟通所传达的信息相对容易保存，但文件长久保存的不确定性更高……

网络沟通成本低、效率高，适用面极广，在解决日常事务中具有巨大的优势，但在以下几种情况下采用面对面沟通效果会更好：需要进行亲密的感情交流的情境，如庆祝、商务拜访；需要观察到微妙的、情感化的非语言信息的情境，如解决冲突或进行重大事项谈判；考察、交流；机密信息的传递。

在实际生活中，我们应该根据具体情况选择或综合运用多种沟通方式，以增强沟通的效果。

第二节　了解沟通的方向与网络

〜 案例导入 〜

斯塔福德（Stafford）航空公司是美国北部一个发展迅速的航空公司，然而在其总部发生的一系列传闻几乎影响了公司的发展：公司总经理波利想出售自己的股票，但又想保住自己总经理的职务，这已是公开的秘密了。他为公司制定了两个战略方案：一个是把航空公司的附属单位卖掉；另一个是利用现有的基础重新振兴发展公司。他曾对这两个方案的利弊进行了认真的分析，并委托副总经理查明提出一个参考意见。查明为此起草了一份备忘录，随后让秘书比利打印了出来。后来，比利在喝咖啡时遇到了另一位副总经理肯尼特，并把这一事情告诉了他。

比利悄悄地对肯尼特说："我得到了一个极为轰动的最新消息：他们正在准备成立另外一个航空公司。他们虽说不会裁减员工，但是，我们应该联合起来有所准备啊。"这话被办公室的通讯员听到了，他立即把这消息告诉了他的上司巴巴拉。巴巴拉又为此事写了一个备忘录给负责人事的副总经理马丁，马丁也加入了他们的联合阵线，并认为公司应保证兑现其不裁减员工的诺言。

第二天，比利正在打印两份备忘录，备忘录又被路过办公室探听消息的摩罗看见了。摩罗随即跑回自己的办公室说："我真不敢相信公司会做出这样的事来。我们要被卖给联合航空公司了，而且要大量削减员工呢！"

这消息传来传去，三天后又传回总经理波利的耳朵里。波利也接到了许多极不友好甚至充满敌意的电话和信件。人们纷纷指责他企图违背诺言而大批解雇员工，有的人也表示为与别的公司联合而感到高兴。波利被这一切弄得迷惑不解。

请问：案例中的消息是通过什么模式传播的？波利接下来该如何消除这些消息的消极影响？

要回答这一问题，首先必须了解沟通的方向和网络。

信息沟通犹如河水在水渠里流动一样，总是按照一定的方向、沿着一定线路在特定的人群间流动，我们把这种信息流通的方向称为沟通的方向，而各条流通路线则组成了沟通网络。

知识点一：沟通的方向

沟通的方向可以是垂直的，也可以是水平的，还可以是斜向的。垂直的方向还可以进一步划分为自上而下和自下而上两种。也就是说，按照信息流向的不同，沟通的方向可以分为上行、下行、平行、斜行。

1. 上行沟通

上行沟通即自下而上的沟通，指在组织中，信息从较低层次流向较高层次的沟通，主要是下级依照规定向上级提出正式的书面报告或口头报告，如员工向上级提供反馈，汇报工作进度，并告知当前存在的问题。上行沟通使管理者能经常了解到员工对他们的工作、同事和组织的总体感觉是什么样的，管理者还依赖于这种沟通了解哪些工作需要改进。若无上行沟通，管理者就不能了解员工需求，也不知道自己的指示、命令是否正确。

在一个组织中，上行沟通的例子有下级的工作报告、设置意见箱、员工态度调查、申诉程序、主管与下属之间的讨论或交谈、座谈会等。

提示与说明

现实生活中，有些人认为自己只要把自己的工作做好就行了，没必要去找上级沟通。这一想法是要不得的！作为下级，要想顺利完成上级交办的工作，就不可避免地要主动找上级沟通，寻求必要的理解和支持，这当然要讲究方式方法。华为员工的经验是：做好工作汇报，及时地将自己的想法和工作情况反馈给领导，让领导心中有数——通过工作汇报，领导能够随时了解工作进度，增加安全感；领导也可以从工作汇报中发现你的优点、指出你的缺点，从而促使你不断地进步。做一个聪明员工首先要做一个善于汇报工作的人。

进行工作汇报要从领导的角度考虑问题（如选择不影响领导正常工作的时机、直奔主题、不占用领导过多的时间）、有目的地汇报（事前确定汇报的主题）、抓住重点（一是领导最想听、最关心的内容，二是自己认为最能表现成绩的工作，三是有特点的东西），以及实事求是（用事实说话而不是自我臆断，切忌揽功推过，要让领导明白当前的真实状况），这是工作汇报必须要做到的几个要点。

2. 下行沟通

下行沟通即自上而下的沟通，指在组织中，信息从较高层次流向较低层次的沟通，一般是以命令方式传达上级的政策、计划、规划等。上级通过下行沟通布置工作任务，下级通过下行沟通接受工作任务。

下行沟通常用于通知、指挥、协调和评估员工。当管理者给下级分配任务、告知政策、指出需要注意的问题、提供工作绩效的反馈、下发文件时，就是在使用下行沟通。

3. 平行沟通

平行沟通即水平沟通、横向沟通，指在组织中，信息在同一部门的成员之间、同一层次（等级）的不同部门或成员间的沟通。

事实证明，平行沟通可以弥补信息纵向流动的不足，有助于提高沟通效率，促进协作。当然，如果平行沟通是在组织成员越过或避开各自的直接领导的情况下发生的，则有可能扰乱组织的管理秩序，从而制造麻烦。

在一个组织中，平行沟通的例子有部门联谊会、碰头会、联合办公会等。

4. 斜行沟通

斜行沟通指的是横跨不同工作领域和组织层级的沟通。

比如，财务部的一位工作人员直接向生产部经理谈论预算超支问题——请注意，他们属于不同的部门以及不同的组织层级——这就是在进行斜行沟通。这种沟通方式高效快速，对于组织而言大有裨益。

知识点二：正式沟通网络

在一个组织中，信息在不同的人与机构之间从不同方向流动就形成了一个由各种路线构成的沟通网络。

正式沟通网络由组织内部明文规定的进行信息传递和交流的各种路线组成。正式沟通网络中一般只进行与工作相关的信息沟通。也就是说，正式沟通指的是在规定的指挥链或组织安排内发生的沟通。例如，一位管理者要求员工完成一项工作任务、员工向自己的上司汇报某个问题。

> 正式沟通渠道是组织系统管理中的信息主渠道，主要包括按正式组织系统发布的命令、指示，组织召开的正式会议，组织内部上下级之间或同事之间因工作需要而进行的正式接触等。正式沟通渠道传递的信息又称"官方消息"。

图9.2给出了三种常见的正式沟通网络，图中"○"为信息的传递者，"→"表示信息传递方向。

1. 链型

图9.2（a）所示的链型沟通网络表示的是信息在五个垂直层次之间传递，由上、下行沟通路线构成。如各种数据的逐级上报、机密材料的传递。

在这种模式下，沟通必须严格遵循正式的命令系统，信息只能向上或向下逐级进行传递。其特点是：信息逐级传递，速度较慢但精确度高；重视领导的作用，但员工之间缺乏交流，故满足感较低。

2. 轮盘型

图9.2（b）所示的轮盘型沟通网络表示的是一个管理者分别与四个下级沟通，由上、下行沟通路线构成。如上级与下级分别谈话，下级逐个向上级汇报工作。

其特点是：信息传递速度快，精确度高，领导者作为沟通的核心，了解全部情况；但下级间无沟通联系，所以满足感很低，而且相互之间容易产生猜疑。

3. 全通道型

图 9.2（c）所示的全通道型沟通网络表示的是所有的成员之间可以相互联系，进行积极的沟通，而且各成员地位平等，无中心人物。全通道型沟通网络由上、下行及平行、斜行沟通路线构成，如碰头会、专题讨论会、各种网络群等。

其特点是：无特定领导，人际关系和谐，民主氛围好，易通过协商解决问题；下级满足感较强；沟通渠道多，易造成混乱；信息量大，可能影响工作效率，不适用于中大型组织。

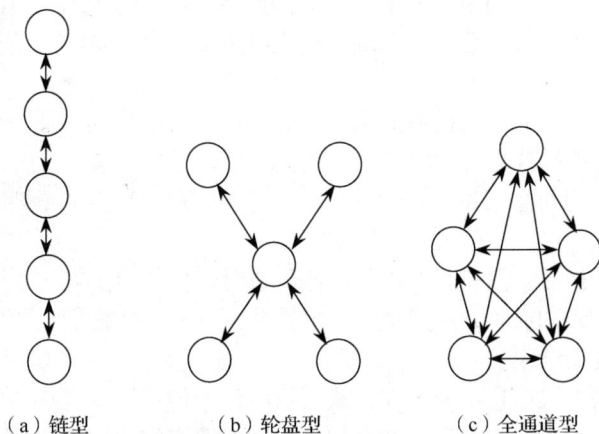

（a）链型 　　　　（b）轮盘型 　　　　（c）全通道型

图 9.2　正式沟通网络

提示与说明

上述三种正式沟通网络各有其优缺点，如果管理者看重解决问题的速度，那么使用轮盘型和全通道型沟通网络是较好的；如果看重信息传递的精确度，那么链型和轮盘型沟通网络是较好的；如果看重领导者的作用，则需要用链型或轮盘型沟通网络；如果看重通过信息沟通来增加员工的满足感，则最好使用全通道型沟通网络。

知识点三：非正式沟通网络

非正式沟通指的是不受组织监督，也没有层级结构上的限制，由员工自行选择进行的沟通方式，如员工之间的闲谈、议论某人某事、传播流言等，其不通过正式的沟通渠道进行，是一种非官方的、私下的沟通。员工会因此产生友谊，并实现彼此之间的沟通。这种非正式沟通网络满足了组织的两个目的：一是使得员工能够满足自身的社交需求；二是通过提供各种非正式但往往更快速、更有效的可替代沟通渠道，有效改善组织的绩效。

> 非正式沟通有以下三个特点。
> （1）不受管理层的控制。
> （2）大多数员工认为它比管理层通过正式沟通渠道解决问题更可信、更可靠。
> （3）它在很大程度上出于人们的自身利益的考虑。

非正式沟通传递的信息常常被称为"小道消息"，即非正式的信息，其不是完全真实的。它可以自由地向任何方向传递，并跳过层次等级。在绝大多数组织中，小道消息非常活跃，一项研究表明，63%的员工声称他们最先都是通过小道消息得知某些重要事情的。毋庸置疑，小道消息是任何一种沟通网络的一个重要组成部分，需要引起重视。

（一）非正式沟通产生的原因

相对于正式沟通，非正式沟通的产生是由于正式沟通有一定的沟通障碍。组织中有一些人热衷于传播小道消息，虽然有这些人本身的原因，但也与组织正式沟通渠道不畅有关。非正式沟通的产生有下述五个主要原因。

（1）如果人们缺少有关某一情况的信息时，他们就会千方百计地通过非正式渠道来填补这一方面的信息，有时这些活动甚至会歪曲事实或产生谣言。例如，一名负责新产品开发的经理被总经理突然召见，而且走时神情严肃，那么该经理工作失误、被上级批评甚至将被调职等的小道消息可能马上就会传开。

（2）当人们感到在某一情境中不安全时，他们也会积极参与小道消息的传播。接着上面的例子，与新产品开发的有关人员将会向所谓的知情人打听流言是否真实，这样小道消息将会进一步在人群中进行传播。

（3）人们与某件事有个人利害关系的话，就会加速小道消息的传播。如果管理当局决定解雇几名推销员，大多数推销员就会对此事产生兴趣，通过非正式渠道进行消息的打听、制造、传播，因为事态的发展和他们的利益相关。人们总想分享对他们来说是至关重要的、发生在世界上的任何信息。

（4）当人们得到的是最新消息，而不是旧闻陈迹时，他们更加热心于小道消息的传播。研究表明，当某个消息刚被人知道时，小道消息传播得最快；一旦大多数人都知道了这个消息，小道消息的传播活动也就慢慢结束。

（5）有时，当一些正式信息不便于在正式渠道中沟通传递时，组织的领导者或其他成员就有可能利用非正式渠道来传递这些信息，使之起到在正式渠道沟通传递起不到的作用。例如，当领导者把一些重要的正式信息通过非正式渠道私下传递给某些下属时，下属可能会感到领导者对他的信任，可能会感激涕零。又如一些不便于正式沟通的信息（如公众对某人的不好印象等），通过非正式沟通可能更能使人接受。所以，非正式沟通对于正式组织来说有时也是十分重要的。

（二）非正式沟通的类型

与正式沟通渠道一样，非正式沟通网络也有自己的沟通模式。非正式沟通模式主要有单串型、饶舌型、集合型和随机型，如图9.3所示。

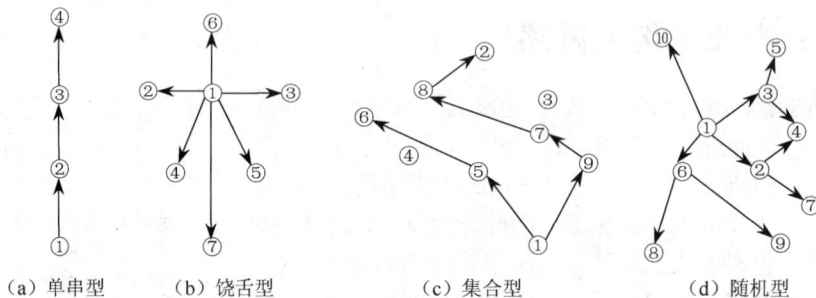

（a）单串型　（b）饶舌型　（c）集合型　（d）随机型

图9.3　非正式沟通网络

1. 单串型

单串型沟通模式，如图9.3（a）所示。即信息在个人之间相互转告，依次传递给最终的接收者，即由一个人将小道消息传递给另一个人，该人再传给另外一个人。这类渠道传递的信息最容易失真，但最适宜传递那种不宜公开的信息或机密的信息。常见的特工组织中的单线联系，实际上就是采用这种沟通渠道，不同的是他们通常还使得沟通双方只知道上家和下家，不知道这一单线中的其他人，从而保证组织被发现时能把损失控制在有限的范围内。

2. 饶舌型

饶舌型沟通模式，如图9.3（b）所示。即信息由一个人传递给了许多人，这个人是信息的传播者。在图 9.3（b）中，信息由①传递给多个人，①是非正式渠道中的关键人物，他主动把信息传播给很多人。

通常，在非正式的聚会中，人们通过闲谈来沟通，此时正是传播小道消息的时机，因此，饶舌型沟通模式又称为闲谈传递渠道。此渠道中有一个信息发送者和多个信息接收者，信息发送者并不一定是该群体的领导，可能只是率先获取信息者或喜欢传递各种消息的人。

3. 集合型

集合型沟通模式，如图 9.3（c）所示。即信息被有选择性地转告他人，也就是信息局限在特定的人之间传递。例如，一个人将信息告诉了两三个人，这些人或是保密，或是告诉另外的两三个人，结果一传十、十传百、百传千、千传万，最后组织内外几乎所有人都知道了此信息。在图 9.3（c）中，信息由①传递给特定的⑤和⑨，然后再由他们传递给一些特定的人。这种模式传播效率最高，俗话说"好事不出门，坏事传千里"，这"坏事"能一下子传递"千里"，就是借助集合型沟通模式的力量。

4. 随机型

随机型沟通模式，如图 9.3（d）所示。即信息在人群之间随机地传递（碰见谁就传递给谁）。也就是说，非正式信息在组织中传递时没有安排，一个人完全是随意碰到另一个人便将信息传递出去的一种方式。这种方式通常是非正式组织中常用的一种沟通方式，也是传递非正式信息常用的一种渠道。

（三）非正式沟通的优缺点

1. 优点

首先，非正式沟通不拘形式，直接明了，传播速度很快，使成员容易及时了解到通过正式沟通难以得到的内幕消息。由于非正式沟通信息的传递一般以口头方式进行，不易留证据、不易被追责，许多不愿通过正式沟通传递的信息，都可能在非正式沟通中迅速传递。

其次，非正式沟通渠道中的沟通者往往趣味相投，容易形成紧密合作、凝聚力强的工作群体或小团体。也就是说，非正式沟通能够发挥作用的基础是组织中良好的人际关系。

最后，人们真实的情感动机往往是在非正式沟通中表露出来的，因此，合理利用非正式沟通能提高管理效率、形成凝聚力、调动人们的积极性，尤其是能解决一些比较棘手的问题。

一句话，从积极意义来看，非正式沟通在促进任务完成的同时，还能满足组织成员间的社交需要。

2. 缺点

首先，非正式沟通渠道内的信息是不完整的，由于缺乏控制，真实情况往往被歪曲，故不能作为决策的依据。

其次，非正式沟通涉及较多的情感问题，有很强的感情色彩，容易被怀有不良动机、目的的人利用，形成小集团、小圈子，影响组织的凝聚力和人心稳定。

最后，"小道消息满天飞"的情况也会使士气涣散，令管理者难以应付，管理者如不能及时消除小道消息的不良影响，将严重影响到组织的稳定。

（四）正确对待非正式沟通

首先要正视非正式沟通的存在。任何组织都或多或少地存在着非正式沟通，管理者既不能完全依赖它获取必需的信息，也不能完全忽视它。作为一个信息过滤器和一种信息反馈机制，小道消息有助于管理者精确地发现一些员工十分重视而又困惑不解的问题。更重要的是从管理角度而言，分析小道消息的传播过程是可行的——正在传播什么消息、这些信息是如何流动的，以及有哪些人似乎是关键的传播路径。通过对小道消息传播路径和模式的了解，管理者能够识别出员工所关注的问题，反过来利用小道消息来散布某些重要信息。因为小道消息是无法杜绝的，所以，管理者应该将其视为一种重要的信息网络加以管理。

其次要重视非正式沟通。对于任何群体或组织的沟通网络来说，非正式沟通都是重要组成部分，值得注意。非正式沟通和正式沟通不同，它在沟通对象、时间、内容等方面都是未经计划和难以辨别的。在一定程度上，非正式沟通带来的信息交流为组织决策提供了支持。在许多情况下，来自非正式沟通的信息更受到信息接收者的重视。有的非正式沟通本身就是对正式沟通不足的一种弥补，有的则正是组织真实情况的反映，还有的往往是群体成员愿望或不满的自然流露，许多不愿或不能通过正式沟通传递的信息，都可能在非正式沟通中迅速传递。它表明一些员工认为很重要的事情，管理者未能予以详尽说明或未予以足够重视。如果管理者对非正式沟通保持清醒的认识和敏感，就会有助于组织内的信息传递，改善组织的活动。所以管理者要善于从小道消息中捕捉合理的建议和诉求，发现舆论导向，做好舆情管理。

管理实践

某年，某公司因为受大环境影响效益大大下滑，决定减少年终奖的金额，但如果把这一消息直接告诉全体员工，必然会引起动荡。为避免动荡的发生，该公司采取了非正式沟通的方法：公司安排一位副总利用员工在餐厅午餐的时间悄悄地对身边的人说："刚开了个会，今年可能发不了年终奖。"说完后，副总有意无意地强调了一句"刚才说的事不要到处说"。关系大家利益的事能不到处说吗？一天之间，整个公司就都充满着怨言："每年都有年终奖，今年看来是白忙活了。"一些人甚至找公司高层理论，但得到的答复都含糊其词。一个月过去了，就在大家心怀不满、认定拿不到年终奖的时候，有一条消息在员工餐厅从公司高层嘴里"不经意"地流出："考虑到大家辛苦了一年，公司最终决定多少还是给大家发一点年终奖，只不过比去年少。"整个公司再次沸腾，大家的心情一下子从没有年终奖的愤懑转变为能领到年终奖的高兴，大家纷纷议论："公司真好，这么困难还能坚持给我们发年终奖！""少一点不要紧，总比没有强。"

就这样，一件本来让员工难以接受的坏事反而变成了振奋人心的好事。

必须注意的是，重视不等于依赖。过分依赖这种非正式沟通会有很大的危险，因为其传递的信息遭受歪曲或发生错误的可能性相当大，而且无从查证。不实消息的散布往往会给组织造成较大的困扰。

（五）减少小道消息消极影响的建议

伴随着非正式沟通而传开的流言蜚语，同样也不可能彻底遏制，但管理者可以尽量减少其消极影响。

（1）开放沟通系统，公开那些看起来不一致或隐秘的决策和行为或是公布进行重大决策的时间安排。非正式沟通的产生和蔓延，主要是由于人们得不到他们所关心的信息，管理者越是封锁消息，流传的谣言则越失真。

（2）对目前的决策和未来的计划，强调其积极一面的同时，也指出其不利的一面。要想阻止已经产生的谣言，与其采取防卫性的驳斥，或指出其不可能，不如正面提出相反的事实。

（3）合理分工，充实工作。"无事才会生非"，闲散和单调是造谣生事的温床，为避免发生谣言扰乱人心、士气的情况，管理者应注意不要使组织成员有过分闲散或过分单调枯燥的情形发生。

（4）与员工公开、深入且真诚地交流，公开讨论事情可能的最差结局，减少无端的猜测，培养组织成员对管理者的信任和好感，这样他们就比较愿意听组织提供的消息，也较能相信这些消息。

第三节　掌握克服沟通障碍的方法

案例导入

　　小李毕业后就到她父亲的公司工作——她父亲经营一家连锁超市。公司经过几年的发展，已经从当初的一个小超市变成了一个规模颇大并且利润颇丰的连锁超市。

　　小李的父亲亲自负责公司的日常管理。他与管理人员开会的频率很高，每周的正式会议差不多有三四次；他每周至少在各超市走动一次，观察各层次员工并与他们保持联系。

　　他最担心的是沟通和激励。虽然他觉得在开会时，所有的管理者以及职工都认真地倾听自己讲话，但员工后来的行为却使他怀疑员工到底是否理解了自己的意思。他的许多制度和指导都没有得到实施。看了所收集的一些反馈及交流信息后，他发现一些管理人员承认自己并不了解公司的目标，但是他们相信如果某些信息沟通得当，他们会做得更好。

　　当女儿走进他的办公室并以特别助理身份开始工作时，他说："女儿，我面临的两个问题是沟通和激励。我知道你在大学学过管理，并且我也听说过沟通的重要性，我在考虑你是否能用学到的一些知识帮助我改善沟通。你对改善公司的沟通，有何建议？"

　　小李的父亲在与员工的沟通过程中遇到了困难，需要小李帮助他解决这一困难。假如你是小李，你该怎么办呢？

　　显然，找出沟通中存在的问题，然后对症下药，这应该是最好的思路。

知识点一：有效沟通的障碍

　　在沟通过程中，由于主观因素和外界干扰及其他原因，经常出现信息丢失或被曲解的现象，使得信息的传递无法正常进行，或不能产生预期的效果，这称为沟通障碍。

　　如果希望组织正式的或非正式的内部与外部沟通达到预期目标，那么克服沟通中存在的障碍就尤为重要。沟通中的障碍可能存在于信息发送者方面，或存在于传递过程中，或存在于接收者方面，或存在于信息反馈方面。沟通过程中一旦出现障碍就会影响沟通效果，甚至造成一定的负面影响。

　　形成沟通障碍的原因大致有以下几个。

　　1. 过滤

　　过滤，是使信息更容易被接收者认同的故意操控。例如，当一个人只向上级汇报上级想要听到的内容时（如报喜不报忧），信息就被过滤了。如果信息在向上传递的过程中，经过组织的各个层级不断地进行加工，这也是过滤。

　　组织中纵向的层级越多，过滤的机会就越多。传达和汇报是组织经常使用的沟通方式，但信息每经过一次传达就可能多一些丢失和错误。比如，当信息向上传递给高层管理人员时，下属常常压缩或整合这些信息，以使上级不会因此而负担过重或对自己及本部门产生不好评价（譬如报喜不报忧）。在进行整合时，个人的兴趣和自己对信息的认识也被加入了进去，因而形成了过滤，妨碍了管理者了解事情的真相。

　　如果组织结构层级过多，就会使得信息上、下行环节太多，导致信息传递的误差累积，造成信息失真，对沟通效果影响很大。有研究表明，一般来说，信息每经过一个中间环节就要丢失30%左右的内容。所以，当组织更多地采用协作和合作的工作安排时，很可能信息过滤就不再是一个问题。

2. 选择性知觉

在沟通中，接收者会根据自己的需要、动机、经验、背景及其他个人特点有选择性地去接收信息。解码时，接收者还会把自己的兴趣和期望带进接收的信息之中。实际上，人们经常在有选择地接收信息，其主要原因是每个人的生理、心理、生活经历、知识背景以及所处环境等因素都会影响人们的知觉过程。

另外，人们为了避免矛盾、冲突，在信息接收过程中往往会有意无意地掩盖一部分信息。例如，心理学家认为，人们一般不太重视与自己原有看法、期望和价值观不一致的信息；人们一般更重视从一个不太可靠的来源得到的、比原来期望要好的坏信息；如果从某个来源得到的信息与自己过去的期望相比一样坏，这个信息就不大可能受到重视；如果这个信息比自己原来期望的还要坏，其更加不会受到重视。选择性知觉的理论表明，我们看到的并不一定是事实，我们往往把自己所感知到的事物进行解释之后得到的结果称为事实。

提示与说明

常见的人际知觉偏差有以下几种。

首因效应——在知觉活动中首先出现的信息对知觉者造成的强烈影响（也称第一印象）。

近因效应——在知觉活动中最新出现的信息会对知觉者造成强烈的影响。

晕轮效应——对一个人的某些品质形成了印象后，会掩盖对其他品质的知觉，是一种以点带面的反应。

刻板效应——根据过去的经验对某一类人所持的固定看法，一般是一种泛化的、笼统的，甚至是以某种固定词表述的看法。

3. 情绪

沟通主体与沟通对象在情绪、心理等方面的因素也会影响沟通的顺利进行。例如，如果信息发送者在信息接收者心中的形象不好，则后者往往会"戴着有色眼镜"来对待前者所讲述的内容，如不愿意听、不予理会或专挑毛病、拒绝接受。这就是一位对管理者心存偏见的下级很难理解、接收管理者的正常沟通信息的原因所在。

接收者在接收某条信息时的心情会影响到他如何理解这条信息。极端的情绪体验，如狂喜或悲痛，都可能阻碍有效的沟通。这种状态常常使我们无法进行客观而理性的思维活动，代之以情绪性的判断，这对沟通也很不利。

提示与说明

朋友之间，家庭中父母、夫妻之间，职场中同事、上下级之间都会遇到这种情况，在对方不如意的时候提出问题来谈，就会自讨没趣，这是因为时机不对。比如职场上，有经验的同志在找领导汇报工作之前都会问问秘书或是其他人"领导今天心情如何"，然后根据领导心情的好坏决定是否汇报或汇报的内容、方式。那些没工作经验的人经常会遇到这种情况，兴冲冲地到上级办公室去汇报工作，本以为能得到表扬，结果却碰了个大钉子，回来还纳闷领导怎么这么大脾气。这是因为他不知道领导今天刚好有事情心里正烦着，所谓"薄言往愬，逢彼之怒"，想要倾诉衷肠，不料正遇着别人脾气不顺，结果弄了个灰头土脸。

4. 语言

同样的词汇，对不同的人来说，意味着不同的含义。年龄、教育和文化背景是影响一个人所采用的语言风格和对词汇的定义最明显的三个变量。

比如，当新领导发表就职演说"我们应该以新的姿态去迎接新挑战"时，听者从不同的背景出发就会有不同的理解。有人可能将其理解为领导的决心，有人可能将其理解为套话、空话，有人可能视之为组织调整的信号，有人或许会认为这是对原有状况的批评。当然，这句话本身也可能的确包含了这些意思。

在一个组织中，员工的背景和言谈举止通常各不相同。即使是在同一组织，不同部门的员工通常也有不同的行话——某个群体的成员在内部沟通时使用的专业术语或技术语言。

再者，词语的多义性自然会造成歧义，这在各种语言中都是普遍的现象。有时人们对语言产生误解，是因为没有从语言的上下联系中进行理解，而是单独挑出一句话或几个字理解（即断章取义）。任何一个相对完整的语言信息，其完整的意义都有赖于同其他语句的关系，一些语句单独抽出来是一个意思，与上下文联系看时又是另外一个意思。很多理解上的歧义就是因此产生的。

另外，方言差异也是一种常见的语言沟通障碍，如南方人讲方言，北方人往往听不懂。所以在现实生活中，由于语言表达不准确、用词不当或是接收者理解上的不同而导致信息失真的现象也时有发生。

5. 地位差异

在一个组织中，人们在地位上的差异也有可能成为妨碍沟通的因素。

大量研究表明，人们之间自发的沟通往往发生在相同地位的人之间，如员工与员工之间、一般管理人员之间等。因为地位相同的人进行沟通，双方往往没有压抑感，不会担心因说错了什么而受到损害，而与地位有差异的人进行沟通，则可能存在压抑感。

一般来说，地位高的人与地位低的人沟通时是无所顾虑的，而下级与上级沟通时往往是有顾虑的，这样就使得一个领导者不容易得到充分而真实的信息。特别是当领导者不愿意听取不同意见时，必然堵塞言路，而下级也会保持沉默或报喜不报忧。

📖 管理实践

1986 年 1 月 28 日，"挑战者"号航天飞机在外太空不幸遇难，在这一悲剧中有七人丧生，有证据显示这一悲剧本来是可以避免的，但高层管理者与下层技术工程师之间缺乏合理的沟通。当然，他们有不同的目标，工程师们顾及的是安全，技术上的问题预示着在低温低压环境中，飞机运作有可能会失灵；而作为主要负责人，高层管理者需要的是准时发射。地位的差异妨碍了双方的交流。高层管理者带着侥幸心理，只想听好消息，于是，工程师们在决策时被排除在外，高层管理者下达了发射命令，最终爆炸事故发生了。

另外，人们经常根据一个人地位的高低来判断沟通信息的准确性，并倾向于相信地位高的人提供的信息，即不重视信息本身的性质，而是看重信息提供者或接收者。一个人的地位高，其提供的信息似乎就是正确的、可信的；一个人地位低，其提供的信息也将跟着打折扣。

再者，有的人愿意同地位较高的人进行沟通，而对地位较低的人的意见不重视甚至否定，这种态度自然也会对沟通带来不利的影响。

6. 沟通焦虑

有效沟通的障碍还在于一些人总有某种程度的沟通焦虑或紧张。例如，口头沟通的焦虑者发现自己很难与其他人面对面进行交谈，或当他们需要使用电话时会极为焦虑。因此，他们会依赖于备忘录或信件传递信息，尽管其明知打电话这种方式更合适。

研究表明，口头沟通的焦虑者回避那些要求他们进行口头沟通的情况，有的甚至为了把沟通需要降低到最低限度而歪曲工作中的沟通要求。

✍ 提示与说明

沟通系统内部的干扰，如由于信息发送者、接收者自身知识能力的不足造成的干扰。有数据表明，5%～20%的人存在着不同程度的沟通焦虑，他们害怕在人群中讲话，缺乏沟通方法。因此，能否正视有效沟通的困难，并适时掌握、运用良好的沟通技巧，已成为衡量管理者水平的重要尺度之一。

7. 其他

除了上述情况之外，形成沟通障碍的原因还有以下几个。

（1）条件不清造成理解各异。例如，每一项政策、制度、办法的落实都有一定的条件，都有一定的前提和假设。我们在传达信息时往往只注意传达信息本身，而忽视这些条件（要么没有予以研究，要么未曾传达）。

（2）要求不明，渠道不畅。有的管理者并不清楚为了完成组织的任务和做出正确的决策，自己需要哪些信息。因此，在组织设计的同时，管理者应当向各个岗位明确"你们应当向我提供哪些信息，你们还应当向谁提供什么信息"，从而使整个组织的沟通渠道畅通。如果没有明确的设计，组织的沟通渠道就必然呈现自发的无组织状态，以至于别人提供的信息自己不需要，而需要的信息又没人提供。

（3）地理障碍、沟通困难。组织机构庞大、位置分散或相距较远都会引起沟通困难，虽然可以通过网络、电话和文件联系，但缺乏面对面沟通，这也是沟通的一大障碍。

（4）信息超载，即信息超出了人们的处理能力。当个人拥有的信息量超出自身的处理能力时会发生什么呢？他们往往会忽视、略过、忘记或者有选择性地挑选信息。或者，他们也可能会停止沟通。无论如何，结果都是信息的丢失和无效的沟通。

（5）防卫。当人们感觉受到威胁时，他们会倾向于以某些方式予以回应，这种方式往往会阻碍有效沟通，并降低彼此相互理解的能力。他们变得有所防备——在言语上攻击他人、发表尖酸刻薄的评论、过于苛刻，或者质疑他人的动机。

知识点二：有效沟通的 7C 原则

组织沟通的有效性主要表现在七个方面，也称为7C原则。

（1）依赖性（credibility），即信息的发送者与接收者之间建立彼此信任的关系。良好的沟通应从彼此信任的气氛中开始，而这种气氛应由主动沟通者创造，因为这直接反映了主动沟通者具有真诚的沟通态度。同时，被动沟通者应该相信主动沟通者传递的信息，并相信主动沟通者在解决他们共同关心的问题上有足够的能力。

（2）一致性（context），即沟通计划、沟通方式应与组织内外环境相一致。

（3）内容（content），即沟通的内容必须对信息接收者具有意义。信息发送者应该考虑到接收者的价值观以及接收者所处的环境。

（4）明确性（clarity），即沟通所用的语言或词语是双方共同认可的，应避免模棱两可、含糊不清、容易产生歧义的言语。

（5）持续性与连贯性（continuity and consistency）。沟通是一个没有终点的过程，要达到沟通目的，必须对信息进行重复，但必须注意在重复中要不断补充新的内容，这一过程应该坚持下去。解决沟通障碍的有效办法是继续沟通。

（6）渠道（channels），即选择能够充分提高效率的渠道。沟通者应注意尽可能地利用已经存在并且被沟通者习惯使用的渠道。如在农村宣传许多产品时，就选用了"口号墙报"的形式，这种形式传达的信息鲜明、易记、易理解，符合农民的认知习惯，从而取得了良好的宣传效果。

（7）接收者的接受能力（capability of audience）。沟通时应充分考虑信息接收者的接受能力，增强沟通的针对性；若不了解沟通对象的情况，沟通时就如同"盲人骑瞎马，夜半临深池"。因此，沟通前应尽力做到知彼，多方面地了解沟通对象的情况。应注意到，用来沟通的材料对被沟通者能力的要求越低，那么沟通成功的可能性就越大。影响被沟通者的接受能力的主要因素包括接收信息的习惯、阅读能力与知识水平等。

提示与说明

与老人沟通，不要忘了他的自尊；与上级沟通，不要忘了他的尊严；与年轻人沟通，不要忘了他的直接；与儿童沟通，不要忘了他的天真。

沟通，70%是情绪，30%是内容；80%是倾听，20%是表达；90%是尊重，10%是方法。

知识点三：改善沟通的策略

为了改善组织中的沟通，人们进行了大量的研究和探索，提出了许多改进的措施，下面介绍常见的一些改善沟通的做法。当然，这些做法并不适用于所有的情况。

1. 积极运用反馈

很多沟通上的问题都直接源于误解和不准确。如果管理者能够在沟通过程中获得反馈，包括言语的和非言语的反馈，出现这些问题的可能性则会有所降低。针对所传递的信息，管理者可以通过询问一些问题以确定信息是否如预期那样得到正确的理解和接收。管理者也可以要求接收者用自己的话复述这一信息。如果管理者能够听到预期的结果，那么理解和准确性则有所保证。反馈也可以提供一些更为微妙的信息，因为接收者的总体评论能够使管理者了解到其对所传递信息的反应。

> **名家观点**
>
> 一个人必须知道该说什么，一个人必须知道什么时候说，一个人必须知道对谁说，一个人必须知道怎么说。
>
> ——彼得·德鲁克

提示与说明

一定要注意的是，信息发送者不要动辄就问"听明白了吗？"，信息的接收者也不要动辄就说"我明白了"。让接收者把接收到的信息复述一遍可以检验他是否真正理解了信息的本意——这不失为提高沟通效果的又一建议。

从接收方来讲，怎样才能保证我们听到的正是别人要表达的意思呢？提前做好准备确保进入倾听状态（如准备纸笔、关闭电话、调整情绪），保持倾听过程的连续性（如不随意打断对方、认真记录、不接听电话），哪怕我们已经理解了对方的意图，最好还是当场把自己的理解表述一遍，以确认双方达成共识（如询问对方"您的意思是不是……"）。

人与人之间误会的产生不是因为彼此之间不了解，而是因为一方往往站在自己的角度认为对方不了解自己。所以，坦诚地把自己的想法和感受说出来，耐心地倾听对方的想法和感受，能有效地化解误会和猜疑。如果我们希望别人怎么对待我们，我们就应该告诉对方，教别人如何做。

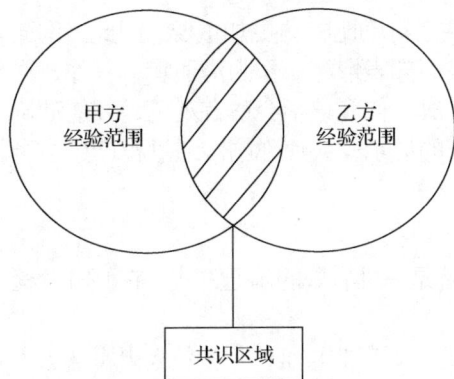

图 9.4　共识区域

2. 创建共识区域

共识区域是指信息发送者和信息接收者在知识经验、兴趣爱好、文化传统等方面的相近之处，如图 9.4 所示。当信息被发送出来后，接收者接收信息，并根据自己的水平和经验形成自己的理解，至于他的理解和发送者的本意是否一致就取决于接收者的水平和经验了。此时，发送者与接收者的类似经验越多，沟通的语言就越多，信息分享的程度也越高。因此，共识区域往往是建立良好沟通的基础。所以，作为发送者，要想让接收者准确理解自己的想法，在沟通之前就应该了解沟通对象（社会背景、文化水平、性格、爱好等），做到有的放矢，同时也是为了找到共同语言，这将有助于提高沟通效果。

3. 抑制情绪化的反应

如果认为管理者始终能以理性的方式与员工进行沟通，那真是太天真了。我们知道，情绪化的反应会给信息传递带来严重影响而使其失真，从而扰乱和扭曲沟通的过程。一位对某一问题感到心烦意乱的管理者更有可能误解接收到的信息，并且无法清楚准确地表达自己的意思。这种情况下该怎么办？

心理学研究发现，再强烈的情绪，48小时以后强度也会改变。因此，当信息发送者或接收者中的一方情绪不稳时，那么最好的做法是停下来、保持冷静或等一等再说，既不要在自己闹情绪的时候与人沟通，也不要在别人情绪不佳的时候与其沟通。一定不要在有情绪的时候做决定。

4. 获取信任

成功的沟通者往往具有良好的权威效应，信息发送者的可信度既受信息发送环境的影响，又受到沟通关系的影响。信任感的培养是一以贯之的过程，因此，在日常行为中形成良好的信誉意识至关重要，"狼来了"的故事即最好的反例之一。

5. 表达力求准确简洁

由于语言也可能是一种障碍，因此管理者应该考虑那些直接接收信息的听众，并通过调整自身的言语措辞以满足他们的需求。要记住，只有在信息被接收和理解的情况下才能实现有效沟通。所以，要尽可能使用接收方听得懂、能够理解的方式来表达。

提示与说明

在求职面试的时候，一个人嘴上说他对这个职务很感兴趣，并许诺他将勤奋工作，他信任公司的一切，可是眼神却躲躲闪闪，这可能就是言不由衷的表现。

再比如，当你和一个人说话时，你不停地看别的地方，一边说一边往门口走，但他仍然追着你说话，对你已经没有兴趣继续谈话的状态毫无察觉。这样的人社交直觉敏感度就比较低，他们对别人的肢体语言、表情和语调都不敏感。而有的人却能够察言观色，能够准确地知道别人的感受和需求。

需要注意的是，行话的使用只有在该群体了解其具体意思时才能促进理解，如果在该群体之外使用，则可能会产生各种问题。比如院系、专业简称只有在学校内部才可以用，一旦用到对外材料或者交流中，别人就可能看不懂或听不懂了。

6. 注意非语言沟通的提示

如果行动胜于空谈，那么很重要的一点是确保行动匹配并强化与之相伴的语言。一位有效的沟通者会有意识地注意自身的非言语沟通，以确保他们传达了所要表达的信息。

生活中我们常说"说得好不如做得好"，这句话也反映了行动比言语更加重要，因此，沟通中应注意非言语媒介的使用，如手势、衣着、体态姿势、面部表情等。作为沟通者，首先，你必须注意你所传达的信息与你所使用的媒介的一致性；其次，你应该学会察言观色，并能准确地解释你所观察到的现象。总之，巧妙地运用非语言沟通的提示，会使你的沟通过程产生事半功倍的效果。

7. 学会积极地倾听

我们经常听别人说话，但我们通常没有认真倾听。倾听是一种有效的沟通方式，在倾听过程中，接收者也在努力地参与沟通、主动搜寻信息。

为什么很多人都不是称职的倾听者？因为当一名称职的倾听者非常难，大多数人更愿意当一名说话者。实际上，倾听往往要比说话更让人感到疲劳。与单纯的听有所不同，积极倾听要求全身心地集中注意力，聆听说话者的完整意思而不做出先入为主的判断或解读。正常情况下，一个人讲话的平均速度为一分钟 120～200 个词语，然而一名倾听者平均一分钟能够理解接近 400 个词语。这种差异使大脑有大量的空闲时间，导致倾听者心不在焉。

成熟、智慧的管理者会认为倾听别人的意见比表现自己渊博的知识更重要。他善于帮助和启发他人表达出自己的思想和感情，不主动发表自己的观点，善于聆听别人的意见，激发他们的创造性思维，这样不仅可以使员工增强对自己的信任感，还可以使自己从中获取有用的信息，更有效地组织工作。适时地赞美别人也是管理中极为有效的手段。在公开的场合对有贡献的员工给予恰当的称赞，会使员工增强自信心和使命感，从而努力创造更佳的业绩。

视野拓展

开发你的积极倾听技能

积极倾听要求你集中精力倾听对方所说的话，不仅要倾听对方的言语，还要努力理解并解读说话者所表达的意思。

（1）发挥对信息发送者的移情作用能够使积极倾听得到强化，也就是设身处地地站在信息发送者的角度考虑问题——换位思考。一位发挥了移情作用的倾听者，一般不会轻易对信息的真正含义做出自己的判断，而是在这之前认真倾听说话者表达的内容，目的在于避免先入为主地判断和解读导致对信息的扭曲，从而提高自身在沟通中获取信息所传递的完整意思的能力。

（2）进行眼神交流。如果你在说话时对方没有正视你，感觉如何？大多数人会将这种行为理解为冷漠和不感兴趣。与说话者进行眼神交流，有助于集中你的注意力，降低你分心的可能性，并鼓励说话者继续说下去。

（3）表示肯定的点头和恰当的面部表情。积极倾听者通过非语言信息表现出对所说内容感兴趣。你可做出表示肯定的点头和恰当的面部表情，再加上恰当的眼神交流，向说话者表明你正在倾听。

（4）避免令人注意力分散或者表示无聊的动作或手势。当你在倾听时，不要总是看手机、翻动纸张、把玩手中的笔或是做出一些类似的举动。这些举动会让说话者认为你感到无聊或不感兴趣，或者说明你并没有全神贯注地听。

（5）提出问题。有判断力的倾听者会分析他所听到的内容并提出问题。这种行为有助于搞清楚所说内容，确保正确地理解，并表明你正在倾听。

（6）复述所说的内容。有效倾听者通常会使用这些语句，如"我听见你说……""你的意思是……"等。复述是一种非常好的控制工具，可用于检查你是否在认真倾听以及核实你的理解是否准确。

（7）不要随意打断说话者。在你试图对说话者的言论进行回应之前，让说话者完整地表达他的想法。不要试图去猜测说话者将要谈论什么问题。当说话者说完之后，你就会知道了。

（8）不断鼓励自己专心倾听。大多数人都更青睐表现自己的想法，而不是倾听其他人。说话可能会更加有趣，而沉默则令人感到不舒服，但是你无法在说话的同时进行倾听。优秀的倾听者能够认识到这一事实，并且不会过多地讲话。

（9）在说话者和倾听者这两种角色之间进行顺利转换。有效的倾听者能够从说话者向倾听者顺利地转换，之后又顺利地转换为说话者的角色。从倾听的角度而言，这意味着全神贯注地倾听说话者所表达的内容，并且一旦有机会说话，即可不假思索地进行表述。

8. 把握说的技巧

因为说是沟通中应用最多、最基本的语言形式，我们应注意掌握说的技巧，其主要包括以下几点。

（1）要言之有理，并有足够的信息量。所说内容应当是新知识、新信息、新办法，至少是新见解，这样才能以内容吸引人。若所说的话属重要的信息，则一定要抓住中心，表述准确。

（2）选择对方感兴趣的话题。沟通如同打乒乓球，你发过去的球对方接住了，谈话才能继续下去；若没有接住，谈话中断不说，对方可能还会认为你在故意刁难他，沟通双方自然很难建立良好关系。

（3）尊重与赞美。实事求是的赞美是在表示对对方的尊重，也是在传达继续沟通的意愿，会明显地促进感情的交融。

（4）回避忌讳的话题。在沟通中要保护别人的隐私，更不可涉及他人忌讳。

（5）学会运用幽默。幽默有助于调节谈话气氛，消除隔阂，拉近双方心理距离，打破尴尬局面。

> **结束语**
>
> 沟通对组织目标的实现起着重要作用，是领导者的必备技能。沟通无处不在，因此，我们必须在实际生活中利用一切可以锻炼的机会提高自己的沟通能力。

小　结

1. 沟通就是信息交流，又称沟通联络，是信息凭借一定符号载体，在个人或群体之间从发送者到接收者进行传递并获得理解的过程。

2. 沟通过程就是发送者把自己的想法加工成能够传递出去的各种符号并通过某种途径发送出去，接收者接收信息后形成自己的理解，再把接收到的或理解的信息返回发送者的一个过程。这一过程包括七个要素：信源、编码、信息、通道、信宿、解码、反馈。

3. 口头沟通、书面沟通、非语言沟通是三种基本的沟通方式，它们基本都可通过网络实现，应根据具体情况选择或综合运用多种沟通方式以增强沟通的效果。

4. 按照信息流向的不同，沟通的方向可以分为上行、下行、平行、斜行。在一个组织中，信息在不同的人与机构之间从不同方向流动，就形成了一个由各种路线构成的沟通网络。

5. 正式沟通网络由组织内部明文规定的进行信息传递和交流的各种路线组成。非正式沟通指的是不受组织监督，也没有层次结构上的限制，由员工自行选择进行的沟通方式。

6. 引起沟通障碍的原因是多方面的，克服障碍应坚持7C原则。实现有效沟通应注意：积极运用反馈、创建共识区域、抑制情绪化的反应、获取信任、表达力求准确简洁、注意非语言沟通的提示、学会积极地倾听、把握说的技巧。

练　习　题

一、单项选择题

1. 沟通过程最重要的是（　　）。
   A. 信息的传递　　　B. 信息的交流　　　C. 信息的接收　　　D. 信息的理解
2. 口头沟通存在的最主要缺点是（　　）。
   A. 反馈迅速　　　　　　　　　　　　B. 缺乏书面沟通技巧
   C. 沟通内容不方便记录　　　　　　　D. 沟通简单
3. 以下属于非语言沟通方式的是（　　）。
   A. 电话交谈　　　B. 体语　　　C. 小组会议　　　D. 电子邮件

4. 以下属于书面沟通方式的是（　　）。
   A. 电话交谈　　　　　B. 纸质文件　　　　　C. 小组会议　　　　　D. 电子邮件

5. 在选择沟通渠道时，如果看重通过信息沟通来增加员工的满足感，则最好使用（　　）。
   A. 全通道型　　　　　B. 链型　　　　　C. 轮盘型　　　　　D. 饶舌型

6. 一位四川人和一位山东人在一起做生意，经常因为"四""十"发音不准而闹矛盾。造成这种沟通障碍的原因主要来自（　　）。
   A. 物理方面　　　　　B. 管理方面　　　　　C. 心理方面　　　　　D. 语言方面

7. 商业活动中，异地日常沟通最好通过（　　）进行。
   A. 书面沟通　　　　　B. 非语言沟通　　　　　C. 口头沟通　　　　　D. 网络沟通

8. 以前，张总了解情况、布置工作的方式是分别与三个部门经理进行谈话，部门经理之间总是相互猜疑并推诿责任；后来，他以一种畅谈会的形式同时会见三个部门经理，这一做法上的改变使得部门经理之间不再在背后猜疑了。张总与下属之间的沟通模式（　　）。
   A. 由链型改为轮盘型　　　　　　　　　B. 由轮盘型改为全通道型
   C. 由全通道型改为轮盘型　　　　　　　D. 由轮盘型改为链型

阅读案例，回答第9～12题。

王总是一家管理咨询公司的项目经理，他接受了一个非常紧迫的项目。项目的需求方要求做出适合他们公司员工培训的教材，此项目要求在短短一个月的时间内在必须保证质量的情况下完成。王总很快制定出项目的计划方案，并部署了每个项目小组成员的工作。为了节省时间，大家做了以下分工：小赵负责教材的语言文字编辑工作，小钱负责培训案例的收集和编辑工作，小李负责培训测试题目的收集和编辑工作，小刘负责整体教材的语言润色工作，小王负责排版和校对工作。但是在工作的过程中出现了一些问题，小王在排版和校对过程中发现，喜欢手工改稿的小刘返回给他的文稿实在难以看清楚，这给他的工作造成了很大的困难。小王很生气，心想：本来可以直接在电子文档上面修改的文字，为什么要手工修改？修改完了再让我录一遍，这就是重复工作。就因为这个问题，他的工作往往不能按时完成，王总对小王的工作效率很不满意。

请回答：

9. 上述案例说明，王总没做好（　　）工作。
   A. 员工之间的协调　　B. 项目计划　　　　　C. 项目控制　　　　　D. 员工任务的分配

10. 从小王、小刘和王总之间的关系来看，他们之间主要缺少（　　）。
    A. 沟通　　　　　　　B. 计划　　　　　　　C. 控制　　　　　　　D. 组织

11. 从沟通的角度来讲，关于小王和小刘沟通障碍的原因，（　　）应负有相应的责任。
    A. 发送者小王　　　　　　　　　　　　B. 接收者小刘
    C. 王总　　　　　　　　　　　　　　　D. 以上所有选项均正确

12. 假设王总想解决这个问题，采取（　　）的方式比较好。
    A. 会议讨论　　　　　　　　　　　　　B. 私下分别交谈
    C. 让小王加班　　　　　　　　　　　　D. 做小王的思想工作

二、多项选择题

1. 传达表扬信息时可通过（　　）完成。
   A. 口头沟通　　　　　B. 书面沟通　　　　　C. 非语言沟通　　　　　D. 网络沟通

2. （　　）属于非语言沟通方式。
   A. 电话　　　　　　　　　　　　　　　B. 身体语言
   C. 小组会　　　　　　　　　　　　　　D. 十字路口的红绿灯

3. （　　）等做法有助于克服沟通障碍。
    A. 积极反馈，反复沟通
    B. 寻找交流双方共同的兴趣爱好
    C. 控制自己的情绪
    D. 学会积极倾听

三、问答题

1. 什么是沟通？简述沟通过程及要素。
2. 结合实际，谈谈如何提高沟通效果。

四、案例分析题

远东厂事件

真没想到，当上营销部经理才两个月，就发生了太多事情。

上月月底的周末，办公室里只有我和李颖（我的秘书，也一直是我的好朋友）。李颖在整理一些旧文件，突然，她发现了一份四年前的报告，是制造部张经理给王总（当时王总还是营销部经理）的，内容是说当时为远东厂生产的一批元件质量有缺陷，寿命只有正品的 1/2，重新生产肯定完不成合同，不如先把货发出去，短期内应该不会有大问题。李颖非常惊讶，一定要我下周和远东厂说清楚，她认为这违反基本的商业道德，也只有这样才能避免和远东厂关系的破裂。

当晚，我找到王总，王总对我说了当时的情况：我们厂正在加速发展，一直加班加点生产，有一段时间产品质量有些跟不上，而远东厂又非常信任我们，几乎从不验货，而且事后他们也并未发觉，后来与我们的关系一直很好。

我一向非常敬重王总，决定保守这个秘密。但问题还是发生了，第二周，远东厂不知怎么知道了这件事，远东厂的采购主管刘勇提出要终止与我们厂的合作关系；但若我们厂以后的供货价格压低20%，他们可以替我们厂保密，不将此事宣扬出去。公司召开了紧急讨论会议，同意接受他们的条件。很快，其他公司纷纷猜测我们厂这样做的原因，搞得我们厂非常被动，订单也开始减少。

公司内也炸开了锅，都认为是李颖向远东厂透了风，王总也要求我逼她辞职。难道真的是李颖干的？

请问：

1. 如果你是这位经理，你会怎么做？这会不会对你今后的管理风格产生影响？
2. 如果真的是李颖告诉远东厂的，你认为她做得对吗？为什么？假设能回到那个周末，你会做些什么？
3. 运用沟通理论，解释案例中各人的行为，找出问题所在并提出解决建议。

第十章

控制工作

学习重点

1. 控制的含义与类型
2. 控制工作的基本要求
3. PDCA 循环

第一节　理解控制的内涵与基本过程

案例导入

无论是"产品"连锁还是"服务"连锁，都讲究"标准化"，具备可复制性，麦当劳堪称这方面的典范。

麦当劳对制作汉堡包、炸薯条、招待顾客和清理餐桌等工作都事先进行了翔实的动作研究，制定了详细的程序、规则和条例，用以指导各分店管理人员和一般员工的行为。

1961 年，麦当劳在芝加哥开办了专门的培训中心——汉堡包大学，要求所有的特许经营者在开业之前都要接受为期一个月的强化培训，确保公司的规定得到准确的理解和认真的贯彻执行。汉堡包大学后来开设了多所分校，为麦当劳的快速扩张打下了坚实的人才基础。

为了确保麦当劳公司所有的特许经营分店都能按统一的要求开展活动，麦当劳公司总部的管理人员经常走访、巡视世界各地的经营店，进行直接的监督和控制。例如，有一次巡视中心发现一家分店自作主张，在店里摆放电视机和其他物品以吸引顾客，因这种做法与麦当劳的风格不一致，立即被要求给予纠正。

除了进行直接控制以外，麦当劳公司还定期对各分店的经营业绩进行考核。为此，各分店要及时提供有关营业额和经营成本、利润等方面的信息，这样总部管理人员就能及时把握各分店经营的动态和出现的问题，以便商讨和采取改进的对策。

请问：什么是控制？麦当劳公司是如何进行控制的？

麦当劳公司的例子告诉我们，控制在管理活动中的作用是多么重要！

的确，一项工作无论计划做得多么完善，目标制定得多么切合实际，在没有实现之前它只是文字上的、观念上的东西，而在执行计划和实现目标的过程中，总会出现意想不到的情况，这是因为制定目标时不可能考虑得十全十美，而且环境的变化无法准确预测和把握，在执行计划时也总是会有这样那样的岔子。为了保证工作按照既定的计划进行，就必须运用各种控制手段，对实施过程中的实际工作进行监控、比较和纠正，使实际工作与目标保持一致。

知识点一：控制的含义及重要性

控制就是按照计划和目标的要求来监控、衡量各项工作，纠正各种偏差，以确保计划执行和目标实现的活动过程。控制作为管理的基本职能之一，是所有管理者都应当承担的一项职责，即便他所在部门的表现完全符合计划，因为除非管理者已经评估哪些行为得到了实施并且将实际的绩效和预期标准进行了比较，否则他们很难真正知道控制结果。有效的控制可以确保所有的行动都是按照有利于实现目标的计划完成的。因此，控制是否有效取决于控制如何帮助员工和管理者实现他们的目标。

提示与说明

控制不仅仅是管理者应承担的职责，而且与普通人日常的工作、学习和生活息息相关。

在大海中航行的轮船，需要舵手的控制，将偏离航线的船只拉回正确的航道上来；十字路口需要交警的控制来保持交通畅通；课堂上需要教师的控制来维持教学秩序，以保证教学效果……

离开了控制，计划和目标都可能会落空；离开了控制，我们的工作和生活将无法正常进行。

为什么控制如此重要？事情并不总是按照计划发展，这就是控制如此重要的原因。人们可以制订计划，可以建立组织结构来帮助目标的有效实现，也可以通过有效的领导来激励员工。但这些并无法确保所有的行动都按计划执行，并且无法确保员工和管理者努力奋斗的目标可以得以实现。所以控制很重要，因为管理者只能通过这个唯一的方法了解组织目标是否实现，没有实现的原因何在。

控制职能的价值体现在三个具体的方面：计划、员工授权、保护组织和组织的资产。

目标作为计划的基础，为员工和管理者指明了具体的方向。然而仅仅明确目标或让员工接受目标，并不能确保他们已经采取了完成这些目标的必要行动。有效的管理者会采取措施跟进，以确保员工既定要做的事已经真正完成以及目标已经逐步实现。控制提供了反馈到计划的关键纽带。如果管理者不进行控制，他们无法知道目标和计划是否实现，以及下一步应该采取怎样的措施。

名家观点

管理工作的控制职能是通过对业绩的评估与校正，以确保组织目标和为达到组织目标所制订的计划得以实现。

——哈罗德·孔茨

控制之所以重要的第二个原因是员工授权。很多管理者不愿意进行员工授权，因为他们害怕万一出错自己要承担责任。而一个有效的控制系统可以提供关于员工绩效的信息反馈，将潜在问题发生的可能性降到最低。

管理者实施控制的第三个原因是保护组织和组织的资产。当今环境会给组织带来诸如自然灾害、财务丑闻、违反法律法规的行为等危机事件。管理者必须在这些可能发生的事件中保护组织及其资产。全面控制和应急计划可以帮助管理者确保将这些可能发生的事件对组织的影响降至最低。

知识点二：控制的基本类型

管理中的控制手段可以在行动之前和行动过程中实施，也可以在行动结束之后实施，与此相对应，就有预先控制、现场控制和事后控制三种基本的控制类型，如图10.1所示。

（一）预先控制

1. 预先控制的定义

预先控制是一种预防性控制。其关键是要在实际问题发生之前就采取管理行动；其难点在于要对未来的情况做出科学的预测。

预先控制也叫前馈控制、事前控制或事先控制。它是在某项工作开始之前进行的控制，即根据以前的经验教训或通过科学分析，在工作开始之前对工作中可能产生的问题进行预测和估计，并采取防范措施，以保证计划和目标的顺利实现。

例如，当知道夏季将出现持续高温时，冷饮厂可适当增加冷饮原料的储备；为了开发一种新产品，预先对消费者的实际需求进行市场调查；为了保证员工能适应新的环境，对新进入组织的员工进行岗前培训；为保证产品的质量，对入库前的原材料进行验收；对大学新生开展入学教育；等等。这些都属于预先控制。

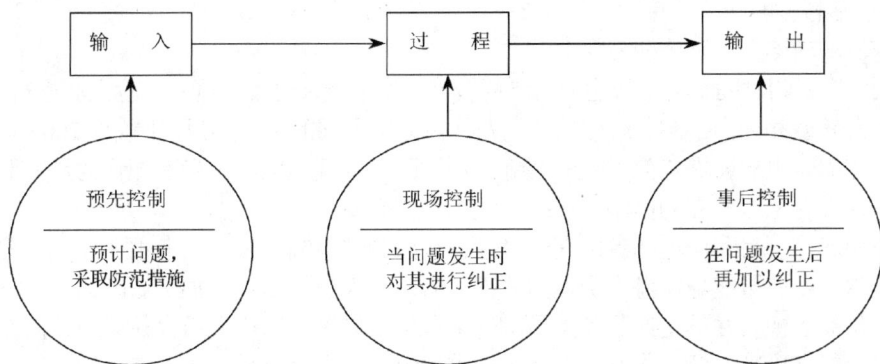

图 10.1　控制类型

2. 预先控制的目的

预先控制的目的在于将可能发生的问题消除于其产生之前——防患于未然。

3. 预先控制的优点与缺陷

预先控制的优点有以下两个方面。

（1）可以防患于未然，避免出现损失。预先控制是最理想的一种控制方式，其关键是在问题出现之前采取管理行动。这样就可以预防问题，而不是在问题已经发生之后再去弥补。如同发现牢有问题而先补好牢，以避免羊被狼叼走，而不是亡羊之后再来补牢，从而避免了损失。

（2）对事不对人，不造成正面冲突，易于被员工接受。由于预先控制是在事情开始之前采取预防措施，因此它不针对任何个人，而是就事论事。例如，监考人员开考之前在考场上强调考试纪律，不针对任何考生，一般不会与考生形成正面冲突，同时对有违纪或作弊想法的考生有一定的警示作用。

预先控制的缺陷在于：必须投入较大的精力和资源去获取及时和准确的信息，这些信息通常不易获得，所以管理者不得不经常运用其他两种控制方法。

（二）现场控制

预先控制虽能防患于未然，但毕竟不可能消除所有的隐患，因此，当活动或工作开始之后，还要对工作过程进行控制，及时发现并解决问题。

1. 现场控制的定义

现场控制也叫同期控制、事中控制、过程控制或即时控制，它是指在某项活动或工作过程中进行的控制。最常见的现场控制是直接监督，即管理者对正在进行的活动给予指导与监督，以保证实施过程按规定的程序和方法进行。还可用走动式管理来表述现场控制，即管理者在工作现场直接与员工进行互动。如生产过程中的进度控制、过程检验，每日工作质量情况统计表，教师在课堂上的点名与提问等，都属于现场控制。

> 最常见的现场控制方式是监控，即进行现场监督和指导。

2. 现场控制的目的

现场控制的目的是及时发现并纠正工作中出现的问题。

名家观点

英国管理学家 H.赫勒（H. Heller）认为，当人们知道自己的工作有人检查的时候，他将会加倍努力。

有好事者发现：在厕所出口摆上一个募捐箱，并在募捐箱上画上一双眼睛，这个募捐箱内的捐款会远远多于在另一个厕所出口处摆放的没有画眼睛的募捐箱。

3. 现场控制的优点与缺陷

现场控制的优点在于：有了检查和指导，可以提高工作人员的工作能力和自我控制能力，减少可能造成的损失。

现场控制的缺陷在于以下两方面。

（1）受管理者的时间、精力和能力的制约较大，如不能及时发现问题，就无法进行现场控制。不同的人观察角度和能力不同，对待同一问题往往会有不同的认识结果。例如，2008年某市地铁施工现场发生塌陷事故，塌陷前出现的裂缝虽然早已被发现，但部分专家却认为是其他原因导致的正常现象，没有采取相应的措施，最终导致了悲剧的发生。

（2）易引起控制者和被控制者之间的对立，从而影响控制效果。当考生在考试过程中被监考人员发现作弊时就有可能与监考人员发生冲突，当质检人员指出正在加工的产品有瑕疵时也容易遭到操作人员的敌视。并不是说监考人员对这个考生有偏见，质检人员也并非与该操作人员有矛盾，他们只是就事论事，但被人发现作弊、被人指出工作失误总是令人不高兴的。

（三）事后控制

现场控制虽能及时发现一些问题并解决问题，但还是不能保证将所有的问题发现并消除，总是会有一些漏网之鱼，因此，当工作结束之后还需要对这些漏网之鱼展开一次"捕捉"行动。

1. 事后控制的定义

事后控制也叫反馈控制、成果控制或结果控制，是在工作结束或行为发生之后进行的控制。事后控制把注意力集中在工作结果上，通过对工作结果进行测量比较和分析，查明原因，采取措施，进而指导今后的行动。

> 采用事后控制必须特别注意：监督与监督信息的传递要及时；问题的发生与采取纠正措施之间不能有较长的时间间隔。

如企业对生产出来的成品进行质量检查，学校对学生的违纪行为进行处理，期末时进行的期末考试，对组织成员进行的年终考核等，都属于事后控制。事后控制是历史最悠久的控制类型，传统的控制方法大多属于此类。

2. 事后控制的目的

事后控制的目的在于避免已发生的不良后果继续发展或防止其再度发生。

3. 事后控制的优点与缺陷

事后控制的优点在于：丢了一只"羊"之后马上就补"牢"，可以使"羊"不再丢失，即及时发现问题、反馈信息，防止问题的影响扩大，实现良性循环，不断提高业绩。

反馈有两大功能。第一，反馈为管理者提供了有关计划的有效程度的重要信息。如果通过反馈发现目标和实际绩效之间基本一致，说明计划大致上是正确的。如果问题很突出，管理者可以运用这些反馈的信息形成新的方案。第二，反馈可以增强激励。人们想要知道他们工作得怎么样，而反馈就能向他们提供这方面的信息。

事后控制的缺陷则在于："亡羊"之后再来补"牢"，已经丢掉的"羊"再也找不回来了，即对已经出现的问题及造成的损失没有补救作用。

最后需要说明的是，预先控制、现场控制和事后控制对管理者的作用各不相同，管理者可以有选择性地采用不同的控制类型或是将三种类型结合起来使用：做好预先控制，加强过程控制，依靠事后控制。这样就能提高控制的效果，不良后果发生的可能性也会降到最低。

知识点三：控制的基本要求

1. 控制要有重点

控制要有重点，就是指在控制过程中要抓住重点环节进行控制，而不是"眉毛胡子一把抓"。

控制的过程可以说是发现和纠正偏差的过程，在控制过程中，不仅要注意偏差，而且要注意出现偏差的具体原因。不难发现，并不是所有出现偏差的事项都对组织或活动的目标有影响或是影响的程度都相同，这其中总存在着一些关键事项，这些事项出现偏差或是偏差超过了一定的限度就会影响组织或活动目标的实现。所以，管理者不需要也不可能控制工作中的全部事项，只需要也只能对其中的关键事项进行控制。

事实也证明，要想完全控制工作或活动的全过程是不可能的，因此，应抓住过程中的关键进行局部和重点控制。

2. 控制要及时准确

控制要及时准确，就是指在控制过程中要迅速及时地发现问题并及时采取纠正措施，准确地（有针对性地）解决问题。它包括两方面的要求：一方面要求及时准确地得到所需要的信息和采取相应的措施，避免延误，使控制失去应有的效果；另一方面要求估计可能发生的变化，使采取的措施与已变化了的情况相适应，即纠正措施的安排应有一定的预见性，使得采取的措施能在较长的时期内保持有效，不能今天采取的措施明天就失效了。

> 当第一只羊被狼叼走之后，如果不能及时知道这一情况或是不能及时将牢补好，那么，就会有第二只、第三只乃至更多的羊丢失。

3. 控制要有灵活性

控制要有灵活性，就是指在控制过程中要尽可能制定多个应付变化的方案和留有一定的后备力量，并采用多种控制手段来达到控制的目的，以便于灵活地适应各种变化。

任何控制对象和控制过程都受到未来各种因素的影响，而对未来因素变化的预测总会存在着一定的不准确性，因此，所控制的对象和过程也不可能完全按照所设计的控制目标发展。为了保证在发生某些未能预测到的事件的情况下（如环境突变、计划疏忽、计划失败等）控制仍然有效，就应该注意把握灵活性和适应性，要求控制有弹性和制定替代方案，以便于适应各种变化。

4. 控制要经济可行

控制要经济可行，就是指在进行控制时必须做到经济上合理、技术上可行，不能想当然。

（1）控制是一项需要投入大量的人力、财力、物力等各种资源的活动，耗费巨大正是今天许多应予以控制的问题没有得到有效解决的重要原因。因此，在进行控制时必须做到经济上合理：一是要求实行有选择的控制，任何事情都做到全面周详的控制，不仅是不必要的，也是不可能的，要正确而精心地选择控制点，控制点太多会不经济，控制点太少又会失去控制；二是要求努力降低控制的费用，同时提高控制效果，改进控制方法和手段，以最少的资源投入取得最理想的控制效果。

（2）控制的最后落实应该是纠正措施的实施并发挥出应有的效果。因此，这些措施必须具有可操作性，是可以投入实际运作的。

5. 控制要反映计划的要求

控制的目的是实现计划，计划是采用何种控制方式的依据——计划是控制的前提，没有计划，就无所谓控制；计划具有多样性，控制标准和手段也是多样的。

知识点四：控制的基本过程

不管是什么类型的控制，一般都包括制定控制标准、对照标准评价工作绩效、纠正偏差三个步骤。

（一）制定控制标准

要控制，就要有标准，这个标准是评价实际工作或预期工作成果的尺度。因此，控制工作的第一个步骤就是制定控制标准。计划和目标是控制的总要求，为了对各项业务活动实施控制，还必须以计划和目标为依据，制定更加具体的标准，这样就更有利于控制工作的进行。

提示与说明

产品的生产与检测都要执行一定的质量标准。在我国，标准都有一些规范的表示符号，如国际标准（ISO）、国家标准（GB）、行业标准（HB）、企业标准（QB）等。

葡萄酒 GB/T 15037—1994 表示 1994 年颁布的标准号为 15037 的国家推荐标准（即企业生产检测葡萄酒可以执行这一标准，也可以不执行）；2008 年 1 月 1 日起 GB 15037—2006 代替了 GB/T 15037—1994，葡萄酒生产检测标准由国家推荐标准变成了国家强制标准（只要是生产该种产品，就必须执行这一标准）。

1. 常用的控制标准

按照标准是否能够直接进行计量，控制标准分为定量标准和定性标准两类。

（1）定量标准，指能够以一定形式的计量单位直接计算的标准，也就是将设定的标准数值化。在一定程度上，量化的标准便于进行度量和比较，所以，在可能的情况下，应当尽可能使用定量标准，即数值化的标准。例如，工程进度、费用支出、产量、销售量、销售利润、收益状况、质量等都可以数值化。

（2）定性标准，指难以用计量单位、数值直接计算和评价而采用实物或定性描述的标准。例如，一些物品（如服装、酒类、大米等）的外观质量难以用数值表示，所以多采用实物标准，评价时采用样品比较和实物观察；再如有关服务质量、组织形象、组织成员的工作表现（如士气、人际关系）等，也难以用数值化的指标来衡量，通常由有经验的人通过观察、凭感觉来做出判断。

2. 制定控制标准应注意的主要问题

> 制定标准的要求：尽可能数值化、明确化、公开化，尽量减少"酌情""领导说了算"等情绪化的标准。

制定控制标准应注意以下几个主要问题。

（1）控制标准的制定要依据总的计划和目标，不能"另起炉灶"，不能与总计划和目标相违背。

（2）控制标准要尽可能量化，减少感情色彩和印象成分，但不能一味追求量化。

（3）虽然大部分的工作活动都能加以量化，但是，管理者在必要的时候需要采用一些主观标准。虽然这些标准有一定的局限性，但比没有标准，不进行控制要好。

（4）控制标准要事先公之于众，而且要让相关人员清楚地知道这些标准的具体内容，做到公开、明确，以避免将来出现"不知道、不清楚、不执行"的问题。

（5）控制标准要合理而且应该是能达到的，如果这些标准太高或太低，就起不到激励的作用。

（二）对照标准评价工作绩效

对照标准评价工作绩效，是指控制过程中测量实际工作绩效并将实际工作绩效与预先确定好的控制标准进行比较，找出实际工作绩效与控制标准之间的偏差，以便找出组织目标和计划在实施过程中的问题，对实际工作做出正确的评价。

1. 评价工作绩效的目的

评价工作绩效，应有以下三个目的：①比较全面、准确地了解实际工作绩效，掌握计划的执行进度以及相关信息；②找出实际工作绩效与控制标准之间的偏差，以便于找出组织目标和计划在实施过程的问题，为纠正偏差和改进工作提供依据；③为管理者评价和奖励下属提供依据。

2. 评价工作绩效应注意的一些问题

评价工作绩效应注意以下三个问题。

（1）严格按照制定好的控制标准来评价工作绩效。在评价过程中，要做到一视同仁，对所有的人都要对照标准来评价工作绩效，尽量减少因人因时因地而变化的情况。

（2）确定可接受的偏差范围。偏差即实际情况与计划或标准之间的差距。当发现执行计划的实际情况与计划或标准不一致时，就产生了偏差。

在一些情况下，实际工作与标准出现偏差是正常的，所以，在评价过程中，要确定可接受的偏差范围（大小和方向），如果偏差超过这个范围，管理者就应该注意。例如，智能电热器总是在室温超过标准温度的上限或低于下限时才开始自动调整，而不是一偏离 25℃ 就立即调整，如图 10.2 所示。

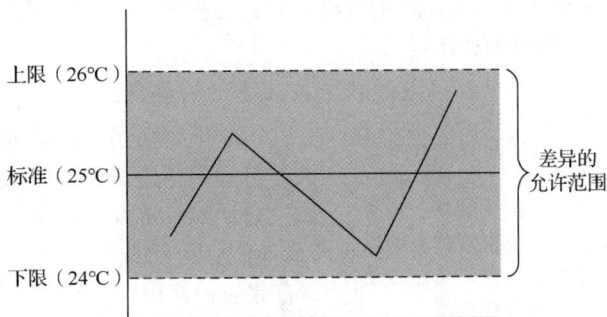

（3）个人观察、统计报告、口头汇报和书面报告是管理者用来检查和报告实际绩效的四种常用方法。

图 10.2　智能电热器的可接受的偏差范围

（三）纠正偏差

当达到了标准或者偏差在允许范围内时，说明工作或活动是按照计划执行的，控制是有效的。当实际绩效与标准存在偏差，且偏差不可接受的时候，说明工作或活动中出现了问题，管理者需要及时分析问题（偏差）产生的原因，采取相应的纠正措施来解决问题。

1. 对偏差及其原因进行分析

分析偏差，找出原因。首先判断偏差的严重程度，判断其是否会对组织活动的效率和效果产生影响；其次要探讨导致偏差产生的主次原因。

偏差产生的原因主要有两类：一是计划执行过程中的工作失误（属于人为因素，可以控制）；二是原有计划不周（属于非人为因素，不可控），例如，原先的计划或标准制定得不切合实际，或是由于客观环境发生了意料不到的变化，原来被认为是正确的计划或标准不适应新环境的需要。

管理者必须对这两类不同性质的偏差做出准确的判断，以便在查明原因的基础上采取纠偏措施，使组织的活动回到预定轨道上来。

2. 有针对性地采取纠偏措施

在深入分析偏差产生的原因的基础上，管理者要根据不同的原因采取不同的纠偏措施。

对于因工作失误造成的问题，控制的办法主要是"纠偏"，即通过加强管理和监督，确保工作结果与目标接近或吻合。纠偏措施具体有以下三种。

（1）改进工作方法。之所以达不到原定的控制标准，工作方法不当是重要的原因之一。因此，要不断地改进工作方法，如改进生产和服务技术、改进教学方法、改进销售技巧等。

（2）改进组织和领导工作。控制职能与组织、领导职能是相互影响的。组织方面的问题主要有两种：一是计划制订好后，组织实施方面的工作没有做好；二是控制工作本身的组织体系不完善，不能对已产生的偏差加以及时的跟踪与分析。面对这两种情况，都应该改进组织工作，如调整组织机构、调整责权利关系、改进分工协作体系等。如果偏差是由于执行人员能力不够或积极性不高导致的，那么就应该通过改进领导方式和提高领导能力来纠正偏差。

（3）改进人事工作。偏差的产生总是和人的因素分不开，如前面所说的方法不当、领导欠佳等。对此，就需要改进人事工作，如加强培训、明确职责、重新分配工作、进行人事调整等。

若目标不切合实际，或是组织运行环境出现了重大变化致使目标失去客观的依据，控制的办法主要是"调适"，即按照实际情况修改标准或重新制定新的标准。

导致偏差的原因也有可能是不现实的标准——原有计划安排不当，制定的标准太高或太低。当其他控制措施都被证明无效的时候，可以考虑对原有的计划或标准加以修订（调整或修改）。比如，如果实际绩效持续超过目标，那么管理者应该考虑设定的目标是否过低，是否需要提高标准。调整计划不是任意地变动计划，这种调整不能偏离组织总的发展目标，调整计划归根结底还是为了实现组织目标。

3．纠正偏差过程中应注意的一些问题

> 如果你认为标准是合理的，就应该坚持标准，向别人解释你的观点，找出出现偏差的原因并提出改进措施，使目标变为现实。

一是不要轻易更改计划，尤其不要轻易降低标准。现实生活中，不论是普通员工还是管理人员，当他们没有达到目标时，大部分人首先想到的是质疑标准而不是反省自己的工作。例如，学生常常认为扣分太严是他们分数低的原因而不愿意承认是自己不努力，销售人员也往往将没有完成销售目标归咎于不合理的定额标准。

有时确实是因为定额标准太高才导致了工作中的显著偏差，进而使员工反对这个标准，但是在修改标准方面还是应该慎之又慎，除非原有计划和控制标准的制定是草率的，或者形成偏差的原因是无法控制的，除了修改标准之外别无他法，否则就不要轻易修改标准。如果管理者确信标准是合乎实际的、公平的和可接受的，那么就要告诉员工，希望他们在今后的工作中加以改善，然后采取必要的纠正措施来帮助他们改进。

二是要对事不对人。纠正偏差的目的在于找出原因，采取措施来保证组织的各项活动都有利于实现组织目标，因此，如果有人出了差错，千万不要抱怨这个人有问题，而应该找出问题的原因、解决问题。

提示与说明

当一个人在同一个地方出现两次以上同样的差错，或者两个以上不同的人在同一个地方出现同一差错，那一定不是人有问题，而是让他们出差错的"路"有问题。此时，作为管理者，最重要的工作不是管人——要求他们不要重复犯错，而是修"路"。这就是对事不对人。

三是要有针对性。一定要在找到问题产生的真正原因之后，再针对这个原因采取纠偏措施，做到有的放矢、打蛇打七寸。

制定控制标准、对照标准评价工作绩效、纠正偏差这三个基本步骤紧密联系，缺一不可，共同构成了一个完整的控制过程，共同完成了一个控制周期。没有第一步制定控制标准，就不会有评价实际工作绩效的依据；没有第二步对照标准评价工作绩效，就无法获得所需要的控制信息，就不知道是否存在偏差以及是否需要采取纠正措施；没有第三步纠偏措施的制定和落实，控制过程就会成为毫无意义的活动。每一次循环，都应使偏差不断缩小，保证组织目标最有效地实现。图 10.3 总结了控制的基本过程，也反映了管理者在控制中所做的决策。在总的计划和目标的指导下制定控制标准，然后对照标准评价实际工作绩效。根据比较的结果，管理者的决策可以是什么都不做，也可以是纠正实际绩效或修改标准。如果实际工作绩效与标准之间没有偏差或者偏差在可接受范围之内，那就什么都不做，工作继续；如果发现有偏差，则要先分析偏差产生的原因。如果偏差是由于工作失误造成的，那就通过加强管理和监督来纠偏，使得工作按照计划和目标的要求继续进行下去；如果偏差是由于原有计划或标准设计不当而导致的或是由于内外部环境的变化而产生的，并且其他措施都被证明无效，则要考虑对原有的计划或标准加以调整或修改，并按照新的计划或标准开始新一轮控制。每一次循环，都应使偏差不断缩小，以确保组织目标的实现。

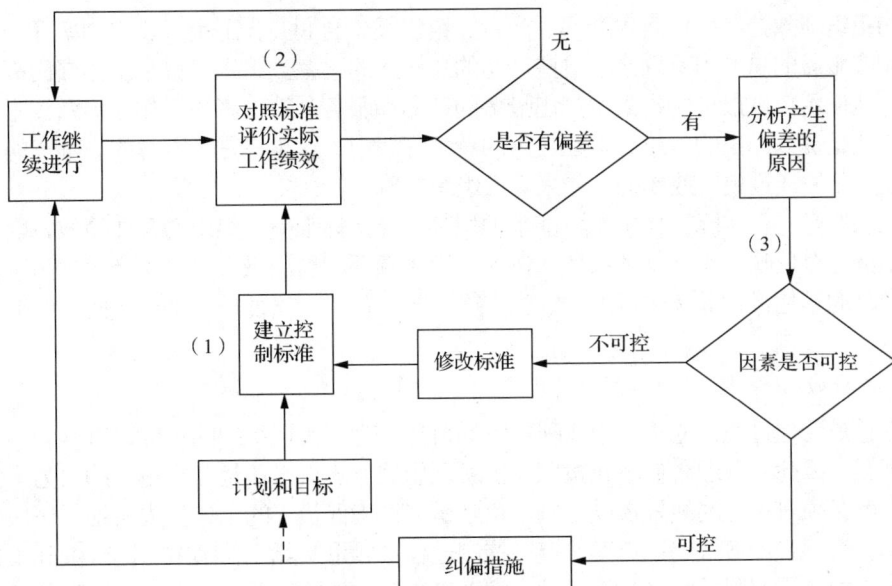

图 10.3　控制的基本过程

第二节　了解控制的重点对象和方法

案例导入

专业生产某类型管材的 D 公司自成立后就发展得十分迅速，从最初只有 10 多人、替别人加工管件、3 万元起家的私营小厂，发展为拥有 4 个分公司、500 多名员工的专业管材生产企业，业务遍及近 20 个省市。前年，D 公司的管材销售额达到 4 亿元。去年年初，公司制订了管材销售额年均增长 12%的五年发展计划，当年，公司的管材实际销售额达到了 4.5 亿元，顺利完成任务。

今年上半年，公司董事长林叶发现，本年完成销售计划是没有问题的，但公司的运营成本上升过快，欠款现象和数额也日益严重和加大，利润增长堪忧。还有一个特别严重的问题是，公司的维修服务跟不上，来自新老客户的抱怨不断增加，许多客户以此为由拖延付款。

7 月，媒体报道了 D 公司在某自来水工程中的质量事故。同时，令林叶意想不到的是，入职不足一年的 12 名员工集体辞职了，和他一同创业的销售副总和技术副总也因接受了竞争对手的聘请而递交了辞呈。

林叶不得不担心公司的未来：难道真的像人们所描述的，小公司辛辛苦苦地做成了大公司，很可能会迅速衰败？

请问：从控制工作的角度来看，D 公司的问题出在哪里？林叶该怎样做才有可能扭转公司的不利局面呢？

知识点一：控制的重点对象

统计表明，组织绩效、员工绩效、财务、产品/服务质量、安全、信息常常是每个组织控制的重点，管理者应该从不同的方面对这些内容进行重点控制。

1. 组织绩效

绩效是一项活动的最终结果。组织绩效是所有组织活动的累积结果。提高组织的绩效一直是管理者的追求，所以，要维持或改进一个组织的绩效，管理者应该关心绩效控制。

常用的组织绩效控制指标有生产率、产量、销售额、利润、员工士气、出勤率等。其中生产率是指产品或服务的总产出除以产生这些产出的总投入的比率。组织和单个工作部门都希望自己是高产的。他们希望以最少的投入生产出最多的产品和服务。管理者的工作是提升该比率。当然最简单的方法是提高产出的价格，但在今天的竞争环境中，这也许是不可行的。唯一的可行途径就是降低投入——通过更有效率的工作来降低组织的费用。

需要注意的是：在实际工作中，不能单独用某一个指标来衡量组织的整体绩效，因为任何一个指标都不能完全反映组织的整体绩效。例如，销售额要和利润最大化、生产率、员工士气相结合，如果较高的销售额背后是成本剧增、生产率下降、员工士气低下，那这样的组织很可能会迅速走向衰败。

2. 员工绩效

管理者总是要通过他人的工作来实现组织的目标，为了实现组织的目标，管理者需要而且也必须依靠下属。因此，管理者使下属按照自己所期望的方式去工作是非常重要的。为了做到这一点，管理者就必须对员工的绩效加以控制。也就是说，确保员工的工作努力有助于保质保量地完成组织目标。管理者如何做到这点呢？遵循控制过程：测量实际工作绩效；比较实际工作绩效与标准或期望；如果需要则采取必要的行动。管理者提供有效的绩效反馈和在必要时随时准备采用纪律处罚是极其重要的。纪律处罚是指管理者为了推行组织的工作标准和规则对员工所采取的惩罚行动。

（1）提供有效的绩效反馈。在整个学期里，你是否会关注自己的作业成绩、考试成绩？如果你关注了这些，那么你为什么想知道这些信息？因为想知道已经做到什么程度，想了解自己做得怎么样。就像老师应该向学生提供学业情况的反馈一样，管理者也应该向员工提供工作绩效方面的反馈，这样员工就可以明白自己在工作中做到了什么程度。当给予绩效反馈时，双方都需要得到倾听、理解和尊重。如果这样做了，就能得到积极的结果。然而有些时候，绩效反馈并没有起到作用，员工实际工作绩效低仍然是一个问题，在这种情况下，通过纪律处罚来解决问题就很有必要了。

（2）采取纪律处罚。通常情况下，大多数员工能很好地完成自己的工作，不需要纠正。但是，有些时候员工工作是需要纠正的，比如旷工、迟到、早退、滥用病假，工作中不服从工作安排，没有使用安全防护装备，篡改、伪造个人信息，工作之外有一些不当甚至违纪或违法犯罪行为。在这些情况下，管理者了解关于该问题的规章制度是很重要的。有规范的流程来处理不满意的工作绩效吗？当出现不满意的工作绩效时，应该对员工加以警告吗？如果警告之后绩效或者问题仍然没有得到改善怎么办？对员工进行处罚很困难，也不是很愉快；但是纪律处罚可以用于控制，也可以用于纠正。管理者必须掌握如何对员工进行处罚，这是管理者的职责。

3. 财务

每家企业的首要目标都是获取一定的利润，在追求这个目标时，管理者必须借助于财务控制。例如，管理者通过仔细查阅每季度的收支报告，就能够发现是否有多余的支出；还可以通过预算，来保证有足够的资金支付各种费用和控制开支。

财务控制并不只限于营利性组织，对于非营利性组织的管理者来说，财务控制也是其主要目标之一。财务控制（如预算控制、成本控制等）为管理者提供了一个明确的控制标准，更加有利于控制工作的开展，是一种重要的控制手段，广泛地应用于企业、医院、学校和政府部门中。

管理者可以采用的传统财务测量方法有比率分析和预算分析。常用的财务比率如流动比率（测量组织偿还短期债务的能力）、杠杆率（考察组织对债务杠杆的利用以及是否有能力偿还债务利息）、活动比率（评估一家企业的资产有效利用程度）、利润率（测量企业是否高效利用自己的资产创造利润）。

4. 产品/服务质量

产品/服务质量是一个组织工作水平的综合反映，是组织的生命线，只有提供高质量的产品或服务，组织才能得到消费者的认可、才能生存。

视野拓展

质量控制实例

影响产品/服务质量的因素很多，因此，质量控制要有全面的观点，实行全面质量管理，进行全员、全过程控制和管理。

全面质量管理，就是指企业内部的全体员工都参与到企业产品质量和工作质量的控制过程中，把企业的经营管理理念、专业操作和开发技术、各种统计技术与质量管理方法结合起来，在企业中建立起从研究开发、新产品设计、外购原材料、生产加工，到产品销售、售后服务等环节的，贯穿企业生产经营活动全过程的质量管理体系。

所谓全员参与，指的是组织内从上到下的每个部门、负责每个环节的工作人员都应围绕产品/服务质量这个中心去完成质量目标所赋予的职能和任务，对自己的工作质量负责；全过程参与指的是从用户调查、市场调研、产品设计方案论证开始，到产品设计、试制、生产、销售、售后的全过程，都要严格地实施质量管理，保证产品/服务达到预期的质量标准。

提示与说明

产品质量是指物质产品或服务产品在使用时满足社会需要所具有的特性的总和，包括产品性能、寿命、可靠性、安全性、经济性等指标。工作质量是指为保证和提高产品质量和工序质量所做的工作的质量，就是组织的管理、技术、生产等各方面的工作水平。

工作质量是产品质量的保证和基础。从一定意义上讲，提高工作质量也就是提高产品质量，而且只有提高了工作质量才能提高产品质量。在现代质量管理中，工作质量控制占据了重要地位，组织越来越将质量控制的重心放在工作过程中。

典型的产品/服务质量控制包括以下三种方式。

（1）预先控制。评价购买能力，以尽可能低的价格购买所需质量和数量的原材料；严格规范技术设计和产品开发；实行原材料检验，对入库或使用前的原材料进行验收。

（2）现场控制。检查、监督生产和服务过程，以保证其按计划或标准进行。

（3）事后控制。对产品和服务的质量进行检验，以保证达到预定的标准。

视野拓展

PDCA 循环

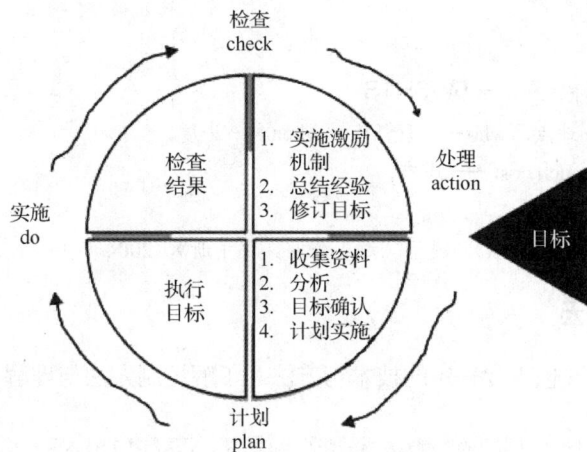

图 10.4　PDCA 循环

PDCA 循环是美国质量管理专家戴明宣传和普及的全面质量管理的计划（plan）、实施（do）、检查（check）、处理（action）四个阶段的简称，又称"戴明环"，见图 10.4。其中，计划阶段相当于控制的第一步（计划并制定控制标准），实施和检查阶段相当于控制的第二步（按照计划和标准去做并对实际工作绩效进行评价），处理阶段相当于控制的第三步（巩固成效或是找出偏差的原因并纠正偏差，为下一个控制过程的开始提供依据）。通过这四个阶段的不断循环，产品质量和工作质量就不断地得到提高。

PDCA 循环作为一种管理工具，大到可以管理国家大事，小到可以管理日常生活。例如，一个家庭主妇，她每天要买菜、做饭。早上起来她的第一件事就是想着今天给家人吃什么（计划），接着去超市买菜（实施），为了把菜烧得好吃一些，她在烹调时，要尝尝味道（检查），吃饭时，她征求家人的意见，问哪几样菜好吃，哪几样菜不好吃，并找出不好吃的原因：是咸？是淡？还是菜不新鲜？第二天她将解决这些问题（处理）。对于每个人的自我管理来讲，PDCA 循环可以使我们的思想方法和工作步骤更加条理化、系统化和科学化：Plan——确立每天的目标与计划；Do——开展当天的工作任务；Check——对工作过程的检查与每天总结；Action——处理工作偏差，对工作成果进行总结，确立新的目标与计划。

5. 安全

安全控制是指对组织活动过程中的人身和财产保障的控制，包括人身安全控制、财产安全控制、资料安全控制、生产安全控制等内容。安全控制，尤其是生产安全控制是这几年经过血的教训之后才引起各级组织重视的，加强安全控制有利于组织成员心理的稳定，有利于组织活动的正常开展。

6. 信息

管理者需要在恰当的时候获得必要的准确信息来监督和测量组织的活动和绩效。不准确的、不完整的、过多的或延迟的信息会严重影响组织的行动。在测量实际工作绩效时，为了对实际工作绩效和标准进行比较，管理者需要了解有关职责范围内所发生情况的信息和有关标准的信息。他们还需要依赖这些信息判断偏差是否在可接受的范围内。最后，他们还要依据这些信息制定恰当的行动方案。这些信息至关重要，管理者运用的大多数信息来自组织的管理信息系统。

实际工作中，管理者通常根据自己的需要去购买或聘请专家设计适合本组织的管理信息系统。

任何管理信息系统都应该包含以下四个分系统或要素。

（1）信息输入系统，如探测器或感应器，即说明在过程控制中究竟发生了什么事情的测量设备。其用于收集实际工作进展情况、计划的执行进度以及相关信息。

（2）信息处理系统，如鉴定器，即评定所发生事情重要性的设备。其用于将所了解的有关工作绩效的实际信息与预先确定的标准进行对照，判断是否发生了偏差。

（3）输出系统，如受动器，即在鉴定器指示行为变动的必要性时改变运动的设备，也叫反馈装置。管理信息系统最后做出反应、纠正偏差靠的就是它。

（4）传送系统，如通信网络，即在感应器和鉴定器、鉴定器和受动器之间传输信息的装置。如果没有这一系统或这一系统受损，就不能及时传递和处理信息，整个管理信息系统就会处于失效状态。

另外，包括数据加密、系统防火墙、数据备份等其他综合性的安全控制也起到保护组织信息安全的作用。

视野拓展

海尔的九个控制要素——5W3H1S

5W：why——目的；what——标准；where——地点；who——责任人；when——进度。

3H：how——方法；how much——数量；how much cost——成本。

1S：safety——安全。

（摘自海尔企业文化中心《海尔的九个控制要素 5W3H1S》，载于《海尔企业文化手册》，2004 年）

知识点二：常见的控制技术与方法[①]

如同其他的管理职能一样，控制工作的开展也需要一定的技术与方法。了解控制方法与理解

---

① 控制方法是管理学科的专业课程中的内容，所以本书只对几种常见的控制方法做一些简单的介绍，更深层次的技术问题及较为专业的控制方法则会在将来的专业课中学到，如财务控制方法在财务管理等课程中学习，质量控制方法在质量管理等课程中学习，综合绩效控制方法在绩效管理等课程中学习，信息技术在管理信息系统等课程中学习，等等。

管理控制职能是相辅相成的。下面介绍几种常见的控制方法。

（一）预算控制

预算是指以数字形式表示的计划，大多数预算是指财务预算，即用财务数字表明组织未来经济活动的成本费用和总收入、净收益等。它预估了组织在未来一段时期内的经营收入和现金流量，同时也为部门和各项活动规定了在资金、劳动、材料、能源等方面的支出额度。

预算是计划和控制工具。当编制预算时，它就是一个计划工具，因为它明确了哪些工作活动是重要的，以及什么资源分配到这些活动中，如何分配。但预算也会用于控制，因为它为管理者提供了量化标准，用来衡量和比较资源的消耗情况。如果偏差足够显著，需要采取行动，管理者会检查发生了什么，并努力找到问题的原因。根据这些信息，管理者可以采取必要的行动。例如，你如果用财务预算来监督和控制每月的支出，那么可能会发现某个月内各项支出都超过了预算，此时你可能会缩减在别的方面的支出，或者加班赚取更多的收入。

1. 预算的类型

依据不同的分类标准，预算可以分为不同的类型，主要有以下几种。

（1）刚性预算与弹性预算。刚性预算指的是在执行过程中没有变动余地或者变动余地很小的预算。弹性预算指的是留有一定的调整余地，有关人员可以在一定的范围内适度调整各项指标的预算。

（2）零基预算与滚动预算。零基预算指的是在每个预算年度开始时，把所有还在继续开展的活动都视为从零开始，重新编制的预算。零基预算的基本特征是不受以往预算安排和预算执行情况的影响，一切预算收支都建立在成本效益分析的基础上，根据需要和可能来编制。滚动预算是根据前期预算的执行结果，结合各种新的变化信息，不断调整或修订并始终保持一定期限的预算。例如，预算执行了一个月后，即根据前一月的经营成果，结合执行中发生的变化等信息，对剩余的十一个月的预算加以修订，并自动后续一个月，重新编制一年的预算。

（3）收入预算和支出预算。收入预算指的是对组织活动未来的货币收入进行的预算。支出预算指的是对组织活动未来的货币支出进行的预算。

（4）总预算与部门预算。总预算指的是以组织整体为范围，涉及组织收入或者支出项目总额的预算。部门预算指的是各部门在保证总预算的前提下，根据本部门的实际情况安排的预算。

2. 预算的特点

预算具有如下特点。

（1）计划性。预算本身就是一种计划方法或者说是一种计划形式，是一种特殊的计划，规定了一定时期内组织的财务目标以及各部门的财务目标。

（2）可比性。预算的数字化标准可用于对组织不同部门以及同一部门不同时期的绩效进行比较。

（3）可控性。预算是未来需要达到的工作指标数值，也是组织中涉及收入支出活动的一个量化标准，易于发现偏差。因此，编制预算是控制的第一步，即制定控制标准。

提示与说明

编制预算要经历一个由上到下、再由下到上的过程。

（1）由组织的高层管理者向主管预算编制的部门提出组织在一定时期内的发展战略、计划与目标。

（2）主管部门根据组织的发展战略、计划与目标，向各部门提出有关编制预算的建议和要求，并提供必要的资料。

（3）各部门依据组织的计划与目标要求，结合本部门的实际情况，编制本部门的预算，并上报主管部门。

（4）主管部门将各部门上报的预算进行汇总、协调整理，编制出组织的各类预算和总预算，最后上报组织的高层管理者审核批准。

3. 预算控制的优缺点和程序

预算控制是根据预算规定的收入和支出标准来检查和监督各种活动或各个部门的活动，以保证各种活动或各个部门在完成既定目标、实现利润的过程中合理利用资源，从而使费用支出受到严格有效的约束。

基于预算的特点，预算控制的优点在于便于考核、控制和比较。其局限性则在于：对不能用货币计量的业务活动难以进行预算控制；容易出现虚报预算的现象；过于具体的预算可能会束缚管理者的行动。

对于组织来说，预算控制的一般程序如下：①了解过去预算执行的情况和未来的发展规划；②制定组织总预算；③分解总预算，由各部门、基层单位做本单位的预算；④调整部门预算和总预算，确定预算方案；⑤组织贯彻落实预算确定的各项指标，在实施过程中予以监控。

（二）审计控制

审计是对反映组织资金运动过程及其结果的会计记录及财务报表进行审核、鉴定，以判断其真实性和可靠性，从而为控制和决策提供依据。审计包括外部审计和内部审计。

所谓外部审计和内部审计，是按审计主体的不同对审计进行的分类。

1. 外部审计

外部审计是由外部机构（如国家审计机关、会计师事务所）选派的审计人员对组织的财务报表及其反映的财务状况进行独立的评估。外部审计包括国家审计和社会审计。国家审计是指由国家审计机关对被审计单位的财政财务活动、执行财经法纪情况以及经济效益性进行审计监督，其主体是审计署以及县级以上行政单位设立的审计机关；社会审计是指由政府有关部门审核批准的社会中介机构进行的审计，其主体是注册会计师。

外部审计的优点是审计人员与组织的管理者没有行政上的依附关系，不需要看管理者的眼色行事，只需对国家、社会和法律负责，可以保证审计的独立性和公正性。

2. 内部审计

内部审计是指由组织、单位内部的审计机构或财务部门的专职审计人员对本单位及所属单位财务收支、经济活动的真实性、合法性和效益性的独立审查和评价行为，目的是促进经济管理和经济目标的实现。内部审计的主体是组织设立的内部审计机构或专职审计人员。

内部审计是组织运行控制的一个重要手段，其作用主要表现在三个方面：提供了审查现有控制程序和方法能否有效地保证达成既定目标和执行既定计划的手段；促使组织制度符合实际、工作程序更加合理、作业方法被正确掌握，从而更有效地实现组织目标；有助于推行分权化管理。

虽然内部审计为经营控制提供了大量的有用信息，但在实际中也存在局限性，主要表现在：内部审计可能需要很多的费用，特别是如果要进行深入、详细的审计的话，就不仅要搜集事实，而且需要解释事实，并找出事实与计划的偏差所在；即使审计人员具有必要的技能，仍然会有许多员工认为审计是一种"密探"或"查证性"工作，从而在心理上产生抵触情绪。因此，内部审计在企业中应保持相对独立性，应独立于其他管理部门，最好是受最高管理机构或下属的审计委员会直接领导。

内部审计的内容十分广泛，现代企业内部审计工作主要涵盖以下内容。

（1）财务收支审计。财务收支审计主要是评价和审查企业是否做到资产完整、财务信息真实及经济活动收支的合规、合理及合法，对会计记录和报表分析工作提供资料的真实性和公允性进行证明。

（2）经济责任审计。经济责任审计负责评价企业内部机构、人员在一定时期内从事的经济活动，以确定其经营业绩、明确其经济责任。这一审计工作包括领导干部任期经济责任审计和年度经济责任审计。

（3）经济效益审计。经济效益审计的重点是在保证社会效益的前提下，以实现经济效益的程序和途径为内容，对企业的经营效果、投资效果、资金使用效果进行审查和评价。

（4）内部控制制度评审。内部控制制度评审主要是对企业内部控制系统的完整性、适用性及有效性进行评价。

（5）明晰产权的审计。通过审计明晰资产产权归属，避免造成国有资产、集体资产的流失或其他有损企业利益的行为。

（6）管理审计。管理审计是对企业所有管理工作及其绩效进行全面系统的审查和评价。

（7）其他审计。其他审计即结合企业自身特点，开展的对经营、管理等方面的审计工作。

（三）成本控制

成本是指组织生产和销售一定数量的产品（或提供一定的服务）所支出的各种费用之和。成本控制就是指以成本（各种生产或服务的成本开支）作为控制的手段，通过成本预测、成本计划、成本核算、成本分析来降低成本，并达到对经济活动实施有效控制的目的的一系列管理活动与过程。

成本控制的本质是要实现组织的成本控制目标，促使组织各个部门在明确成本责任的基础上采取一系列旨在增强管理者成本意识、提高成本效率的管理措施。

成本控制的关键是成本控制者，即通过成本控制者履行自身的成本控制职责，严格执行组织的成本计划。因此，成本控制者首先要具有较强的成本意识；其次要明确责任；最后要有履行职责所必需的权力。

成本控制的基本程序如下：①制定控制标准，确定目标成本；②根据企业的各种数据记录、统计资料进行成本核算；③进行成本差异分析；④及时采取措施，降低成本。

（四）现场检查

现场检查也许算得上是一种最古老、最直接的控制方法了，它的基本作用就在于获得一手资料。

管理实践

成本控制实例

作业层（基层）的主管人员通过检查，可以判断出产品产量、质量情况，设备运转情况和劳动纪律的执行情况等；职能部门的主管人员通过检查，可以了解到生产工艺的相关文件是否得到了认真的贯彻，生产计划是否按预定进度执行，劳动保护等规章制度是否被严格遵守，以及生产过程中存在哪些偏差和隐患；而上层主管人员通过检查，可以了解到组织的方针、目标和管理制度是否深入人心，可以发现职能部门报告的情况是否属实以及员工的合理化建议是否得到认真对待，还可以从与员工的交谈中了解他们的情绪和士气。所有这些都是主管人员最需要了解但在正式报告中见不到的一手资料。

检查的优势不仅仅在于能掌握一手资料，它还能够使得组织的管理者保持和不断更新自己对组织的感知，使他们感觉到事情是否进展得顺利以及组织这个系统是否正常。检查还能够帮助上层主管人员发现被埋没的人才，并从下级的建议中得到启发和灵感。此外，上级检查本身就有一种激励下级的作用，它使得下级感到上级在关心着他们。所以，坚持经常到现场检查，有利于营造一种良好的组织气氛。

当然，主管人员也必须注意检查行为可能引起的消极作用。例如，下级可能误解上级检查的目的，将其看作对他们工作的一种干涉和不信任，或者将其看作管理者不能充分授权的一种表现。这是需要管理者引起注意的。尽管如此，现场检查的显著好处仍使得一些优秀的管理者始终坚持这种做法。一方面，即使拥有智能化的现代管理信息系统提供的实时信息、做出的各种分析，其仍然代替不了主管人员的亲身感受、亲自了解；另一方面，管理的对象主要是人，是要推动人们去实现组织目标的，而人所需要的往往是通过面对面的交流所传递的关心、理解和信任。

（五）报告分析控制

报告分析控制是利用二手资料对组织的活动结果进行分析，评价实际工作绩效并采取相应的纠偏措施的控制方法。

报告用来向负责实施计划的主管人员全面地、系统地阐述计划的进展情况、存在的问题及原因、已经采取了哪些措施、收到了什么效果、预计可能出现的问题等情况。控制报告的主要目的是提供一种如有必要，即可用作纠正措施依据的信息。

报告分析控制的基本要求是必须做到及时、突出重点、指出例外情况、尽量简明扼要。运用报告进行控制的效果，通常取决于主管人员对报告的要求。管理实践表明，大多数主管人员对下属应当向他报告什么缺乏明确的要求。随着组织规模及其经营活动规模的日益扩大，管理也日益复杂，而主管人员的精力和时间是有限的，定期的情况报告也因此显得越发重要。

（六）人员行为控制

人员行为控制并不是限制员工的行为，而是希望员工能按照组织所期望的方式去工作，实现组织规定或期待的绩效。

在日常工作中，管理者的工作主要是检查员工的表现并纠正他们出现的问题。例如，车间主任发现一位工人操作机器的方法不当时，就应该指明正确的操作方法并告诉他在以后的工作中按正确的方式操作；销售经理发现业务员对待客户的方式不符合公司的规定时，就应该提醒业务员以正确的方式对待客户，以免影响公司的形象；教师在上课过程中发现学生开小差时，就应该及时示意，让开小差的学生将注意力集中到听课上来。

在对员工的控制中，要重点加强对监控人员的检查。监控人员的工作在于根据目标和计划要求，去检查、纠正实际操作过程中的偏差，保证工作的效率和效益。相对于一般的工作人员，监控人员更倾向于隐瞒工作的偏差和失误。如果监控人员失察，操作中存在的问题就会不断扩大；如果监控人员的态度不积极，则操作中的偏差会因得不到及时纠正而逐渐恶化。

下面一些方法的运用，可以增大员工按照管理者所期望的方式进行工作的可能性。

（1）配备合适的人员。管理者要善于在工作开始之前为目标和计划的实施配备那些价值观、态度和个性、能力符合组织要求和岗位需求的人。

（2）制定明确、具体的目标。当员工接受了明确、具体的目标之后，这些目标在一定程度上就会指导和规定着他们的行为朝着目标所指的方向前进。

（3）直接监控。监控人员可以约束员工的行为，并迅速发现偏离标准的行为。

（4）培训。通过培训，员工可以提高技能、改进态度，从而减少偏差发生的可能性。

（5）标准化。建立标准化的规则、程序、岗位职责、操作说明以及其他的规章制度，可以让员工明白组织需要的行为和禁止的行为是什么，从而自觉规范自己的行为。

（6）绩效评估。通过绩效评估，员工会按照使各项评价指标都合格的方式去行事。建立一个完善的评估考核制度用于对员工的评估是一种正规的做法，这样每一位员工的表现都可以根据考核制度得到评定。员工的业绩好，就可以得到加薪或其他的奖励，这样他们的工作就会干得更好；员工的业绩达不到标准，管理者就应该根据偏差采取相应的措施，使已经出现偏差的工作今后不再出现偏差，使出现偏差的人今后不再犯同样的错误。

（7）设置合理的报酬。人们总是按照能得到报酬或奖励的方式去行事的，所以，合理的报酬可以强化和鼓励管理者所期望的行为不断出现，同时还能减少或消除组织不期望的行为。

（8）建设组织文化。组织文化，可以传递组织需要什么样的人、什么样的行为等信息，在无形之中规范、约束组织成员的行为。

名家观点

如果计划从不需要修改，而且是在一个全能的领导人的指导之下，由一个完全均衡的组织完美无缺地来执行的，那就没有控制的必要了。

——亨利·西斯克

有效的管理者应该始终监督他人，以保证应该采取的行动事实上已经在进行，保证他人应该达到的目标事实上已经达到。

——史蒂芬·P.罗宾斯

（七）平衡计分卡

平衡计分卡是不仅仅从财务的角度来评估组织绩效的一种方法。平衡计分卡通常关注有助于财务绩效实现的四大领域：财务、顾客、内部流程以及人员/创新/成长性资产。根据这一方法，管理者应该在四大领域的每一个方面设立目标，然后测量这些目标是否实现。

虽然平衡计分卡非常重要，但管理者会倾向于重视那些推动组织获得成功的领域，并采用可以反映相关战略的计分卡。例如某公司的战略以顾客为中心，那么比起其他三个领域，顾客领域可能会受到更多的关注。但是不能仅仅测量一个绩效领域，因为其他领域也会受到影响。例如在休斯敦的 **IBM**（国际商业机器公司）全球服务中心，管理者围绕重要的顾客满意度战略开发了一种平衡计分卡，其他领域（财务、内部流程以及人员/创新/成长性资产）为核心战略提供支持。该分部的管理者对此这样描述："我们业务的内部流程部分与及时响应顾客需求紧密相关，学习和创新环节对我们也很关键，因为我们向顾客销售的首先是我们的专业技能。当然，我们在这些方面是否成功将会影响公司的财务部分。"

> **结束语**
> 存在没有信任的控制，但不存在没有控制的信任。

小 结

1. 控制就是按照计划和目标的要求来监控、衡量各项工作，纠正各种偏差，以确保计划执行和目标实现的活动过程。

2. 控制有三种基本类型：预先控制、现场控制和事后控制。预先控制是在某项工作开始之前进行的控制，目的在于将可能产生的问题消除于产生之前；现场控制是在某项活动或工作过程中进行的控制，目的在于及时发现并纠正工作中出现的偏差；事后控制是在工作结束或行为发生之后进行的控制，目的在于避免已发生的不良后果继续发展或防止其再度发生。

3. 一个成功的控制过程总是能做到重点突出、及时准确、灵活、经济可行且反映计划的要求。

4. 在控制过程中，管理者通常根据组织的目标和计划制定出合理的、具体的、尽量量化的控制标准，然后用这个标准评价实际工作绩效。如果实际工作绩效与标准之间有偏差产生，管理者就要找出偏差产生的原因，并根据原因有针对性地选择改进工作方法、改进组织和领导工作、改进人事工作、修订标准或计划等纠正偏差的措施，最终保证计划和目标的实现。

5. 控制工作的重点常常集中在下列一个或几个方面：组织绩效、员工绩效、财务、产品/服务质量、安全、信息。

6. 预算是计划和控制工具。依据不同的分类标准，预算可分为刚性预算与弹性预算、零基预算与滚动预算、收入预算和支出预算、总预算与部门预算。审计包括内部审计和外部审计。成本控制就是指以成本（各种生产或服务的成本开支）作为控制的手段，关键是成本控制者。现场检查控制的基本作用就在于获得一手资料，还能够使得管理者保持和不断更新自己对组织的感知，帮助上层主管人员发现人才，有利于营造一种良好的组织气氛。报告分析控制是利用二手资料对活动结果进行分析，评价实际工作绩效并采取相应的纠偏措施的控制方法。人员行为控制并不是限制人员的行为，而是希望员工能按照组织所期望的方式去工作，完成组织规定或期待的绩效。配备合适的人员、制定明确具体的目标、直接监控、培训、标准化、绩效评估、设置合理的报酬、建设组织文化，有助于人员行为控制。

练 习 题

一、单项选择题

1. 控制的前提和依据是（　　　）。
    A. 组织　　　　　　　B. 领导　　　　　　　C. 计划　　　　　　　D. 协调
2. 下列有关控制工作的描述，不正确的是（　　　）。
    A. 不是任何组织、任何活动都需要进行控制
    B. 控制工作可以减少甚至避免管理失误造成的损失
    C. 控制工作与其他管理职能紧密结合在一起，使管理过程形成一个相对封闭的系统
    D. 控制工作有可能导致确立新的目标，提出新的计划
3. 前馈控制又称为（　　　）。
    A. 同步控制　　　　　B. 预先控制　　　　　C. 反馈控制　　　　　D. 实时控制
4. 现场控制是指（　　　）实施的控制。
    A. 在某项活动开始前　　　　　　　　　　B. 在某项活动进行中
    C. 在某项活动发生变化后　　　　　　　　D. 在某项活动出现结果后
5. 反馈控制指的是（　　　）。
    A. 事先控制　　　　　B. 前馈控制　　　　　C. 事中控制　　　　　D. 事后控制
6. 为保证新生能适应新的环境，学校要对新生进行入学教育。这种控制类型属于（　　　）。
    A. 事先控制　　　　　B. 事中控制　　　　　C. 事后控制　　　　　D. 综合控制
7. 为保证教学秩序，教师在课堂上的点名属于（　　　）。
    A. 事先控制　　　　　B. 过程控制　　　　　C. 事中控制　　　　　D. 反馈控制
8. 对于为检验教学效果和质量，教师和学校分别进行的期中测验和期末考试，下列说法正确的是（　　　）。
    A. 前者属于事先控制，后者属于事后控制　　B. 前者属于事中控制，后者属于事后控制
    C. 都属于事中控制　　　　　　　　　　　D. 都属于事后控制
9. 对于原材料的入库检验和成品的入库检验，下列说法正确的是（　　　）。
    A. 前者属于事先控制，后者属于事后控制　　B. 前者属于事后控制，后者属于事先控制
    C. 都属于事先控制　　　　　　　　　　　D. 都属于事后控制
10. "治病不如防病，防病不如讲卫生"，这一说法说明（　　　）最重要。
    A. 事前控制　　　　　B. 过程控制　　　　　C. 事后控制　　　　　D. 反馈控制
11. 种庄稼需要水，但某一地区近年一直没有下雨，怎么办？一个办法是通过灌溉解决不下

雨的问题；另一个办法是改种耐旱作物，使所种作物与环境相适应。这两个措施分别是（   ）。

    A. 纠正偏差和调整计划　　　　　　B. 调整计划和纠正偏差

    C. 反馈控制和事前控制　　　　　　D. 事前控制和反馈控制

12. 关于全面质量管理，以下描述错误的是（   ）。

    A. 全面质量管理强调了动态的控制过程

    B. 全面质量管理要求全体员工参与质量控制

    C. 全面质量管理要求全员、全过程的质量监控

    D. 全面质量管理重视最终的检验过程

13. 财政收支预算在执行过程中几乎没有变动余地，这种预算属于（   ）。

    A. 弹性预算　　　　B. 刚性预算　　　　C. 收入预算　　　　D. 支出预算

14. 在每个预算年度开始时，把所有还在继续开展的活动都视为从零开始，重新编制预算，这种预算方法被称为（   ）。

    A. 传统预算　　　　B. 过程预算　　　　C. 零基预算　　　　D. 年度预算

15. 成本控制的关键是（   ）。

    A. 产品或服务的成本开支　　　　　B. 管理者

    C. 生产过程中的物质消耗　　　　　D. 成本控制者

二、多项选择题

1. 下列有关控制工作的描述，正确的有（   ）。

    A. 控制的前提和依据是计划

    B. 控制工作的目的在于确保原有目标的实现或是促进新目标的提出

    C. 控制工作与其他管理职能紧密结合在一起，使管理过程形成一个相对封闭的系统

    D. 控制工作贯穿管理活动的全过程

2. 控制的基本类型有（   ）。

    A. 事先控制　　　　B. 事中控制　　　　C. 事后控制　　　　D. 综合控制

3. 控制工作要满足以下（   ）要求。

    A. 有重点　　　　　B. 有灵活性　　　　C. 及时准确　　　　D. 经济可行

4. 控制的基本步骤包括（   ）。

    A. 建立控制标准　　　　　　　　　B. 对照标准评价实际工作绩效

    C. 纠正偏差　　　　　　　　　　　D. 修改计划

5. （   ）等措施有助于对人员行为进行控制。

    A. 教育和培训　　　　B. 绩效评价　　　　C. 建设组织文化　　　　D. 现场检查

6. 属于外部审计主体的有（   ）。

    A. 国家审计机关　　　　　　　　　B. 会计师事务所

    C. 企业审计委员会　　　　　　　　D. 企业财务部审计员

7. 属于预算控制的优点的有（   ）。

    A. 便于考核　　　　B. 便于控制　　　　C. 便于比较　　　　D. 比较灵活

8. 现场检查控制方法具有（   ）等优点。

    A. 有利于掌握一手资料　　　　　　B. 有利于发现人才

    C. 有利于形成良好的上下级关系　　D. 有利于监督员工

三、问答题

1. 什么是控制？简述控制的基本过程。

2. 简述 PDCA 循环。

3. 什么是管理？请按照"是什么（定义）、如何做（工作程序）"的思路，分别谈谈你对管理四大职能的认识。

四、案例分析题

从巴林银行的倒闭看控制管理

巴林银行是英国历史最悠久的商业银行之一，在英国金融界的投资额曾在各大银行中排第三位。但这家英国著名的老牌投资银行却在 1995 年 2 月 26 日宣告破产。

巴林银行破产的罪魁祸首是派驻新加坡的期货交易员尼克·里森。1992 年，巴林银行新加坡分行开始着手创办新加坡期货交易部，里森因工作出色被选派到这个部门，负责交易事务的后勤管理和监视工作。几个月之后，他被调往交易厅工作，担任交易部经理兼清算部经理——这是违反内部管理控制的一个巨大漏洞。交易员的工作是代客户买卖衍生品，并替巴林银行从事套利工作，基本上没有太大的风险；清算部负责每天的结算工作。

纠正偏差是控制过程的一个重要环节，巴林银行原来有一个代码为 99905 的"错误账户"，专门用于处理交易过程中因疏忽而造成的差错(如将买入误操作为卖出)，并将其上报伦敦总部。1992 年夏天，总部清算工作负责人要求里森另行开设一个"错误账户"，代码为 88888 的"错误账户"由此设立。几周之后，总部决定差错记录仍经 99905 账户向总部报告，88888 账户因此搁置不用。

1992 年 7 月 17 日，里森手下的一名交易员犯了一个错误，他将客户要求的买进 20 手日经指数期货委托误操作为卖出 20 手，里森在当晚清算时发现了这笔差错。要纠正这笔差错就必须以当日收市价买回 40 手合约，这样会损失 2 万英镑，并应向总部报告。在种种顾虑下，里森决定利用 88888 账户承接这批合约，以使账面平衡。在随后的半年多时间里，里森又利用 88888 账户掩盖了 30 多次差错。到 1994 年 7 月，88888 账户的亏损额达到了 5 000 万英镑。

总部曾派人去新加坡分行调查账目。为了应付查账，里森伪造了在花旗银行有 5 000 万英镑存款，但来人却未核实该笔存款。为掩盖亏损，里森不得不继续作假。总部的资产负债表显示，里森为银行赚了数千万美元。事实上，如果仔细审核资产负债表，里森的假账不难被发现。

为了赚回足够的钱来弥补损失，从 1995 年 1 月开始，里森把巴林银行的生死全押在了日经指数的走势上，他以每天 1 000 万英镑的速度从总部获得资金，到 1995 年 2 月中旬，由总部转至新加坡分行的资金共达 5 亿英镑（巴林银行全部股份资金为 4.7 亿英镑）。源源不断的资金使里森持有的日经指数期货最终多达 6 万余份。这是巴林银行在管理控制上犯下的关键性错误，巴林银行忽视了关键控制点的作用。一家银行不应只关心利息，更要关注资金的安全。

1995 年 1 月 11 日，新加坡期货交易所的审计与税务部致函巴林银行，提出其对维持 88888 账户所需资金问题的一些疑虑，但并未引起总部的重视。

随着日经指数的一路下跌，到 1995 年 2 月 23 日，里森给巴林银行带来的损失已经达到了 8.6 亿英镑，巴林银行由此破产。

请问：

1. 你认为巴林银行在内部控制过程的哪些环节上出现了严重问题？

2. 巴林银行在内部控制上犯下的关键性错误是什么？

3. 我们可以从此案例中吸取哪些教训？

自测试卷及答案

　　两套自测试卷（含参考答案）各需 2 小时，建议读者自测前预留好充足的时间，以确保自我检测的质量。

自测试卷 A

自测试卷 B

更新勘误表和配套资料索取示意图

　　说明 1：本书配套教学资料存于人邮教育社区（www.ryjiaoyu.com），资料下载有教师身份、权限限制（身份、权限需网站后台审批，参见示意图）。

　　说明 2："用书教师"，是指为学生订购本书的授课教师。

　　说明 3：本书配套教学资料将不定期更新、完善，新资料会随时上传至人邮教育社区本书相应的页面内。

更新勘误及意见建议记录表

　　说明 4：扫描二维码可查看本书现有"更新勘误记录表""意见建议记录表"。如发现本书或配套资料中有需要更新、完善之处，望及时反馈，我们将尽快处理！

　　编辑邮箱（电话/微信）：13051901888@163.com

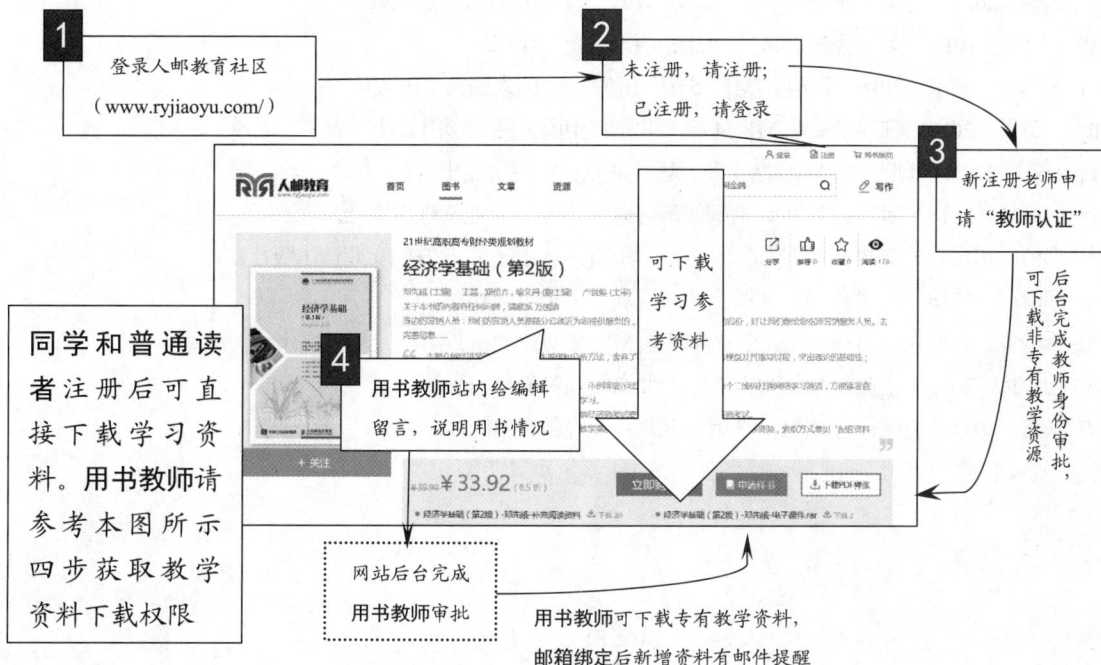

主要参考文献

[1] 波特，2014. 竞争战略[M]. 陈丽芳，译. 北京：中信出版社.

[2] 德鲁克，2018. 创新与企业家精神[M]. 蔡文燕，译. 北京：机械工业出版社.

[3] 德鲁克，2019. 管理的实践[M]. 齐若兰，译. 北京：机械工业出版社.

[4] 德鲁克，2019. 管理：使命、责任、务实（使命篇）[M]. 陈驯，译. 北京：机械工业出版社.

[5] 德鲁克，2019. 管理：使命、责任、务实（实践篇）[M]. 陈驯，译. 北京：机械工业出版社.

[6] 德鲁克，2019. 管理：使命、责任、务实（责任篇）[M]. 陈驯，译. 北京：机械工业出版社.

[7] 德鲁克，2022. 卓有成效的管理者[M]. 辛弘，译. 北京：机械工业出版社.

[8] 法约尔，2013. 工业管理与一般管理[M]. 张扬，译. 北京：机械工业出版社.

[9] 季辉，王冰，李曲，2023. 管理学基础[M]. 4 版. 北京：人民邮电出版社.

[10] 罗宾斯，库尔特，2017. 管理学[M]. 15 版. 刘刚，梁晗，程熙镕，等 译. 北京：中国人民大学出版社.

[11] 马斯洛，2012. 动机与人格[M]. 3 版. 许金声，译. 北京：中国人民大学出版社.

[12] 梅奥，2013. 工业文明的人类问题[M]. 陆小斌，译. 北京：电子工业出版社.

[13] 梅奥，2016. 工业文明的社会问题[M]. 时勘，译. 北京：机械工业出版社.

[14] 圣吉，2018. 第五项修炼：学习型组织的艺术与实践[M]. 张成林，译. 北京：中信出版社.

[15] 舒辉，2023. 企业战略管理[M]. 3 版. 北京：人民邮电出版社.

[16] 孙继伟，2014. 问题管理：高水准的问题分析与解决[M]. 北京：企业管理出版社.

[17] 泰勒，2021. 科学管理原理[M]. 马风才，译. 北京：机械工业出版社.

[18] 涂智寿，2012. 管理思想史[M]. 重庆：西南师范大学出版社.

[19] 王凤彬，李东，2016. 管理学[M]. 5 版. 北京：中国人民大学出版社.

[20] 王利平，2017. 管理学原理[M]. 4 版. 北京：中国人民大学出版社.

[21] 西蒙，2021. 管理行为[M]. 詹正茂，译. 北京：机械工业出版社.

[22] 项保华，2016. 活着：企业战略决策精髓[M]. 北京：企业管理出版社.

[23] 邢柏，2016. 关键的少数：任正非说干部培养[M]. 长春：北方妇女儿童出版社.

[24] 邢以群，2016. 管理学[M]. 4 版. 杭州：浙江大学出版社.

[25] 徐盛华，林业霖，2016. 现代企业管理学[M]. 3 版. 北京：清华大学出版社.

[26] 杨善林，2015. 企业管理学[M]. 3 版. 北京：高等教育出版社.

[27] 张德，2016. 组织行为学[M]. 5 版. 北京：高等教育出版社.